सफलता के अनमोल सबक

Why not use Allan Pease as guest speaker for your next conference or seminar?

PEASE INTERNATIONAL PTY LTD

PO Box 1260, Buderim 4556, Queensland, AUSTRALIA
Tel: +61 7 5445 5600

Email: info@peaseinternational.com
Website: www.peaseinternational.com

Allan and Barbara Pease are the most successful relationship authors in the business. They have written a total of 15 bestsellers - Including 9 number ones- and give seminars in up to 30 countries each year. Their books are available in over 100 countries, are translated into 51 languages and have sold over 25 million copies. They appear regularly in the media worldwide and their work has been the subject of 9 television series, a stage play and a number one box office movie which attracted a combined audience of over 100 million.

Their company, Pease International Ltd, produces videos, training courses and seminars for business and governments worldwide. Their monthly relationship column was read by over 20 million people in 25 countries. They have 6 children and 5 grandkids and are based in Australia and the UK.

Also by Allan Pease:

DVD Programs

Body Language Series

Silent Signals Series

How To Be A People Magnet - It's Easy Peasey

The Best Of Body Language

How To Develop Powerful Communication Skills - Managing the Differences Between Men & Women

Audio Programs

The Definitive Book Of Body Language

Why Men Don't Listen & Women Can't Read Maps

Why Men Don't Have A Clue & Women Always Need More Shoes

How To Make Appointments By Telephone

Questions Are The Answers

It's Not What You Say

Books

The Answer

Body Language-How to Read others Thoughts by their Gestures

The Body Language of Love

Body Language in the Work Place

The Definitive Book Of Body Language

Why Men Don't Listen & Women Can't Read Maps

Why Men Lie & Women Cry

Why Men Want Sex & Women Need Love

You Can! People Skills For Life

Questions Are The Answers

Why He's So Last Minute & She's Got It All Wrapped Up

Why Men Can Only Do One Thing At A Time & Women Never Stop Talking

How Compatible Are You? Your Relationship Quiz Book

Talk Language

Get It Write

सफलता के अनमोल सबक

ज़िंदगी का नियंत्रण अपने हाथों में कैसे लें और वह व्यक्ति कैसे बनें जो आप बनना चाहते हैं

ऐलन और बारबरा पीज़

अनुवाद : मनीष लखन

MANJUL

मंजुल पब्लिशिंग हाउस

MANJUL

मंजुल पब्लिशिंग हाउस

कॉरपोरेट एवं संपादकीय कार्यालय

• द्वितीय तल, उषा प्रीत कॉम्प्लेक्स, 42 मालवीय नगर, भोपाल-462 003

विक्रय एवं विपणन कार्यालय

• सी-16, सेक्टर 3, नोएडा, उत्तर प्रदेश, 201301

वेबसाइट : www.manjulindia.com

वितरण केन्द्र

अहमदाबाद, बेंगलुरू, भोपाल, कोलकाता, चेन्नई,
हैदराबाद, मुम्बई, नई दिल्ली, पुणे

ऐलन और बारबरा पीज़ द्वारा लिखित मूल अंग्रेजी पुस्तक
द आन्सर : हाउ टु टेक चार्ज ऑफ़ यॉर लाइफ़ ऐंड बिकम द पर्सन यू वॉन्ट टु बी
का हिन्दी अनुवाद

चित्रांकन : जॉन हेपवर्थ

The Answer: How to Take Charge of Your Life & Become the Person You Want to Be
by *Allan And Barbara Pease* – Hindi edition

पीज़ नॉमिनीज़ प्रॉपराइटरी लि., एटीएफ़, पीज़ प्रॉपर्टी ट्रस्ट,
द्वारा डोरी सिमंड्स एजेन्सी लि. के सहयोग से प्रकाशित

यह हिन्दी संस्करण 2021 में पहली बार प्रकाशित

ISBN 978-93-90924-67-7

अनुवाद : मनीष लखन

मुद्रण व जिल्दसाज़ी : थॉमसन प्रेस (इंडिया) लिमिटेड

यह पुस्तक हम रे पीज़ को समर्पित करते हैं, जिनके ज्ञान, अनुभव तथा प्रभाव ने उस प्रत्येक व्यक्ति के मन को छुआ, जो उन्हें जानता था। उनका ज्ञान इस किताब के पन्नों में व्याप्त है।

अनुक्रम

आभार

यहां उन लोगों के नामों की आंशिक सूची है, जिन्होंने जाने-अनजाने हमारी कुछ धारणाओं, विचारों तथा कहानियों में योगदान दिया है। प्रोफ़ेसर सूज़न ग्रीनफ़ील्ड, डॉ. डेविड बस, डैरिन कैसिडी, रे तथा रुथ पीज़, बिल तथा बीट सटर, एंथनी रॉबिन्स, ब्रायन ट्रेसी, डॉ. गेनाडी पोलन्स्की, कैथ मैककोनेल, विकी कुक, ज़िम कैथकार्ट, जैक कैनफ़ील्ड, लॉरेन विमहर्स्ट, रेलिन बॉयल, जॉन फ़ेंटन, टोनी अर्ल, डॉ. हेलेन फ़िशर, जॉन हेपवॉर्थ, डॉ. हेनिंग कुकेनरेनकेन, डॉ. पेच एडम्स, प्रोफ़ेसर ऐलन गार्नर, द जुनिपर्स, डोरी सिमन्ड्स, ग्लेंडा लियोनार्ड, गेरी हैटन, रिटा हार्टनी, जेरी सीनफ़ील्ड, ग्रांट सेक्सटन, अनातोली सॉबचक, डॉ. जेम्स मोइर, डॉ. मार्क बोमैन, डॉ. डेनिस वेटले, प्रोफ़ेसर फ़िलिप स्ट्राइकर, फ़ियोना हेज़र।

प्रस्तावना

'आपका जीवन आकर्षक तथा बेहतर ढंग से संरक्षित शरीर लेकर क़ब्र तक पहुंचने के मक़सद वाली यात्रा नहीं होना चाहिए। बल्कि मक़सद धुएं के बादलों के बीच ताबूत के चौड़े हिस्से की तरफ़ से फिसलते हुए, ज़बरदस्त तरह से इस्तेमाल किए जा चुके, पूरी तरह घिस चुके शरीर के साथ पहुंचने का होना चाहिए, जो चिल्ला-चिल्लाकर कहे कि वाह! क्या सवारी थी!'

—हंटर एस. थॉमसन

इस पुस्तक को हाथों में उठाना ख़ुद को ऐसे रास्तों पर ले जाने की दिशा में पहला क़दम है, जिसके बारे में आपने पहले कभी नहीं सोचा होगा, बल्कि आप उन रास्तों के बारे में जानते तक नहीं होंगे। जब आप इस किताब को पढ़ने का आधा सफ़र तय कर चुके होंगे, आपको यह अहसास हो जाएगा कि आप वहां क्यों हैं जहां हैं और जीवन के इस दौर में आपके पास वह क्यों है जो है। आपको वे जवाब भी मिलेंगे, जो आपको वहां पहुंचने में मदद करेंगे, जहां पहुंचने की आप क्षमता रखते हो।

इस पुस्तक में हम आपको बताएंगे कि कैसे फ़ैसला करें कि जीवन में आप वास्तव में क्या पाना चाहते हैं और उसे कैसे पाना है। आप सीखेंगे कि आपने विचारों की प्राथमिकता कैसे तय की जाए, जीवन को सही मार्ग पर कैसे लाएं, बाधाओं का सामना कैसे करें और दूसरों, ख़ासकर अपने मित्रों तथा परिवार के सदस्यों की बातों में आने से कैसे बचें। हम आपको ख़ुद का मार्ग चुनने में मदद करेंगे, बजाय उस मार्ग के जिस पर कोई और आपको धक्का देने का प्रयास करता है। हम आपको बताएंगे कि अपनी ज़िंदगी का नियंत्रण अपने हाथों में कैसे लें और कैसे वह शख़्स बनें, जो आप बनना चाहते हैं। इससे आप यह जान लेंगे कि आने वाली परिस्थितियों से कैसे लड़ना है। इसके बाद यह बिलकुल मायने नहीं रखेगा कि पहली बार सामने आने पर परिस्थितियां कितनी कठिन, बड़ी और निराशाजनक दिखाई देती हैं।

आप यह सीखेंगे कि वर्तमान में आप जहां हैं वहां से उस स्थान तक कैसे जाएंगे जहां जाना चाहते हैं। हम आपको सफलता के उन परखे हुए सिद्धांतों के बारे में बताएंगे, जिन्हें समूचे इतिहास में पुरुषों तथा महिलाओं ने महानता हासिल करने और नाकामियों से उबरने में इस्तेमाल किया है। बीते 50 वर्षों में बारबरा तथा मैंने इनमें से कई सिद्धांत ज्ञाताओं से सीधे सीखे हैं और यह सीख हमारी स्वयं की सफलता के लिए मुख्य प्रेरणा साबित हुई है। हम मस्तिष्क से जुड़े नए अध्ययनों को भी समझाएंगे जो खुलासा करते हैं कि क्यों कुछ लोग बेहद सफल हैं और अन्य क्यों नहीं। हम मस्तिष्क के एक ऐसे ऑपरेटिंग सिस्टम के बारे में बताएंगे, जिसे आप हर उस जगह जाने के लिए प्रोग्राम कर सकते हैं, जहां जाना चाहते हैं। ग्यूसेप्पे मोरुज़ी तथा एच. डब्ल्यू. मगौन से लेकर तमाम वैज्ञानिक मस्तिष्क के ऐसे हिस्से की खोज कर चुके हैं जो हम सभी के जीवन में सफलता तथा असफलता के स्तर को निर्देशित और तय करता है। पहले अध्याय में हम मस्तिष्क की इसी प्रणाली पर चर्चा करेंगे और इसके इस्तेमाल से जो फ़ायदे होते हैं, वे इस किताब में शुरुआत से अंत तक दी गई हर चीज़ का आधार होंगे।

इसके अलावा हम आपको उस प्रत्येक सवाल का जवाब देंगे जो लक्ष्य निर्धारण, विज़ुअलाइज़ेशन, अभिपुष्टि, प्रार्थना, अल्फ़ा थिंकिंग तथा आकर्षण के नियम के बारे में आपने पढ़ा या सुना है। यह किताब बहुत सारी जानकारियों से भरी है। हम आपको प्रेरित करते हैं कि इसमें जो कहा गया है वह आप में नज़र आए और आप इसे जीवन में लागू करें। हमने कुछ बिंदु सुझाए हैं, जहां इन्हें करना है, ये बिंदु के चिह्न से दर्शाए गए हैं। हालांकि इसका सख़्ती से पालन करने की ज़रूरत नहीं है, यह केवल मार्गदर्शन के लिए है।

इस किताब में हम एक सामान्य लेकिन बेहद प्रभावशाली कौशल की चर्चा भी करेंगे, जो हमें जीवन में होने वाली लगभग हर अच्छी-बुरी चीज़ का सामना करने में मदद करता है। इसके साथ हम इस बड़े सवाल का जवाब भी देंगे कि जीवन से हर वो चीज़ कैसे पाएं जो चाहते हैं, कई बार असंभव-सी लगने वाली परिस्थितियों के बावजूद भी।

यहां हम जिन अवधारणाओं की गहराई में उतरने जा रहे हैं, उन्होंने हमारे सेमिनार्स में हिस्सा लेने वालों का जीवन बदल दिया है और ये आपका भी जीवन बदल सकती हैं। इस किताब को *जवाब* नाम इसलिए दिया गया है, क्योंकि इसमें आपको यही मिलने जा रहा है।

यदि जीवन एक खेल है तो ये उसके नियम हैं।

इस पूरी किताब में कई मुख्य बिंदु विभिन्न तरीक़ों से बार-बार दोहराए गए हैं, ऐसा जानबूझकर किया गया है। शोध बताते हैं कि किसी विचार को व्यक्ति सबसे प्रभावशाली तरीक़े से तब सीखता है, जब कुछ-कुछ अंतराल में उसे छह बार पेश किया जाए। पहली बार जब आप किसी वक्तव्य को सुनते या पढ़ते हैं तो हो सकता है आपका दिमाग़ उसे

नकार दे, क्योंकि ये आपके दिमाग़ में पहले से मौजूद विचारों से मेल नहीं खा रहा होता है। यही वजह है कि अधिकांश मोटिवेशनल ट्रेनिंग प्रभाव नहीं दिखा पातीं। किंतु उसी विचार को आप छह बार सुनते हैं तो आपका मस्तिष्क उसे स्वीकार तथा आत्मसात कर सकता है।

हमने प्रत्येक अध्याय में कुछ गतिविधियां दी हैं और आपको सीधे किताब में लिखने के लिए कहा है, ताकि आपको आसानी हो और यदि आप टैक्स्ट पर लौटना चाहते हैं तो इसे संदर्भ बिंदु की तरह इस्तेमाल कर सकते हैं।

अंततः यदि आप सोच में पड़ गए हैं तो आपको बता दें कि यह पुस्तक हम दोनों ने मिलकर लिखी है, फिर भी इसका अधिकांश हिस्सा ऐलन को फ़र्स्ट पर्सन बताते हुए लिखा गया है, ताकि इसे पढ़ने में आसानी हो।

—ऐलन तथा बारबरा पीज़

1

आरएएस के रहस्य का खुलासा

'दिमाग़ जो कुछ भी सोच और मान सकता है, शरीर उसे हासिल कर सकता है।'

—नेपोलियन हिल, 1937

नेपोलियन हिल ने 1937 में जब अपनी प्रसिद्ध किताब *थिंक ऐंड ग्रो रिच* में यह ऐतिहासिक कथन दिया था, तब उनके पास मेडिकल साइंस, ब्रेन स्कैनर या वो अन्य तकनीकें नहीं थीं, जिन्हें आज हम उनकी मान्यताओं को साबित करने के लिए आंखें मूंद कर इस्तेमाल कर रहे हैं। उनका दावा था कि यदि आप किसी चीज़ के बारे

में स्पष्ट रूप से सोच सकते हैं और उसे वाकई पाना चाहते हैं तो आप उसे पा सकते हैं। वैसे अब विज्ञान ने नेपोलियन जैसे इन ऐतिहासिक कथनों से जुड़े रहस्य और व्यर्थ की व्याकुलताओं को काफ़ी हद तक ख़त्म कर दिया है। अब हमारे पास लक्ष्य हासिल करने की प्रक्रिया, लक्ष्य निर्धारण, ख़ुद-ब-ख़ुद पूरी होने वाली भविष्यवाणियां, प्रार्थना के प्रभावों तथा आकर्षण के नियम को लेकर वैज्ञानिक दृष्टिकोण हैं। विज्ञान अब हमें दिखा सकता है कि दिमाग़ में सफलता कहां और कैसे काम करती। इस किताब में भी आप ऐसी असाधारण प्रणाली के बारे में समझने जा रहे हैं, जो हम सभी के मस्तिष्क में है - **रेटिकुलर एक्टिवेटिंग सिस्टम या आरएएस।**

यह आरएएस दरअसल स्तनधारियों के ब्रेन स्टेम में होता है। यह तंत्रिका तंतुओं का एक गुच्छा है, जिसे सामान्य तौर पर रेटिकुलर फ़ॉर्मेशन कहा जाता है। आरएएस मानव शरीर से जुड़ी कई प्रक्रियाओं में अहम भूमिका निभाता है, जिनमें नींद, सांस लेना, चलना, दिल का धड़कना तथा व्यवहार संबंधी प्रेरणा शामिल हैं। इसके अलावा आरएएस कामोत्तेजना, भूख, मल-मूत्र त्यागने, चेतना पर नियंत्रण तथा किसी चीज़ को आपके ध्यान में लाने की क्षमता में भी योगदान देता है। आरएएस पर चोट की वजह से व्यक्ति कोमा में जा सकता है तथा कई अन्य रोगों का शिकार हो सकता है, जिनमें नींद से जुड़ी समस्या नार्कोलेप्सी भी शामिल है।

दरअसल आरएएस तंत्रिका कोशिकाओं तथा तंत्रिका तंतुओं के नेटवर्क के रूप में काम करता है। यह ब्रेन स्टेम के बीच से गुज़र रहा होता है और इसमें मौजूद तंत्रिका कोशिकाएं मस्तिष्क के अन्य हिस्सों से जुड़ी होती हैं। इस पूरी प्रणाली के दो हिस्से होते हैं : पहला है - ऊपर बढ़ता आरएएस, जो मस्तिष्क के कॉर्टेक्स, थैलेमस और हाइपोथैलेमस जैसे हिस्सों से जुड़ा होता है। दूसरा है - नीचे की ओर जाता आरएएस, जो सेरिबैलम तथा विभिन्न संवेदनाओं के लिए ज़िम्मेदार तंत्रिकाओं से जुड़ा होता है।

ऐसा है हमारा रेटिकुलर एक्टिवेटिंग सिस्टम

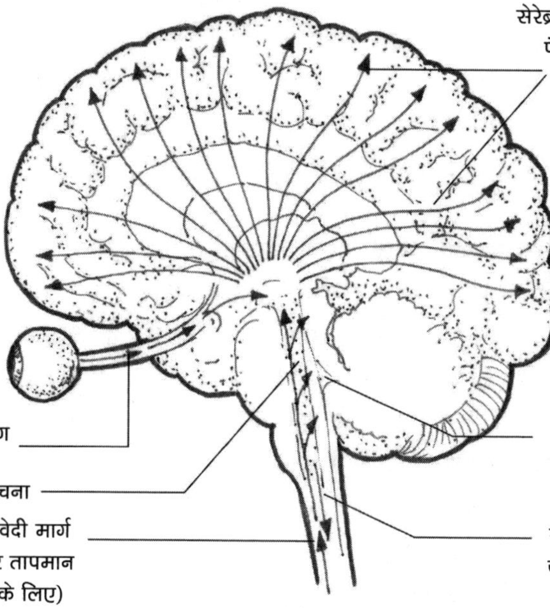

20वीं सदी के मध्य तक, फ़िज़ियोलॉज़िस्ट यह बता चुके थे कि मस्तिष्क की गहराइयों में कुछ ऐसी संरचनाएं हैं, जो मानसिक जागृति, सजगता तथा प्रेरणा को नियंत्रित करती हैं। वैज्ञानिकों को आरएएस के अस्तित्व की जानकारी पहली बार 1949 में तब हाथ लगी थी, जब इटली स्थित यूनिवर्सिटी ऑफ़ पीसा के एच. डब्ल्यू. मगौन तथा ग्यूसेप्पे मोरुज़ी ने तंत्रिका के उन अंशों की जांच की जो सोने-जागने की प्रक्रियाओं को नियंत्रित कर रहे थे। इसका खुलासा इन्होंने विज्ञान से जुड़ी पत्रिका *इलेक्ट्रोसेफ़ेलोग्राफ़ी ऐंड क्लिनिकल न्यूरोफ़िज़ियोलॉज़ी* के पहले अंक में किया। इसी के बाद और शोध हुए, जो इस नतीज़े पर पहुंचे कि आरएएस एक ऐसा द्वार है, जिससे होकर सूचनाएं मस्तिष्क तक पहुंचती हैं (गंध को छोड़कर, ये मस्तिष्क के इमोशनल एरिया तक सीधे पहुंचती है)। आरएएस स्वयं तक पहुंचने वाली सूचनाओं को फ़िल्टर करता है, आपके ध्यान तथा आपकी उत्तेजना के स्तर को प्रभावित करता है और यह तय करता है कि कौन-सी सूचना मस्तिष्क तक नहीं जाएगी।

इस आरएएस का निचला छोर हमारी रीढ़ से जुड़ा होता है, जहां से यह वो सूचनाएं स्वीकार करता है जो ऊपर की ओर बढ़ते संवेदी मार्ग से उसकी तरफ़ आ रही होती हैं।

दरअसल कोई भी नई सूचना या सीख मस्तिष्क में एक या कई इंद्रियों के माध्यम से प्रवेश करती है। शरीर के अलग-अलग सेन्स रिसेप्टर इन्हें पढ़ते हैं। वहां से ये सूचनाएं त्वचा या शरीर की तंत्रिकाओं के जरिए स्पाइनल कॉर्ड में जाती हैं और फिर रेटिकुलर एक्टिवेटिंग सिस्टम से गुज़रते हुए दिमाग़ के उस हिस्से में पहुंचती हैं, जो उन संकेतों को ग्रहण कर सकता है।

मस्तिष्क का कमांड तथा कंट्रोल सेंटर है आरएएस

आरएएस वह स्थान है जहां आपके विचार, भावनाएं तथा बाहरी प्रभाव आपस में मिलते हैं। यह आपके दिमाग़ में मूवमेंट यानी मोटर एक्टिविटी से जुड़े केंद्रों तथा फ़्रंटल लोब्स पर गहरे असर डालता करता है। यह तंत्रिका मार्गों का नेटवर्क है, जो उन सभी संवेदी सूचनाओं को फ़िल्टर करता है, जो बाहरी दुनिया से मस्तिष्क को मिलती हैं। आप जो भी देखते हैं, सुनते हैं, महसूस करते हैं या चखते हैं, वह आरएएस से होकर गुज़रता है। सरल शब्दों में कहें तो आरएएस मस्तिष्क को ऑन करने वाले स्विच के समान है और मस्तिष्क का प्रेरणा देने वाला मुख्य केंद्र भी।

कैसे काम करता है आरएएस

हमारा दिमाग़ प्रति सेकेंड 40 करोड़ बिट्स सूचना की प्रोसेसिंग करता है। मगर पूरी चेतना के साथ यह सिर्फ़ 2 हज़ार बिट्स को ही प्रोसेस कर सकता है। शेष सूचनाएं आपकी जानकारी के बिना ही प्रोसेस हो जाती हैं। दूसरे शब्दों में कहें तो रोज़ाना आपके सामने आने वाली 99.9999 फ़ीसदी सूचनाओं पर आपका ध्यान जाता ही नहीं। हालांकि यही एकमात्र तरीक़ा है, जिससे हम रोज़मर्रा का जीवन जी पा रहे हैं। वरना करोड़ों बिट्स सूचनाएं हमारे सामने आ रही हैं और हमें आकर्षित करना चाह रही हैं। यदि ये सारी सूचनाएं आपको साथ मिलें तो आप इनसे जूझ नहीं पाएंगे, होश खो बैठोगे। इसलिए क्रमिक विकास ने हमें आरएएस दिया है - मिल रही सभी सूचनाओं को फ़िल्टर करने और उस समय के मुताबिक़ महत्त्वपूर्ण सूचना छांटकर बाहर निकालने के लिए उपकरण।

आपका आरएएस छांटने-बीनने वाले किसी विभाग की तरह काम करता है। यह आने वाली सूचना का आकलन करता है फिर प्राथमिकता के आधार पर बताता है कि आपको किन सूचनाओं की ओर ध्यान देने की आवश्यकता है। यह आपके चेतन तथा अवचेतन मन के बीच फ़िल्टर की तरह है। यह आपके चेतन मन से निर्देश लेकर अवचेतन मन की ओर भेजता है। इसके बाद आपका मस्तिष्क आपके शरीर को वह काम करने के निर्देश देता है, जो आरएएस द्वारा आदेशित तसवीर को पूरा करने के लिए ज़रूरी है। यह आपके वातावरण के अनुसार आपके लिए सूचनाओं का पैटर्न तय करता है। ऐसा पैटर्न जो आपकी मान्यताओं से बेहतर ढंग से मेल खाता हो या उन चीज़ों से

जो आपके लिए जानी-पहचानी हैं। इसके बाद यह आपके विचारों और भावनाओं को आपके वातावरण में मौजूद मिलती-जुलती चीज़ों से जोड़ने लगता है। जब इसे बेहतर मेल खाने वाली चीज़ मिल जाती है, तो आपका चेतन मन जाग जाता है।

आरएएस के स्वरूपों में अंतर

आरएएस अन्य सर्वाधिक विकसित स्तनधारियों यानि प्राइमेट्स में भी होता है। उदाहरण के लिए चिम्पांज़ी का डीएनए 99 फ़ीसदी तक हमारी तरह होता है और उनका आरएएस भी हमारी तरह सभी तरह के संवेदी डेटा ग्रहण करता है। यह डेटा को स्कैन करता है और चिम्पांज़ी के वातावरण के अनुसार डेटा की प्राथमिकता तय करता है, वैसे ही जैसे मनुष्यों में होता है। चिम्पांज़ियों में यह धड़कन, नींद, जागरूकता, पाचन और हृदय तथा रक्तवाहिकाओं की प्रणाली से जुड़ी मूलभूत गतिविधियों को नियंत्रित करता है। जैसा कि मनुष्यों में भी होता है। किंतु अंतर यह है कि मनुष्यों में ख़ुद के प्रति जागरूकता बेहद विकसित होती है, चिम्पांज़ियों में नहीं। हमारा जीवन कभी नहीं पूरी होने वाली लालसा से संचालित होता है, क्या, क्यों, कौन, कैसे, कहां और कब जानने की लालसा। असल में चिम्पांज़ी का आरएएस किसी शुरुआती कम्प्यूटर की तरह होता है, जिसमें बेसिक प्रोग्राम्स ही काम करते हैं। वहीं मानवों का आरएएस आधुनिक, बेहद गतिमान कम्प्यूटर सिस्टम की तरह है।

कुछ लोगों के मस्तिष्क में आरएएस कॉर्टेक्स को उतनी कुशलता से उत्तेजित नहीं करता, जितना करना चाहिए। ज़ाहिर है ऐसे लोगों को सीखने में परेशानी, कमज़ोर याददाश्त तथा धैर्य की कमी से जूझना पड़ता है।

वहीं, जब आरएएस अतिसंवेदी होता है, हमारे व्यवहार में अधिक सतर्कता, अधिक संवेदनशीलता, बेचैनी और अधिक सक्रियता नज़र आने लगती है। वे लोग जो एकाग्रता से जुड़ी समस्या (एडीडी तथा एडीएचडी) से ग्रसित होते हैं, उनके ऊपर की ओर बढ़ते आरएएस के पास कॉर्टेक्स को उत्तेजित करने के लिए पर्याप्त मात्रा में नॉरएपिनेफ्रीन केमिकल नहीं होता। नॉरएपिनेफ्रीन वही केमिकल है, जो आपकी दिल की धड़कनें तेज़ होने या तेज़ी से सांस लेने पर उत्पन्न होता है। वैसे एडीडी/एडीएचडी से पीड़ित लोग दवाओं की मदद से मौजूदा नॉरएपिनेफ्रीन के ही इस्तेमाल की आरएएस की क्षमता अस्थायी तौर पर बढ़ा सकते हैं। यह उन्हें एकाग्रता में, याद रखने में, बेहतर ढंग से समझने व सीखने में मदद करता है।

वैसे आरएएस सामाजिक संबंधों में भी अहम भूमिका निभाता है। अपनी भावनाएं खुलकर ज़ाहिर नहीं करने वाले यानी अंतर्मुखी लोगों के आरएएस में अधिक गतिविधियां चलती रहती हैं, बजाय उनके जो भावनाएं खुलकर व्यक्त करते हों यानी बहिर्मुखी हों। वैज्ञानिकों का मानना है कि अंतर्मुखी लोगों का आरएएस बेहद आसानी से सक्रिय हो जाता है, क्योंकि इन्हें अक्सर दूसरों से बात करने में दिक्कतें आती हैं और जब ये बात

करते हैं, तब इनका मस्तिष्क एक कड़ी प्रतिक्रिया दर्शाता है, वैसी ही जैसी घबराहट के समय होती है।

आरएएस में जीपीएस भी है और सर्च इंजन भी

आपका आरएएस आपका नाम लेने पर, उस हर चीज़ पर जिससे आपको ख़तरा महसूस होता है और उस सूचना पर प्रतिक्रिया देता है जो आपके लिए तुरंत हासिल करना ज़रूरी है। मान लीजिए अगर आप कम्प्यूटर में किसी फ़ाइल को तलाश रहे हैं, जो आपको पता है कि डेस्कटॉप पर ही कहीं न कहीं रखी है, आपका आरएएस आपके मस्तिष्क को उस फ़ाइल का नाम सर्च करने के लिए सचेत करेगा - जैसे किसी अंतरराष्ट्रीय ट्रेवल प्लानर का नाम - या फिर वह फ़ाइल के किसी एक शब्द पर ध्यान केंद्रित करेगा, ताकि आप उसे तलाश सकें। आरएएस का एक काम और भी है, जिसे आमतौर पर आकर्षण का नियम कहा जाता है।

'मार्कस ऑरेलियस ने कहा था, "आदमी वही बन जाता है, जिस बारे में दिनभर सोचता रहता है।" यदि यह सही था तो मैं एक महिला बन जाता।'

—स्टीव मार्टिन

आपके आरएएस में पहले से मौजूद एक जीपीएस सिस्टम है। जीपीएस हो तो आपको यह जानना ज़रूरी नहीं कि शहर में कौन-सी सड़क कहां है। आपको सिर्फ़ यह तय करना होता है कि आपको कहां जाना है। अगर आप ग़लत मोड़ चुन लेते हैं तो जीपीएस आपको फिर से सही रास्ते पर ले आता है। इसमें मौजूद सेटेलाइट सॉफ़्टवेयर आपको मंज़िल तक पहुंचाने के लिए काम करता है और ठीक इसी तरह का काम आरएएस का है। जीपीएस हो तो आपको सिर्फ़ यह तय करना होता है कि आपको जाना कहां है, ना कि यह सोचना होता है कि वहां जाएंगे कैसे। इसी तरह एक बार जब आप अपना लक्ष्य तय कर लेते हैं तो आपका आरएएस उससे जुड़ी हर चीज़ को देखना शुरू कर देता है। अगर आप लक्ष्य से भटक गए हैं तो बेशक यह आपको सही दिशा दिखाएगा। इस बारे में और चर्चा बाद में करेंगे।

आरएएस ऊष्मा के किसी स्रोत को तलाशकर निशाना साधने वाली मिसाइल की तरह भी है। आप उसके सॉफ़्टवेयर में निर्देश डालते हैं कि उसे कहां जाना है, लॉन्च बटन दबाते हैं और वो वहां चली जाती है। रास्ते में आसपास की गैरज़रूरी सूचनाओं को फ़िल्टर करती जाती है और उसे ही साथ रखती है जो प्रासंगिक है। उदाहरण के लिए निर्देश हो सकता है कि 'मेरा नाम सुनना' तो फिर यदि आप किसी व्यस्त शॉपिंग

मॉल या एयरपोर्ट में हैं और आपका नाम पब्लिक अनाउंसमेंट सिस्टम में पुकारा जाता है, तो आप उसे तुरंत सुन लेंगे।

आरएएस उसी तरह काम करता है, जैसे ऊष्मा के स्रोत को तलाशकर निशाना साधने वाली मिसाइल को।

कैसे काम करता है आपकी धारणा का तंत्र

वैज्ञानिकों ने पाया है कि आरएएस हमारी धारणा के तंत्र को भी नियंत्रित करता है और यह उन्हीं सूचनाओं को पहचानता या चुनता जो हमारी धारणाओं का समर्थन करती हैं। मतलब इससे कोई फ़र्क़ नहीं पड़ता कि हम क्या मानते हैं या सोचते हैं, हमारा आरएएस उन बातों पर अधिक ध्यान केंद्रित करेगा या हमारे आसपास की सभी अन्य जानकारियों को फ़िल्टर कर देगा, ताकि हमें उन तक पहुंचने में मदद मिले जिन्हें हमने विश्वास करने के लिए चुना है। यही वजह है कि कई बार एक समान कार्य में ही कुछ लोगों को अवसर नज़र आता है तो कुछ को कठिनाइयां। इसीलिए हम जिन बातों को झूठ मानते हैं कुछ लोगों को उन पर भरोसा होता है।

चीनी भाषा में 'संकट' शब्द दो अक्षरों से बना है, इनमें से एक ख़तरे का तो दूसरा अवसर का प्रतिनिधित्व करता है।

यह स्वाभाविक है कि किसी घटना से जुड़ा आपका अहसास इस बात से प्रभावित होता है कि आप उसके क्या मायने निकालते हैं। दूसरे शब्दों में कहें तो आपका धारणा तंत्र यह तय करता है कि आपका आरएएस आपके पक्ष में काम करेगा या आपके ख़िलाफ़। यदि आप मानते हैं कि आप सिर्फ़ कड़े परिश्रम से ही पैसा कमा सकते हैं तो आप उन्हीं सूचनाओं पर ध्यान देंगे, जो इस धारणा की पुष्टि करती हों और आप इसे ही सच मानते हुए जीवन में आगे बढ़ेंगे। ऐसे में आपका आरएएस उन सभी अवसरों को फ़िल्टर कर देगा, जो आपको बिना कठोर परिश्रम अधिक पैसा कमाने के रास्ते बताते हों।

आपका आरएएस आपके पक्ष में काम कर सकता है और आपके ख़िलाफ़ भी। यह पूरी तरह इस बात पर निर्भर है कि आप क्या सोचते हैं।

अगर आप चाहते हैं कि आपका आरएएस आपके लिए काम करे तो आपको उसे इस बात की निगरानी करना सिखाना होगा कि आप क्या चाहते हैं, ना कि यह ध्यान रखना कि आप क्या नहीं चाहते हैं। जब आप अपने आरएएस को कोई ख़ास विचार या लक्ष्य से प्रोग्राम कर लेते हैं तो यह मायने नहीं रखता कि आप सो रहे हो या जागे हुए हो या आप उस बारे में सोच रहे हो या नहीं - आरएएस उसे ठीक से तलाश लेगा जो आपने उसे तलाशने के लिए कहा है, उसी तरह जैसे कम्प्यूटर का सर्च फ़ंक्शन काम करता है। यह प्रासंगिक डेटा को करोड़ों बाइट जानकारी के बीच से निकालकर आपके ध्यान में ले आएगा और अप्रासंगिक जानकारी को छांटकर अलग कर देगा। जब आप एक स्पष्ट तसवीर तैयार करते हैं कि आपको क्या चाहिए तब आरएएस टॉप गियर में भागने लगता है और फिर तब तक नहीं रुकता, जब तक तलाश पूरी नहीं हो जाए। हम इसे विस्तार में आगे समझेंगे।

आरएएस कैसे तय करता है कि वह किन सूचनाओं को देखेगा

मान लीजिए कि आप एक व्यस्त तथा शोर-शराबे वाले एयरपोर्ट टर्मिनल से गुज़र रहे हैं। ज़रा उन सभी आवाज़ों के बारे में सोचें जिनसे आप घिरे हुए हैं। सैकड़ों की संख्या में लोग बातचीत कर रहे हैं, संगीत बज रहा है, अनाउंसमेंट हो रहे हैं। यह सब आपको बैकग्राउंड नॉइज़ की तरह सुनाई दे रहा होगा। किंतु आपका आरएएस हर एक आवाज़ को नहीं सुनता। मान लीजिए कि पब्लिक अनाउंसमेंट में आपका नाम पुकारा जाता है या फिर आपकी फ़्लाइट का नंबर। उस समय अचानक ही आपकी एकाग्रता चरम पर होती है, क्योंकि आपका आरएएस इस प्रासंगिक जानकारी को आपके ध्यान में ले आता है। आपका आरएएस फ़िल्टर की भूमिका निभाता है, अन्य सभी उत्तेजनाओं के प्रभाव को कम करता है, जैसे कि तेज़ ध्वनि और आपकी संवेदनाओं को ओवरलोड होने से बचाता है। इसके बाद आपके नाम को आगे ले आता है।

आपको क्यों आपकी कार हर जगह नज़र आती है

क्या आपने कभी ध्यान दिया है कि जब आप यह तय कर लेते हैं कि कौन-सी कार ख़रीदनी है, तो आपको दिखाई देता है कि सड़क से गुज़रती हर दूसरी कार वही है जो आप लेना चाह रहे हैं। आपको यह पार्किंग में, टीवी पर और मॉल्स के बाहर भी खड़ी दिखाई देती है। जैसे कि वह कार हर जगह हो। ऐसा इसलिए होता है कि आपका आरएएस काम कर रहा है। वह बाक़ी अन्य कारों (गैरज़रूरी जानकारियों) को फ़िल्टर कर रहा है और आपके दिमाग़ के सामने आपके विचारों में बसी कार ला रहा है।

लेकिन हक़ीक़त यह है कि उस विशिष्ट कार की संख्या तब भी उतनी ही थी, जितनी कि आपके उसे ख़रीदने के फ़ैसले के बाद है; सिर्फ़ अब आपका आरएएस सक्रिय

है। यदि उस कार में आपकी दिलचस्पी ख़त्म हो जाएगी तो फिर वह सड़कों पर भी आपको नज़र नहीं आएगी।

आप जहां जाते हो वहां आपकी पसंदीदा कार दिखाई देने की वज़ह आपका आरएएस ही है।

जब कोई महिला गर्भवती होती है, तब उसे अपने आस-पास की हर दूसरी महिला गर्भवती दिखाई देने लगती है। आपके घर में कोई नवजात आता है तो कई बार आप इतने थक जाते हैं कि ट्रैफ़िक के शोर में और चीख़-पुकार करने वाले पड़ोसियों के बीच भी सो सकते हैं, लेकिन जैसे ही बच्चा रोना शुरू करता है, आप उठकर बैठ जाते हैं।

इसी तरह यदि आप मान लें कि दुनिया बुरी है तो हर बार जब आप टीवी ऑन करेंगे, अख़बार पढ़ेंगे, आपको हादसे, मौत तथा युद्ध ही नज़र आएंगे। क्योंकि आरएएस इस बात की परवाह नहीं करता कि आपको कोई चीज़ पसंद है या नहीं। वह तो केवल आपके वातावरण में मौजूद उन पैटर्न को देखता है, जो आपके दिमाग़ पर हावी विचारों तथा धारणा से मेल खाते हों।

अगर आप लगातार वह सोच रहे हैं जो आपको पसंद नहीं है, तो आपका आरएएस आपको वह देखकर सचेत करने के लिए प्रोग्राम हो गया है, जो आपको पसंद नहीं है। आप ज़्यादा मात्रा में वह ही देखेंगे, जो आपको पसंद नहीं है। ऐसा महसूस होगा जैसे कि आप अपने आस-पास के वातावरण के साथ युद्ध लड़ रहे हैं। यही वजह है कि हम आपको उन्हीं चीज़ों पर ध्यान केंद्रित करने के लिए कहेंगे, जो आप चाहते हैं, ना कि उन पर जो आप नहीं चाहते।

सारांश

यह पता चला है कि नेपोलियन हिल सही था - और अब हमारे पास इसे साबित करने के लिए विज्ञान है। आप आपने आरएएस को स्वयं से बातचीत और अपेक्षाओं के आधार पर प्रोग्राम करते हैं। अगर आपकी अपेक्षाएं सकारात्मक हैं तो आप अपने आरएएस को सकारात्मक व्यवहार से जुड़ी जानकारियां तलाशने और नकारात्मक व्यवहार से जुड़ी जानकारियां छांटने के लिए प्रोग्राम करते हैं। आप जिस बारे में भी सोच रहे हैं या जिस पर ध्यान केंद्रित कर रहे हैं, इस जैविक फ़िल्टर प्रणाली के कारण वह आपके अवचेतन मन में रिसता चला जाएगा और भविष्य में फिर से सामने आएगा।

उत्साहित करने वाली खोज यह है कि आप अपने चेतन मन से चुने गए संदेश भेजकर आरएएस को मनमुताबिक़ प्रोग्राम कर सकते हैं। इसका मतलब यह है कि अब

आप अपनी हक़ीक़त ख़ुद तैयार कर सकते हैं। इस किताब से आप जो भी सीखेंगे उसमें इच्छाशक्ति से जुड़ा हुआ कुछ नहीं है। यह सारी प्रक्रिया मस्तिष्क स्तम्भ से गुज़र रहे तंत्रिका तंतुओं के छोटे से गुच्छे में होती है - आपके रेटिकुलर एक्टिवेटिंग सिस्टम में - आपके आरएएस में।

अगले अध्याय में आप सीखेंगे कि इसे प्रोग्राम कैसे करते हैं।

'...कुछ भी अच्छा या बुरा नहीं होता,
लेकिन हमारी सोच उसे ऐसा बना देती है।'
— शेक्सपीयर

2

फ़ैसला कीजिए आप क्या चाहते हैं

मेक्सिको के एक छोटे-से गांव के तट पर एक नौका आकर ठहरती है। उससे उतरा एक अमेरिकी पर्यटक उम्दा क़िस्म की मछलियों के लिए मेक्सिको के मछुआरे की प्रशंसा करता है। साथ में पूछता है कि इन्हें पकड़ने में उसे कितना समय लग गया। मछुआरा बताता है, 'कोई बहुत ज़्यादा समय नहीं लगा।'

अमेरिकी पर्यटक ने पूछा 'तो फिर तुम ज़्यादा समय रुककर अधिक संख्या में मछलियां क्यों नहीं पकड़ते?'

मछुआरे ने समझाया कि उसकी और उसके परिवार की ज़रूरतें पूरी करने के लिए इतनी ही मछलियां पर्याप्त हैं। अमेरिकी ने पूछा, 'तो फिर बाक़ी समय तुम क्या करते हो?'

मछुआरा बोला, 'मैं देर से सोता हूं, थोड़ी मछलियां पकड़ता हूं, अपने बच्चों के साथ खेलता हूं, पत्नी के साथ थोड़ा समय बिताता हूं। शाम होने पर गांव में जाकर दोस्तों से मुलाक़ात करता हूं। थोड़ी-बहुत शराब पीता हूं, गिटार बजाता हूं और गाने गाता हूं... मैं जीवन को पूरी तरह जी रहा हूं।'

अमेरिकी ने उसे टोका, और कहा, 'मैंने हार्वर्ड से एमबीए किया है और मैं तुम्हारी मदद कर सकता हूं! तुम्हें रोज़ाना अधिक मछलियां पकड़नी चाहिए। तुम उन अतिरिक्त मछलियों को बेच सकोगे। अगर आमदनी बढ़ी तो तुम एक बड़ी नौका ख़रीद सकते हो। फिर उस बड़ी नौका से अतिरिक्त पैसा आएगा, तो तुम दूसरी नौका ख़रीद सकते हो, फिर तीसरी और ऐसा तब तक कर सकते हो जब तक तुम्हारे पास जाल वाले जहाज़ों का पूरा बेड़ा नहीं हो जाए। इसके बाद दलालों को मछलियां बेचने के बजाय तुम सीधे प्रोसेसिंग प्लांट वालों से मोलभाव कर सकते हो। यहां तक कि अपना ख़ुद का प्लांट तक स्थापित कर सकते हो। इसके बाद तुम इस छोटे-से गांव को छोड़कर मेक्सिको सिटी, लॉस एंजिल्स यहां तक कि न्यू यॉर्क जाकर बस सकते हो! तुम वहां से ही अपने इस बड़े उद्योग को निर्देशित कर सकते हो!'

मछुआरे ने पूछा, 'ऐसा होने में कितना समय लग जाएगा?'

अमेरिकी बोला 'बीस, शायद पच्चीस साल भी लग सकते हैं।'

मछुआरे ने पूछा, 'उसके बाद?'

अमेरिकी हंसते हुए बोला, 'उस समय तो यह वास्तव में काफ़ी दिलचस्प होगा। जब तुम्हारा व्यवसाय वास्तव में बड़ा हो जाए, तुम स्टॉक्स बेचना शुरू कर सकते हो और करोड़ों कमा सकते हो!'

'करोड़ों? सही में? और उसके बाद?'

'उसके बाद तुम रिटायर हो सकते हो, समुद्र के किनारे किसी छोटे-से गांव में बस सकते हो, देर से सो सकते हो, बच्चों के साथ खेल सकते हो, थोड़ी-बहुत मछलियां पकड़ सकते हो, अपनी पत्नी के साथ आराम फ़रमा सकते हो और अपनी शाम शराब पीने, गाने, गिटार बजाने और दोस्तों के साथ मौज-मस्ती करने में बिता सकते हो!'

क्या आप में कुछ बड़ा हासिल करने की गुप्त महत्त्वाकांक्षा है? अगर है तो वह कब तक गुप्त रहेगी? अधिकांश लोग यह जान ही नहीं पाते कि वे अपने जीवन के साथ क्या करना चाहते हैं। जैसा कि आप जल्द ही पढ़ेंगे कि ज़्यादातर लोग काम पर ही जाना पसंद

नहीं करते। अधिकांश लोग जो बूढ़े हो जाते हैं, वे कंगाल रहते हैं और कैन्सर, हृदय रोग या फिर दूसरी शारीरिक बीमारी से मारे जाते हैं। बुढ़ापे की वजह से तो बमुश्किल ही कोई मरता है। यह अध्याय आपको उस शुरुआती दुविधा के बारे में बताएगा, जिससे अधिकांश लोग जूझते हैं, यह कि - कैसे तय करें कि आप क्या चाहते हैं। यह तय करना कि जीवन में आप क्या चाहते हैं - पहली बार में साधारण-सा सुनाई पड़ता है, लेकिन इसे तय कर पाने की विधि अधिकांश लोगों के पास नहीं है।

अधिकांश लोग अपने जीवन में ज़्यादा कुछ हासिल नहीं कर पाते, इसकी वजह यही है कि वे नहीं जानते वे क्या चाहते हैं।

ज़्यादातर लोग इन प्रश्नों के सामने संघर्ष करते दिखाई देते हैं कि 'आप सफलताओं को कैसे परिभाषित करेंगे?; 'मैं क्या बनना चाहता हूं?; 'मैं क्या अनुभव करना चाहता हूं?; 'मैं कौन-सी संपत्ति अर्जित करना चाहता हूं?'

कुछ कर गुज़रने की अंदर की आग को हर कोई महसूस करता है, जो आपको लक्ष्य के बारे में सोचते ही रोमांचित कर देती है। किंतु आमतौर पर लोग ऐसी ख़्वाहिश को बमुश्किल साकार कर पाते हैं।

क्यों ज़्यादातर लोग कभी कुछ ख़ास नहीं कर पाते

जब आप जन्मे थे तो इस बात को लेकर बेहद स्पष्ट थे कि आप क्या हासिल करना चाहते हैं और इसे पाने के रास्ते में आपने किसी शख़्स या चीज़ को नहीं आने दिया। अगर आप भूखे थे तो आप ज़ोर से रोए होंगे, जब तक किसी ने आपकी भूख नहीं मिटा दी हो। जब आप ज़मीन पर रेंगने लगे थे, तब खिलौनों की ख़ातिर बिना डरे दरवाज़े की ओर बढ़े, आपको रोकने वाला कोई नहीं था। जिस समय बोलने लायक़ हुए तो एक के बाद एक चीज़ें मांगकर गाता पिता को परेशान करने लगे, जब तक कि आपकी ज़िद पूरी नहीं हो गई या वे घर से ना चले गए। कुल मिलाकर आप जीवन में घटित अधिकांश चीज़ों पर हंसे हैं और ख़ुद को कभी गंभीरता से नहीं लिया। तो फिर बचपन से युवा अवस्था के बीच ऐसा क्या हुआ?

दरअसल, जब अधिकांश बच्चे बहुत छोटे थे, उनके आरएएस को लगातार इस तरह की कहावतों से प्रोग्राम किया जा रहा था :

अपनी उम्र का लिहाज करो - बड़े बनो
तुमको शर्म आनी चाहिए
तुम स्वार्थी हो
जो मिला है उसे स्वीकार करो
तुम अपने आप को समझते क्या हो?
नहीं, तुम्हें अहसास नहीं होता
थाली का पूरा खाना ख़त्म करो
मैंने सोचा था कि तुम उसके जैसे बनोगे...
तुम बुरे बच्चे हो!
ऐसा मत कहो!
क्योंकि मैं तुम्हारी मां हूं, इसलिए!
क्या तुम्हारे दोस्त कुएं में कूदेंगे तो तुम भी कूद जाओगे?
क्योंकि मैंने कहा है
मैं तुम्हें 'ना' कहना बताता/बताती हूं!
जो मैं कहता/कहती हूं वह करो - जो मैं करता/करती हूं वह नहीं
तुम तुम्हारे बेकार माता/पिता की तरह ही हो
पैसे पेड़ पर नहीं उगते
ऐसा चेहरा मत बनाओ, वरना यह हमेशा के लिए ऐसा ही रह जाएगा
साफ़ अंडरवियर पहना करो, कभी कई हादसा हो जाए तो
रोना-धोना बंद करो या फिर मैं तुम्हें रोने की कोई वज़ह दूं
खैर मनाओ कि तुम्हारे पास ये सब है, हमेशा और मांगते रहना बंद करो
अफ़्रीका में तो बच्चे भूखे मर रहे हैं
जितना दुख तुम्हें पहुंचेगा, उससे ज़्यादा यह बात मुझे दुख पहुंचाएगी

आरएएस को इस तरह प्रोग्राम किए जाने की वजह से ज़्यादातर लोग दूसरों की मांगें स्वीकार करते हुए युवा अवस्था में पहुंचते हैं। बचपन में उनमें जो सहजता थी और जो सपने उन्होंने देखे थे, वे पूरी तरह ख़त्म हो चुके होते हैं। वे अपनी किशोरावस्था के अंतिम दिनों में वो सब काम कर रहे होते हैं, जो वयस्क उनसे करवाना चाहते हैं और भले ही उन्हें इसका अहसास हुआ हो या नहीं, लेकिन वे फ़ैसले करने के मामले में भी प्रोग्राम किए जा चुके हैं। जैसे - 'सही' शख़्स से विवाह करना है, बजाय उसके, जिससे विवाह करना चाहते हैं; वे यूनिवर्सिटी में वह कोर्स चुनते हैं जो माता-पिता उन्हें दिलाना

चाहते हैं या फिर वे कोई 'सुरक्षित' नौकरी चुनते हैं, बजाय रोमांचक जीवन जीने के। वे जीवन में हमेशा सुरक्षित, 'समझदारी भरा' रास्ता चुनते हैं और फिर इनमें से अधिकांश धीरे से रिटायरमेंट तथा कम उम्र में मृत्यु की ओर बढ़ जाते हैं।

सत्य कथा - रॉबर्ट

रॉबर्ट के पिता जीवनभर उसे 'सही चीज़ें करने और स्वार्थी प्रवृत्ति त्यागने' के लिए डांटते-फटकारते रहे। किशोरावस्था में जब यूरोप में रहता था तब रॉबर्ट ने कलाकार बनने का सपना सजा रखा था और वह वंचित लोगों की मदद करते हुए समाजसेवा में भी करियर बनाना चाहता था। मगर पिता ने कहा कि यह समय की बर्बादी है, क्योंकि ऐसा करते हुए रॉबर्ट परिवार को कभी सहारा नहीं दे पाएगा। वे तो रॉबर्ट को डॉक्टर बनाना चाहते थे, इसलिए नहीं कि डॉक्टर अधिक कमाने की क्षमता रखते हैं, बल्कि इसलिए कि वे अपने दोस्तों के सामने शेख़ियां बघार सकें। रॉबर्ट के पिता ने उसे न्यू ज़ीलैंड भेजा, उसकी यूनिवर्सिटी की फ़ीस तथा रहने का ख़र्च भी चुका दिया। सात साल की मेहनतभरी पढ़ाई - जो रॉबर्ट को पसंद नहीं थी - के बाद रॉबर्ट माइक्रोबायोलॉजिस्ट के तौर पर क्वालिफ़ाई हो गया और जल्द ही पिता की ख़ुशी के लिए मेडिकल डॉक्टर भी बन गया।

किंतु जिस समय हम यह कहानी लिख रहे हैं, रॉबर्ट न्यू ज़ीलैंड में लोगों को अब्सीलिंग यानी खड़ी चट्टानों से रस्सी के सहारे उतरना सिखा रहा है। वह बच्चों को पढ़ाने और आर्ट क्लास चलाने में समय बिताता है। अपने घर -यूरोप- लौटने का उसका कोई इरादा नहीं है। वह कभी बतौर डॉक्टर काम नहीं करेगा और यदि पिता को फिर कभी नहीं देख पाया तो भी उसे कोई परवाह नहीं।

रॉबर्ट हावी होने वाले अपने पिता से दूरी बनाने के लिए न्यू ज़ीलैंड गया था, लेकिन फिर भी डॉक्टर बनने का पिता का सपना पूरा किया, क्योंकि पिता पढ़ाई व अन्य तरह के बिल भर चुके थे। मगर इसके बदले रॉबर्ट ने जो क़ीमत चुकाई वह जीवन के सात साल और पिता के साथ टूटे चुके संबंध हैं। क्या यह सब इतनी क़ीमत रखता था ?

सफलता की सीढ़ी पर चढ़ने के बाद आपको पता चले कि यह ग़लत दीवार के सहारे खड़ी है तो फिर उस पर चढ़ाई का क्या मतलब रह जाता है?

दूसरों की अपेक्षाओं पर जीना व्यर्थ है। इससे आपको सिर्फ़ बेचैनी और नाखुशी मिलेगी। दरअसल हम उन लोगों का सम्मान करते हैं, जिनमें अपनी चाहतों के प्रति जज़्बा है और जो आत्मसंतुष्टि के लिए काम करते हैं, भले ही हम उनके लक्ष्यों से बहुत ज़्यादा सहमत नहीं हों। अभी फ़ैसला लीजिए कि आप संयम रखेंगे और वही करेंगे जो करना चाहते हैं, वो नहीं जो दूसरे आपसे चाहते हैं।

कैसे तय करें कि आप क्या चाहते हैं

सबसे पहले आपको यह करना है कि मन में जो भी करने या पाने का ख़याल आए, उसे लिख लें। भले ही किसी और को आपका यह विचार तुच्छ क्यों नहीं लगे। अपनी फ़ेहरिस्त में वे सपने भी शामिल करें जो आप बचपन में देखते थे, लेकिन आपके लिए अब भी महत्त्व रखते हों। आपने ऐसा कोई आइडिया देखा या सुना हो, जिससे आप जुड़ाव महसूस करते हों, उसे भी सूची में दर्ज कर लीजिए। कोशिश करें कि आपकी सूची में 10 से 20 आइटम हों। ऐसी किसी चीज़ को भी शामिल करें, जिसने कभी आपको आकर्षित किया हो। हां, हम आपसे जो मन में आए वो लिखने के लिए कह रहे हैं। लिस्ट में लिखने का मतलब यह नहीं है कि आप इन्हें करने के लिए बाध्य हों; ये सिर्फ़ विचार हैं, जो आपको अभी आकर्षित कर रहे हैं या फिर अतीत में किसी समय आपकी इनमें रुचि जागी थी। आप अपनी सूची सिर्फ़ अपने तक ही रखिए या सिर्फ़ ऐसे किसी शख़्स से साझा कीजिए, जिस पर आप पूरा भरोसा करते हैं। इसकी चर्चा ऐसे किसी व्यक्ति से ना कीजिएगा, जो आपको बरगलाना चाहता हो या आपसे कहे कि आपकी सूची में शामिल विचार तुच्छ हैं या संभव नहीं हो सकते। यह सूची पूरी तरह से आप पर आधारित है। इसे ड्रीम स्टीलर्स यानी उन लोगों को नहीं दिखाएं, जो आपको विश्वास दिलाने का प्रयास करे कि आपके सपने कभी पूरे नहीं होंगे। किसी और की राय को अपनी पहचान कभी नहीं बनने दें।

उन लोगों को तुम्हारे सपनों की बातें मत करने दो
जिन्होंने ख़ुद के सपनों से हार मान ली हो।

क्या करना है यह तय कीजिए – *कैसे करना है यह नहीं*

अधिकांश लोगों को जीवन में वो चीज़ नहीं मिलती जो वे चाहते हैं, इसलिए कि उनका पूरा ध्यान इस बात पर केंद्रित होता है कि वे इसे कैसे हासिल करेंगे। वे यह देखते हैं कि दूसरों ने क्या हासिल किया है और सोचते हैं कि *'मैं नहीं जानता कि यह कैसे करना है।'* इसलिए वे कुछ नहीं करते। इसके बजाय उन्हें यह तय करना चाहिए कि वे हासिल क्या करना चाहते हैं।

किसी भी लक्ष्य को हासिल करने का पहला तथा सबसे महत्त्वपूर्ण सिद्धांत यह तय करना है कि आप क्या चाहते हो। इस बारे में मत सोचिए कि आप उसे हासिल करोगे कैसे यह काम आपके लिए आपका आरएएस करेगा।

जैसा कि अब आपको पता है कि आपके आरएएस में पहले से स्थापित एक जीपीएस है, तो आपको सिर्फ़ फैसला करना है कि जाना कहां है। ये आपको स्वयं वहां तक ले जाएगा।

अगर आप इस बात पर ध्यान केंद्रित करेंगे कि कोई चीज़ कैसे होगी, तो आप हतोत्साहित हो सकते हैं। क्योंकि फ़िलहाल आपको इसे पाने का रास्ता नहीं मालूम है या आपके पास इसे करने का कौशल या अनुकूल परिस्थितियां नहीं हैं। आप 'कैसे होगा' सोचते हैं, इसलिए कुछ नहीं होता - आप कभी शुरुआत नहीं करते। इस वक़्त सबसे अहम सीख यही है कि सोचें आप क्या चाहते हैं। किसी भी परिस्थिति में यह नहीं सोचें कि आप इसे करेंगे कैसे - अभी तो बिलकुल नहीं। इस पर और बात हम बाद में करेंगे।

चलो इसे दोहराते हैं : पहले यह सोचें कि आप क्या चाहते हैं। यह नहीं कि आप इसे करेंगे कैसे। अभी बिलकुल नहीं। अभी के लिए तो सिर्फ़ क्या की सूची बनाएं। अपने आरएएस का इस्तेमाल करें।

पहले यह तय करें कि आप क्या चाहते हैं। इसके बाद आपका आरएएस इस सवाल का जवाब तलाश करेगा कि इसे कैसे हासिल करना है और आपको रास्ते नज़र आने लगेंगे।

लक्ष्यों की एक पुस्तिका तैयार करें

उन चित्रों, छवियों तथा लेखों को चुनिए, जो आपके लक्ष्यों की व्याख्या या चित्रण करते हों। उन्हें एक किताब में रखिए और रोज़ पढ़िए। उदाहरण के लिए यहां कुछ चीज़ें हैं, जिन्हें बारबरा तथा मैंने अपनी सूचियों में लिखा है। कुछ आइटम हमने मिलकर, कुछ व्यक्तिगत तौर पर और कुछ जीवन के अलग-अलग दौर में लिखे हैं।

ये लक्ष्य हासिल करने हैं

मैराथन दौड़ना

समुद्र के किनारे रहना

एक तालाब बनाना

मार्शल आर्ट्स में ब्लैक बेल्ट हासिल करना

पैराशूट ज़म्प

ख़ुद का टीवी शो

बड़ी कंपनी का मुखिया बनना

जाने-माने वक्ता बनना

कॉनकॉर्ड विमान की सवारी

रूस में एक सेमिनार

स्टेज हिप्नोटिस्ट बनना

सांप को हाथ से पकड़ना

मृत सागर में तैरना

शीर्ष 40 रिकॉर्ड लिखना और उनकी रिकॉर्डिंग करना

महल में रहना

लाइफ़-सेविंग में कांस्य पदक पाना

फ़नलवेब मकड़ी को पकड़ना

सर्फ़िंग प्रतियोगिता जीतना

बंजी जम्प करना

50 देशों की यात्रा

जिम ज्वॉइन करना

पिरामिडों पर चढ़ना

एक बेस्टसेलिंग किताब लिखना

बास्केटबॉल में ऑस्ट्रेलिया का प्रतिनिधित्व करना

टीवी पर लोकप्रिय होना

शीर्ष विक्रेता बनना

विदेश में रहना

रॉक बैंड में गिटार बजाना

ख़ुद का व्यवसाय स्थापित करना

30 साल की उम्र तक करोड़पति बनना

मर्सिडीज़ बेंज़ का मालिक बनना

ये सीखना है

टैप-डांस

स्केटबोर्ड की सवारी

स्कूबा-डाइव

घुड़सवारी

स्की

संगीत-लिपि पढ़ना

संदेश भेजना

फ़्रेंच तथा जर्मन बोलना

तेज़ी से पढ़ना

गीत लिखना

सुर में गाना

बेहतरीन फ़ोटोग्राफ़ लेना

जादू दिखाना

बच्चों को स्मार्ट बनाना

बॉक्सिंग

बेहतरीन पालक बनना

हेलिकॉप्टर उड़ाना

प्रकाशक बनना

स्वास्थ्य विशेषज्ञ बनना

नौका चलाना

रॉक ऐंड रोल डांस करना

बच्चों को सकारात्मक तथा सेहत के प्रति जागरूक बनाना

कुशल तैराक बनना

मूनवाक करना

ध्यान लगाना

जापानी फूड बनाना

चार भागों वाला स्वर संगीत लिखना

इन्हें बजाना सीखना है

लीड गिटार

पियानो

ढोल

सैक्सोफ़ोन

बास गिटार

वायलिन

हारमोनिका

ये सूचियां लंबी-चौड़ी और विविधताओं वाली हैं और इनमें वे चीज़ें भी शामिल हैं, जो किसी समय हमें महज़ एक रोचक विचार के तौर नज़र आई थीं। मगर व्यक्तिगत रूप से या साथ मिलकर हमने शुरुआत की और इन सूचियों में लिखे 90 फ़ीसदी लक्ष्य हासिल कर लिए। इनमें से कुछ हमने विश्व स्तर पर हासिल किए हैं; कुछ के लिए हमें राष्ट्रीय स्तर पर प्रशस्ति या सम्मान मिले हैं; कुछ स्थानीय स्तर तक ही सीमित रहे हैं; कुछ ऐसे हैं, जो व्यक्तिगत रूप से केवल हमारे लिए ही अहमियत रखते हैं। वैसे कुछ में हमने बहुत ख़राब प्रदर्शन भी किया - बारबरा फिर कभी पियानो नहीं बजाना चाहतीं और मैं फिर कभी टैप-डांस नहीं करना चाहूंगा। कुछ लक्ष्य अभी अधूरे भी हैं और कुछ को हमने बीच में ही छोड़ दिया, क्योंकि इन्हें शुरू करते ही हमने पाया कि ये हमें पसंद नहीं आ रहे।

'शुरुआत करना ही आगे निकल जाने का राज़ है।'
—मार्क ट्वेन

क्यों कारगर है सूची बनाना?

क्या अख़बार या मैगज़ीन पढ़ते समय आपने ग़ौर किया है कि आप कुछ आर्टिकल्स को देखते हैं और अन्य को नहीं? आपको लगता है कि आपने अख़बार में सबकुछ पढ़ लिया है, जब तक कि कोई आपसे किसी ख़ास आर्टिकल के बारे में पूछ नहीं लेता और आप सोच में नहीं पड़ जाते। फिर आप दोबारा अख़बार पढ़ते हैं और पाते हैं कि उस आर्टिकल से तो पूरा एक पन्ना ही भरा हुआ है! लेकिन आपने उसे देखा ही नहीं। ऐसा इसलिए कि आरएएस लक्ष्य तलाशने वाली एक प्रणाली है, यह आपको वही चीज़ें दिखाता है, जो आपकी उस सोच तथा उन विचारों से मेल खाती हों, जिनसे आपने आरएएस का प्रोग्राम किया है। उदाहरण के लिए अगर आप लगातार खेल के बारे में सोचते हैं, फूलों की व्यवस्था के बारे में नहीं तो आपको अख़बार या मैगज़ीनों में हमेशा खेल और खिलाड़ियों पर लिखे हुए आर्टिकल्स ही दिखाई देंगे। मगर आप फूलों की व्यवस्था से जुड़ा कुछ नहीं देख पाएंगे, भले ही वो वहीं पर क्यों नहीं था।

आपका आरएएस केवल उससे मेल खाने वाली चीज़ों को ही तलाश करेगा जो उसे बताई गई हैं, बाक़ी को नज़रअंदाज़ कर देगा। उदाहरण के लिए अगर आपने सिर्फ़ बाघों के बारे में सोचने का मन बनाया है, तो आप जहां भी देखेंगे आपको बाघों पर कहानियां, फ़िल्में तथा जानकारियां नज़र आएंगी। आपको बाघ टीवी पर दिखाई देंगे। इंटरनेट पर, मैगज़ीन्स में, अनाज के पैकेट्स पर और विज्ञापनों वाले बिलबोर्ड्स पर भी दिखेंगे और आप लोगों को भी बाघों के बारे में ही बात करते सुनेंगे। हालांकि बाघों के बारे में सोचने का मन बना लेने से पहले आपने इनके बारे में संभवतः कुछ नहीं देखा होगा।

जब आप अपनी सूची में कोई आइटम लिखते हैं तो हर जगह उसके बारे में सूचनाएं देखना शुरू कर देते हैं।

जो मैंने कहा, वहीं चीज़ उस समय भी होती है जब आप कोई नई कार ख़रीदने की योजना बनाते हैं। उदाहरण के लिए यदि आपने सफ़ेद रंग की, फोर-डोर टोयोटा कार ख़रीदने का मन बनाया है, आप हर जगह उसे देखना शुरू कर देंगे - सड़कों पर, पार्किंग में, टीवी पर, डीलर्स के यहां और लोगों के गैराज़ में भी। किंतु जब तक आपने सफ़ेद रंग की टोयोटा ख़रीदने का फ़ैसला नहीं किया था, आपने उसे हर जगह पाया भी नहीं होगा।

आप जो भी कार चला रहे हों, आपको हर जगह कोई और आपकी पसंदीदा कार चलाते दिखाई देता है। यह कार देखने से आप ख़ुद को रोक नहीं पाते। यह आपके आस-पास हर जगह है। यही वजह है कि जब आप अपना लक्ष्य लिख लेते हैं तो उससे जुड़ी सूचनाएं और जवाब आपके सामने आना शुरू हो जाते हैं। दूसरे शब्दों में कहें तो आपका आरएएस उसे अस्तित्व में ले आता है।

स्पेगेटी सिद्धांत

आपकी सोच तथा विचार आपके मस्तिष्क में स्पेगेटी (नूडल्स जैसी इतलावी डिश) की एक गेंद के समान हैं। यहां एक विचार कई अन्य विचारों के साथ गुंथा हुआ होता है, इसलिए किसी एक को पृथक करना और उस पर ध्यान केंद्रित करना मुश्किल है।

इसलिए विचारों को काग़ज़ पर लिखना महत्त्वपूर्ण है। लिखना हर विचार को एक स्पष्ट स्वरूप दे देता है। ऐसे में उसे दूसरों से अलग रखकर देखा जा सकता है। इसके बाद आप जैसे ही अपनी सूची पढ़ते हैं और उसमें लिखे आइटम्स के बारे में सोचते हैं, तब कुछ आइटम जिन्हें शुरुआत में आप बेहद महत्त्वपूर्ण मान रहे थे, वे फीके से नज़र आने लगते हैं। वहीं ऐसे कुछ आइटम जो शुरुआत में बेहद साधारण दिखाई दे रहे थे, अब हो सकता है रोमांचक दिखाई देना शुरू कर दें।

उदाहरण के तौर पर जब मैं बच्चा था तब मैंने जीन केली की मूवी *सिंगिंग इन द रेन* देखी थी। केली जिस तरह एक कमरे के अंदर बिना ग़लती टैप-डांस कर रहे थे, वह मुझे काफ़ी पसंद आया। 20 वर्ष का होते-होते मैं इस फ़िल्म को कई बार देख चुका था और सोचता था कि उनके जैसा टैप-डांस सीखना मुझे काफ़ी पसंद आएगा। इसे मैंने अपनी लिस्ट में लिख लिया और यह पांच साल उसमें बना रहा। मगर मैंने इसे जैसे ही सूची में लिखा, मैंने फ़िल्मों में तथा टीवी पर टैप-डांसर्स को देखना शुरू कर दिया; टैप-डांसिंग से जुड़े लेख हर जगह से छलांग लगाकर मेरे सामने आने लगे थे। ज़ाहिर है टैप-डांसिंग से जुड़े ये टीवी शो तथा मीडिया पहले थे, लेकिन मुझे तब तक नज़र नहीं आए, जब तक मैंने इसे अपनी सूची में नहीं लिख लिया। 35 साल की उम्र में मैंने टैप-डांसिंग की एक क्लास ज्वॉइन कर ली। इस पर और अधिक चर्चा हम बाद में करेंगे।

सूची को अपने हाथों से लिखना क्यों ज़रूरी है

कैलिफ़ोर्निया की डोमिनिकन यूनिवर्सिटी में साइकोलॉज़ी की प्रोफ़ेसर डॉ. गेल मैथ्यूज़ ने लक्ष्य निर्धारण को लेकर 267 प्रतिभागियों पर एक शोध किया। उन्होंने पाया कि लक्ष्य को पाने की आपकी 42 फ़ीसदी संभावना तो उसे हाथों से लिखने से ही बढ़ जाती है। जब आप टाइप करने के लिए की-बोर्ड का इस्तेमाल करते हैं, तो इसमें अंगुलियों के केवल

आठ अलग-अलग तरह के मूवमेंट होते हैं और मस्तिष्क की बेहद कम तंत्रिकाएं इसमें शामिल होती हैं। मगर हाथ से लिखने में दस हज़ार से ज़्यादा मूवमेंट होते हैं और हज़ारों की संख्या में तंत्रिका मार्ग निर्मित हो जाते हैं। यह बताता है कि हाथों से लिखना किस तरह लक्ष्य के साथ आपके भावनात्मक लगाव और उसके प्रति आपके समर्पण पर गहरा असर डालता है। लक्ष्यों को दर्ज करने के लिए कम्प्यूटर का इस्तेमाल कुछ हद तक तो मदद करता है, किंतु यह उस किताब को पढ़ने जैसा है, जो बताती है कि स्पोर्ट्स कार का मालिक होना कितना रोमांचक अनुभव होता है। वहीं हाथों से लक्ष्यों को लिखना एल्प्स की पहाड़ियों पर स्पोर्ट्स कार की टेस्ट ड्राइव के समान है। इससे आप ज़्यादा भावनात्मक रूप से लक्ष्य पाने में जुट जाते हैं और यह लक्ष्य पाने की आपकी प्रेरणा को नाटकीय ढंग से ऊंचा उठा देता है। लक्ष्यों को लिखना आपके आरएएस को सक्रिय कर देता है और आपके अवचेतन मन को उस पर काम करने के निर्देश देता है, फिर भले ही आप उस बारे में सोच रहे हों या नहीं।

1980 के दशक में 'आइरन कर्टन' के उस ओर जाकर रूस (सोवियत संघ) में सेमिनार करना असंभव ही माना जाता था। ख़ासतौर पर पश्चिमवासी उस समय रूस नहीं जा सकते थे। लेकिन बारबरा और मैंने फिर भी इसे अपनी सूची में शामिल किया, क्योंकि ये किसी रोमांचक आइडिया की तरह प्रतीत होता था और मुझे जेम्स बॉन्ड जैसा अहसास दिलाता था। जैसे ही हमने इसे लिखा तुरंत ही हमें रूस से जुड़ी सूचनाएं, अख़बार में छपे लेख, टीवी डॉक्यूमेंटरीज़ और मैगज़ीन स्टोरीज़ हमारे आस-पास हर जगह नज़र आने लगीं। 1989 में इसे अपनी लिस्ट में शामिल करने के बाद आज रूसी भाषा बोलने वाले देश हमारे सबसे बड़े पब्लिशिंग तथा सेमिनार मार्केट हैं। अगर हम यह सोच लेते कि रूस का विचार एक पागलपन है और इसे हम लिखते नहीं तो रूस हमारे लिए एक बड़ा व्यावसायिक ठिकाना नहीं होता, इसलिए कि हमारे आरएएस ने कभी यह पता लगाने के लिए सूचनाएं नहीं तलाशी होतीं कि यह कैसे होगा। इसलिए यह बेहद ज़रूरी है कि आप यह नहीं सोचें कि जो चाहिए वो कैसे मिलेगा।

जब आप स्पष्ट रूप तय कर लेते हैं कि आप क्या करना चाहते हैं, क्या पाना चाहते हैं या क्या बनना चाहते हैं तब आपका आरएएस उसे करने के रास्ते तलाशने लग जाता है। एक बार जब आप अपने दिमाग़ में विचार ले आते हैं तो उसके बारे में चीज़ें देखना, पढ़ना और सुनना शुरू कर देते हैं। यह इतना सरल है। यही वो चीज़ है जो बहुत कम लोग करते हैं।

इन लिखे हुए लक्ष्यों की सूची को बार-बार पढ़ने से आपको स्पष्ट हो जाएगा कि कौन-सा आइटम आपके लिए कितना महत्त्वपूर्ण या महत्त्वहीन है। अपनी सूची में नए आइटम जोड़ते रहिए, इसमें सुधार करते रहिए और गैरज़रूरी आइटम हटाते रहिए। कुछ समय बाद, कुछ आइटम इस सूची में बार-बार आने लगेंगे, क्योंकि ये वो आइटम हैं, जो आपके लिए सबसे अधिक मायने रखेंगे। अपनी सूची को अपने बेडरूम या बाथरूम की

दीवार पर चस्पां कर दीजिए। इसकी एक कॉपी अपने रेफ़्रिजरेटर पर भी रखिए या फिर इसे अपने कम्प्यूटर या मोबाइल का स्क्रीन सेवर बना लीजिए। एक कॉपी किसी ऐसी जगह पर रखिए, जहां आप इसे हमेशा देख सकते हैं। जैसे ही आपके मन में नया आइडिया आता है, उसे सूची में जोड़ लीजिए। आपकी सूची जितनी लंबी होगी, उतना अच्छा।

लखपति और करोड़पति में अंतर

1970 के दशक में अमीर लोगों पर एक शोध किया गया, ताकि लखपति तथा करोड़पति के बीच मुख्य अंतर का पता लगाया जा सके। दोनों ही समूह अमीर थे, फिर भी शोधकर्ता यह जानना चाहते थे कि क्यों एक समूह दूसरे से इतना ज़्यादा अमीर है। तीन साल के अध्ययन के बाद दोनों में जो समानता नज़र आई वो यह थी कि दोनों स्पष्ट तौर पर जानते थे कि वे चाहते क्या हैं। हालांकि अरबपतियों के पास उनके विचार, लक्ष्य और महत्त्वाकांक्षाओं की स्पष्ट रूप से लिखी हुई सूचियां भी थीं। शोधकर्ताओं के लिए यही सूची सबसे बड़ा अंतर थी।

लखपतियों में भी लक्ष्यों के प्रति उतना ही जज़्बा था। ये भी स्पष्ट रूप से जानते थे कि वे क्या चाहते हैं, लेकिन इस समूह में लक्ष्य लिखकर रखने वालों की संख्या अरबपतियों की तुलना में काफ़ी कम थी। इधर, लक्ष्य निर्धारण से जुड़े एक अन्य अमेरिकी शोध में पॉल जे. मायर ने पाया कि :

3 फ़ीसदी अमेरिकियों के पास स्पष्ट लिखे हुए लक्ष्य तथा योजनाएं थीं।
10 फ़ीसदी के पास जीवन के लक्ष्यों को लेकर कोई अच्छा आइडिया था।
60 फ़ीसदी ने लक्ष्यों के बारे में सोच रखा है, लेकिन ये लक्ष्य सिर्फ़ जीवनसाथी से जुड़े हैं।
27 फ़ीसदी ने लक्ष्य निर्धारण या अपने भविष्य को लेकर बेहद कम सोचा है।

मायर ने अपने अध्ययन में जिन लोगों की जानकारी जुटाई उनमें से :

3 फ़ीसदी बेहद सफल थे।
10 फ़ीसदी ठीक-ठाक कर रहे थे।
60 फ़ीसदी कम आय वाले थे।
27 फ़ीसदी मदद या दान के भरोसे मुश्किलों में जीवन काट रहे थे।

यहां संदेश साफ़ है। अपने लक्ष्यों की सूची बनाएं - वह भी हाथ से लिखी हुई।

करियर का सही मार्ग या जीवन का उद्देश्य कैसे तलाशें

अपने कामकाजी जीवन को व्यवस्थित ढंग से बिता पाना ही अधिकांश लोगों की प्राथमिकताओं में शामिल होता है। फिर भी अब तक हुए अध्ययनों में सामने आया है कि 10 में से 8 से अधिक लोग उस काम को पसंद नहीं करते, जिसके सहारे वे जीवन गुज़ार रहे हैं। 2012 में 140 देशों के लोगों पर करवाए गए गैलप के एक सर्वेक्षण में सामने आया था कि 67 फ़ीसदी लोगों का दिल अपने काम में नहीं लगता या फिर वे उससे प्रेरित नहीं हैं और उनके द्वारा अतिरिक्त प्रयास करने की संभावना भी नहीं है। वहीं 24 फ़ीसदी काम से 'बहुत ज़्यादा जी चुरा रहे हैं' या पूरी तरह नाखुश और अनुत्पादक हैं।

लेकिन क्या आप जॉब वाले दिन उत्साह से जागते हैं? रोज़ सुबह इस उत्सुकता के साथ उठते हैं कि उस दिन क्या होने ही संभावनाएं हैं? अगर नहीं - जिसकी यहां कम से कम 80 फ़ीसदी आशंका है - तो आपको क्या करना चाहिए?

यहां इस बात का जवाब है कि आप अपने जीवन के उद्देश्य को कैसे तलाशें - आपके अतीत में वो क्या चीज़ रही है, जिसका आपने सबसे ज़्यादा आनंद लिया है और उसे आप इतना पसंद करते हों कि अवसर मिले तो उसे मुफ़्त में भी करेंगे? अतीत में जाकर उन चीज़ों के बारे में सोचें, जिन्होंने आपको आनंद व ख़ुशी दी हो तथा बेहतर होने का अहसास दिलाया हो। ये वो चीज़ें हैं, जिनमें आप अपने जीवन का उद्देश्य या असल करियर तलाश पाएंगे।

ख़ुद से पूछें कि 'वह क्या चीज़ है, जिसे करना मैं इतना पसंद करूंगा कि मुफ़्त में भी कर लूं, लेकिन क्या उसे करने के बदले पैसा भी मिल सकता है?' जब आप इस सवाल का जवाब दे सकेंगे, आप अपने जीवन उद्देश्यों में से एक को पा लेंगे।

अधिकांश लोग नहीं मानते कि अपनी पसंदीदा चीज़ करते हुए वे महान जीवन जी सकते हैं या अमीर हो सकते हैं। लेकिन यदि आप इसे सूची में लिख लेते हैं तो आपको रास्ता भी मिल जाता है। आप कह सकते हैं कि आपको लोगों से मिलना-जुलना, बातें करना अच्छा लगता है तो इसे मैं जीवनयापन का ज़रिया कैसे बना सकता हूं? वैसे जान लें कि जे लीनो, डेविड लेटरमैन, माइकल पार्किंसन तथा ओप्रा विनफ़्रे भी इसी में दिलचस्पी रखते थे। हो सकता है आप सोचें कि मुझे घर को ख़ूबसूरत बनाने का शौक़ है, तो मार्था स्टीवर्ट ने ऐसा किया है। 'मुझे खेलना पसंद है'... तो टाइगर वुड्स, रॉजर फ़ेडरर, पैट राफ़्टर, ग्रेग नॉर्मन के बारे में सोचिए। निश्चित ही ये लोग अपने व्यवसाय में बड़े पैमाने पर सफल हुए और बहुत अमीर बने हैं, लेकिन इनमें से प्रत्येक ने शुरुआत किसी

अनजान शख़्स के तौर पर ही की थी। इन्होंने उसी चीज़ को अपनाया, जो उन्हें सबसे अधिक पसंद थी और उसे ये मुफ़्त में भी कर सकते थे। उन लाखों लोगों के बारे में सोचिए जो प्रसिद्ध नहीं हैं, लेकिन इन्हीं व्यवसायों के जरिए सफल ज़िंदगी जी रहे हैं। याद रखें कि किसी विषय का विशेषज्ञ भी कभी नौसिखिया रहा होगा।

जो करना पसंद है उसे तलाशिए,
फिर आपको किसी भी दिन काम नहीं करना पड़ेगा।

हो सकता है आपको किसी अच्छे होटल रेस्तरां में खाने-पीने में, किताबें तथा मैगज़ीन पढ़ने में, पार्टियों व डांस क्लब जाने में, फ़िल्में देखने, संगीत सुनने, बजाने, नए लोगों से मिलने, नेट सर्फ़िंग में, खेलने में अथवा शॉपिंग में आनंद आता हो। यह ठीक है कि आप बाहर खाते हैं और दावा करते हैं कि आप खाने के शौक़ीन हैं। किंतु स्वयं का रेस्तरां या रेस्तरां रिव्यू वेबसाइट या ब्लॉग या मैगज़ीन शुरू करने या शेफ़ बनने का लक्ष्य तय क्यों नहीं करते। अगर आप संगीत सुनने के शौक़ीन हैं तो स्वयं का म्यूज़िक प्रोड्यूस करना या पत्रकार के रूप में ख़ुद के ब्लॉग पर म्यूज़िक इंडस्ट्री को कवर करना भी पसंद करेंगे। दूसरे लोगों के आनंद या इस्तेमाल की सामग्री प्रोड्यूस करते हुए आप स्वयं के शौक़ को अच्छी आमदनी का ज़रिया बना सकते हैं।

कुछ चीज़ों के प्रति आपका जज़्बा बिना वज़ह नहीं है। उन्हें आप ही दिल के क़रीब लाए हैं। जब मैं स्कूल में था तो मुझे स्डैंड-अप कॉमेडियन बनना और चुटकुले सुनाने पसंद था। एक बार मेरे टीचर ने कहा कि आपको 'प्रोफ़ेशनल स्मार्टास' बन जाना चाहिए। वही, जो मैं पिछले 40 साल से करता आया हूं। मैं नहीं जानता था कि मैं यह कैसे करूंगा - मैंने तो बस इसे करने का फ़ैसला किया और बाक़ी काम मेरे आरएएस ने कर डाला। 24 साल की उम्र में आते-आते मैंने उत्पाद बेचने की कला सिखाने वाला एक ट्रेनिंग प्रोग्राम लिख दिया। और वह हाथों-हाथ बिका! फिर मैंने एक बेस्टसेलिंग किताब लिखने का फ़ैसला किया और लेखक बन गया। मैं नहीं जानता था कि इसे कैसे करना है और किताब किस विषय पर होगी, लेकिन महत्त्वपूर्ण यह था कि मैंने इसे करना ठान लिया था। बावजूद इसके कि मैं सिर्फ़ 11 वर्ष स्कूल गया, बावजूद इस तथ्य के कि अंग्रेज़ी मेरा सबसे कमज़ोर विषय था, मैं इसे करने जा रहा था - बस। जैसे ही मैंने इस लक्ष्य को लिखा, मुझे जबाव नज़र आने लगे कि इसे कैसे करना है। दो साल बाद मैंने सोचा कि 'दूसरों को कैसे समझाएं' इस विषय पर लिखी किताब सफल हो सकती है। तो मैं बैठा और पहली पंक्ति लिखी - 'एक बार की बात है...' वैसे तो पहली पंक्ति हमेशा ही कठिन होती है, लेकिन इस पंक्ति ने मुझे शुरुआत दे दी। शीर्षक दिया *द लैंग्वेज़ ऑफ़ कस्टमर्स बॉडी*, जिसे बाद में मैंने *बॉडी लैंग्वेज़* नाम दे दिया। बाक़ी इतिहास है।

उस किसी भी चीज़ को आप जीने का एक अच्छा ज़रिया बना सकते हैं, जो आपको वास्तव में आकर्षित करती है। किंतु इसके लिए पहले यह तय करने की ज़रूरत है कि आपको क्या चीज़ वास्तव में पसंद है। फिर उसे लिखने की ज़रूरत है।

आज से हम आपको 'जॉब' हासिल करने का विचार मन में लाने से रोकना चाहते हैं। जब आप अपने लक्ष्य का पीछा कर रहे हों, तब 'जॉब' बिल चुका पाने के लिए सिर्फ़ एक बीच का रास्ता हो सकती है। 'जॉब' व्यक्ति उस समय करता है, जब कुछ और करना चाह रहा होता है और यह 80 फ़ीसदी से ज़्यादा लोगों पर लागू होता है। यदि हम पूछें कि मुफ़्त में कौन-सा काम करना पसंद करोगे, तो क्या आपका जवाब वही होगा, जो आप वर्तमान में कर रहे हैं? अगर आपने कोई और जवाब दिया है तो अभी से उस 'जॉब' से बाहर आने की प्लानिंग शुरू कर दीजिए, जो आप कर रहे हैं।

जॉब की परिभाषा - जस्ट ओवर ब्रोक (कंगाल)

लाखों लोग इस वक़्त उन चीज़ों से सफल करियर बना रहे हैं, जो उन्हें आकर्षित करती हैं। रोज़ सुबह वे इस उत्साह के साथ जागते हैं कि अपने काम में कुछ बेहतर करेंगे। यही करने की ज़रूरत आपको भी है, यदि आप एक परिपूर्ण जीवन जीना चाहते हैं। सिर्फ़ पैसा कमाने के उद्देश्य से किसी व्यवसाय या करियर में जाना समय की कसौटी पर खरा नहीं उतरता और आपको चिड़चिड़ा और नाखुश बना सकता है। तो वही कीजिए जो आपको लगे कि आप करने के लिए बने हैं और पैसा ख़ुद-ब-ख़ुद आपके पीछे आएगा।

वहां मत जाओ, जहां समस्याएं आपको धकेल रही हैं
अपने सपनों के पीछे चलो।

सारांश

आज ही जीवन की उन प्रत्येक चीज़ों की सूची बनाना शुरू कीजिए जो आपको रोचक तथा रोमांचक लगती हो। सूची में शामिल चीज़ों का आकलन नहीं करें, सिर्फ़ लिख लें। अगर आप कोई बिलबोर्ड देखते हैं, जो बंजी जम्पिंग का विज्ञापन कर रहा है - उसे भी लिख लें (जैसा कि बारबरा और मैंने किया) यदि आप टीवी पर रॉक-एन-रोल डांस देखते हैं (जैसा मैंने किया) या किसी की कहानी देखते हैं, जो विदेशी किले में रह रहा है (जैसा बारबरा ने किया) - वो सब भी लिख लीजिए। आरएएस जो कि आपके कॉर्टिकल अराउज़ल सिस्टम का हिस्सा है, उसे सक्रिय करना सीखने के बाद आप लक्ष्य पाने में अधिक सक्षम होने के अपने अवसर बढ़ा लेंगे।

अपने लक्ष्यों को लिख लेने से आप उस पर ध्यान केंद्रित करना सीखेंगे, जो बेहद मायने रखता है। ऐसा करने से आपका आरएएस उत्तेजित होगा और आपके पक्ष में काम करेगा। जब आप लक्ष्य लिखते हैं तो अपनी सोच को स्वरूप दे देते हैं और उस मंज़िल को चुन लेते हैं, जिसकी ओर आप जाना चाहते हैं। आपका आरएएस उन सटीक क़दमों को उठाएगा, जो वहां जाने के लिए ज़रूरी हैं।

जीवन में अत्यधिक सफल लोग अपने विचारों को लिख लेते हैं और अपनी योजनाओं की प्राथमिकता तय कर लेते हैं। उनके विचार जैसे ही काग़ज़ पर आ जाते हैं, आरएएस उनकी ख़्वाहिशों को पूरा करने के लिए जवाबों की तलाश में जुट जाता है।

जीवन को फिर से सही मार्ग पर लाएं और उस रास्ते को कभी नहीं अपनाएं जिस पर कोई और आपको भेजना चाह रहा है। भले ही उस व्यक्ति के इरादे कितने ही नेक क्यों नहीं हों।

- जीवन का नियंत्रण तत्काल अपने हाथों में लेने का फ़ैसला करें और जीवन को सही मार्ग पर लाने का भी।
- अभी तय करें कि वो हासिल करेंगे, जो चाहते हैं और वो बनेंगे, जो बनना चाहते हैं।
- यदि आप वह काम नहीं कर रहे, जो आपको उत्साहित करता है, तो जो कर रहे हैं उससे बाहर आने का प्रयास कीजिए। शोध बताते हैं कि अधिकांश लोग उस चीज़ को पसंद नहीं करते जो वे जीवनयापन के लिए कर रहे हैं। आप उनमें से एक मत बनिए।
- सूची अभी तैयार करना शुरू कीजिए। बाद में या ब्रेकफ़ास्ट या फिर इस किताब को पढ़ने के बाद नहीं। इसे अभी कीजिए। वरना एक दिन आप जागेंगे तो सही, लेकिन यह मालूम करने के लिए कि आप समय से पिछड़ गए हैं।

जब आप यह तय कर लेंगे कि आपको कहां होना चाहिए
तब वहां नहीं रहेंगे, जहां हैं।

3

सुस्पष्ट लक्ष्य चुनिए

लोग इन दो बातों में किसी एक से प्रेरित होते हैं - लाभ पाने की इच्छा या फिर घाटे से बचने के इरादे से। किंतु कुछ उद्देश्यों में दोनों के तत्व होते हैं। उदाहरण के लिए आप अपनी कंपनी में बड़े पद पर पहुंचना चाहते हैं, सम्मान पाने के लिए और ज़्यादा पैसों के लिए, ताकि परिवार को सुविधाएं दे सकें। इसी बीच आप यह भी चाहते हैं कि जिनसे प्यार करते हैं, वे पर्याप्त संसाधन नहीं होने के अहसास से बचे रहें।

मनुष्य या तो फ़ायदा पाने के इरादे से या फिर दर्द से बचने के इरादे से कुछ करता है।

अब आपने अपनी मास्टर लिस्ट बना ली है तो यह अध्याय आपको बताएगा कि अपने विचारों को हक़ीक़त में बदलने की शुरुआत कैसे करें। सबसे पहले सूची में शामिल अपने सभी आइटम्स को अलग से तीन भागों में लिखें 'ए,' 'बी' तथा 'सी' शीर्षकों के तहत। जिन आइटम्स को 'ए' नाम दिया है, वो चीज़ें ऐसी होंगी, जिन्हें जल्द पा लेने का आपको भरोसा है या फिर वो जो वर्तमान में आपको बेहद महत्त्वपूर्ण लगती हैं। जिन्हें सूची 'बी' में रखना है वे भी वर्तमान में आपके लिए महत्त्वपूर्ण होंगी, लेकिन उन्हें पूरा करने का संकल्प लेने पर अभी आप और विचार करेंगे। वहीं 'सी' में वे चीज़ें होंगी, जो आपको मज़ाक़ या फिर बेहद चुनौतीपूर्ण लगती होंगी, लेकिन आपके पास अभी इनसे जुड़ी इतनी जानकारियां नहीं हैं कि इन्हें श्रेणी 'बी' या 'ए' में रखने के लिए प्रेरित करें। दरअसल 'सी' में रखे आपके आइटम रोचक या आकर्षक हैं, लेकिन वर्तमान में ये सिर्फ़ संभावनाएं नज़र आते हैं।

इसके बाद अपनी 'ए' तथा 'बी' लिस्ट के आइटम्स को 1 से 10 तक अंक दे दीजिए। जो ज़्यादा आकर्षित लगें उन्हें पहले रखें और कम आकर्षित करने वालों को बाद में। ये सूची अब उस जगह का आधार तैयार करेगी, जहां आपकी ज़िंदगी जाने वाली है। अपनी सूची के आइटम्स को प्राथमिकताओं के आधार पर जमा लीजिए और कल इसे दोबारा देखिए, यदि ज़रूरत लगे तो इसे फिर से लिखिए।

यह अध्याय आपको बताएगा कि अपने व्यवसाय तथा जीवन में शारीरिक तथा मानसिक लक्ष्यों की विस्तृत तथा अलग-अलग श्रेणियों को कैसे हासिल किया जाए। इसके साथ-साथ हम यह भी बताएंगे कि आपके द्वारा अब तक यहां पढ़े गए सिद्धांतों को अपनाकर बारबरा तथा मैंने कैसे कुछ उद्देश्य पूरे किए हैं।

जैसा कि हमने बताया है कि इनमें से कुछ लक्ष्य हमने निजी, कुछ स्थानीय, कुछ राज्य या राष्ट्रीय स्तर पर और कुछ वैश्विक स्तर पर हासिल किए हैं। उदाहरण के लिए किसी समय हमारी पांच किताबें यूरोप की बेस्टसेलर सूची में शामिल थीं और हम विश्व के सर्वाधिक सफल नॉन-फ़िक्शन लेखक थे। हमने *गिनीज़ बुक ऑफ़ वर्ल्ड रिकॉर्ड्स* में जगह पाई, रॉक एन रोल डांस करना सीखा, किले में रहे, मैं मूनवाक कर सकता हूं, बारबरा ने घाटी में बंजी जम्प किया। आगे के अध्याय में हम आपको बताएंगे कि हमने ये लक्ष्य कैसे पाए, क्यों यह सब बेहद सरल था - आसान नहीं - लेकिन सरल। वहीं यह अध्याय बताएगा कि कितने साधारण तरीक़े से आप उन चीज़ों को कर सकते हैं, जो कई लोगों को आश्चर्यजनक या असंभव लगती हैं।

A

B

C

लक्ष्यों को मापने योग्य बनाना

लक्ष्य वो है, जिसे लेकर आप प्रेरित महसूस करते हैं या उसे पाना चाहते हैं, यह प्रेरणा आपके स्वयं के आकलन पर आधारित होती है। कुछ लोगों के लिए इसका मतलब ताक़त और पैसा हो सकता है, कुछ के लिए कैन्सर का इलाज तलाशना या अफ़्रीका में भूख से लड़ रहे लोगों की मदद करना हो सकता है। यानी जो भी चीज़ आपको निजी तौर पर प्रेरित करती है, वह।

किसी लक्ष्य के प्रेरक होने के लिए उसका स्पष्ट, मापने योग्य शब्दों - जैसे विशिष्ट तारीख़, समय, संख्या, आकार, रंग, आयाम तथा संभावित परिणाम - में वर्णन किया जाना ज़रूरी है। उदाहरण के लिए यदि आप कहने वाले थे कि 'मेरा लक्ष्य एक दिन अमीर हो जाना था' तो इसमें प्रेरणा शक्ति की कमी है। क्योंकि यहां तीर चलाने के लिए कोई स्पष्ट लक्ष्य ही नहीं है। यह व्यापक तथा अनिश्चित है। ऐसे में आपके आरएएस को इसमें कोई सिरा नहीं मिलेगा। यदि आप इसका वर्णन इस तरह करते कि : 'आज से पांच साल बाद 15 अगस्त को दोपहर 12 बजे तक मेरे पास 10 लाख डॉलर की संपत्ति होगी और कोई क़र्ज़ नहीं होगा' तब जाकर आप तुरंत कार्रवाई के लिए प्रेरित होते। क्योंकि आपके पास निश्चित संख्या, समय तथा अंतिम तिथि होती और आपका आरएएस 'सर्च मोड' में चला गया होता।

उदाहरण के लिए अगर आपका लक्ष्य 'कोई सुंदर-सा घर' ख़रीदने का होता, तो आप में इसे पाने की प्रेरणा नहीं पैदा होती, क्योंकि 'सुंदर घर' एक अनिश्चित-सा कन्सेप्ट है। इसलिए कि किसी खरबपति को अपना मकान 'सुंदर घर' नज़र आता है, तो बोत्सवाना में बुशमैन समुदाय के किसी आदिवासी को रेगिस्तान में बनी अपनी घास की झोपड़ी 'सुंदर घर' नज़र आती है। इसके बजाय यदि आप कहते कि : 'चार बेडरूम वाला ईंटों का घर, जिसमें बगीचा हो, जिसका मुख उत्तरपूर्व दिशा में हो, किसी गर्म जलवायु क्षेत्र में समुद्र तट से 100 मीटर की दूरी पर हो, उसे आज से तीन साल बाद ख़रीदूंगा।' तब आपका आरएएस तुरंत इस काम में जुट गया होता कि इसे कैसे हासिल करना है। जब आप फ़्लोर प्लान, वास्तु, फ़र्नीचर, दरवाज़ों के हत्थे, बिल्डिंग मटैरियल, बेंच टॉप, फ़र्श का वर्णन स्पष्ट तौर पर कर सकेंगे, तब आपका आरएएस यह कल्पना करना शुरू कर देगा कि वहां रहना कैसा लगेगा। फिर जब ऐसे किसी मकान की बिक्री के लिए विज्ञापन आता है, जो आपकी सोची गई विशेषताओं से मेल खाता है तो आपका आरएएस इसे आपके ध्यान में ले आता है। फिर आप उसे देखने जाते हैं, वहां के वातावरण का अनुभव लेते हैं, वहां की खुशबू तथा अहसास को मन में उतारते हैं और उसका विवरण बताने वाला ब्रॉशर ले आते हैं। दरअसल, आप लक्ष्य को जितना मापने योग्य बनाएंगे आपका आरएएस उस तक पहुंचने के लिए उतना अधिक प्रेरित होगा।

आपका लक्ष्य पहुंच से परे हो सकता है, लेकिन वह नज़रों से परे नहीं होना चाहिए।

अगर आप जीवन में अपनी वर्तमान तरक्की से संतुष्ट नहीं हैं, तो इसका अर्थ है कि आपके लक्ष्य आरएएस के लिए इतने स्पष्ट नहीं हैं कि वह जान सके कि तलाश कहां करना है। जब आपके लक्ष्य पूरी तरह स्वरूप ले लेते हैं और आप जान लेते हैं कि वर्तमान में आप कहां है और आपको जाना कहां है, तब आपका आरएएस सक्रिय हो जाता है और आप प्रेरित होने लगते हैं।

लक्ष्यों को सकारात्मकता से बयां करें

लोग अक्सर लक्ष्यों को नकारात्मक शब्दों में बयां करते हैं, जबकि आरएएस केवल सकारात्मक छवियां ही देख पाता है। यह उन चीज़ों की छवि नहीं बना सकता, जो हैं ही नहीं। यही वज़ह है कि नकारात्मक रूप से तैयार किए गए लक्ष्य शायद ही कभी हासिल होते हैं। उदाहरण के लिए धूम्रपान करने वाला कोई शख़्स, जिसने इसे छोड़ने का मन बनाया हो, यदि लक्ष्य इस तरह से बयां करेगा कि 'मैं 1 जनवरी तक धूम्रपान छोड़ दूंगा।' लेकिन धूम्रपान करने वाले शख़्स के दिमाग़ में धूम्रपान करते किसी शख़्स की प्रभावशाली व सकारात्मक छवि पहले से होती है। ऐसे में यह कहना कि आप कोई चीज़ नहीं करेंगे, आरएएस से ऐसी कल्पना करने के लिए कहने के समान होगा, जो वह नहीं कर सकता। इसलिए आरएएस यह नहीं करेगा। यदि इसे आप ऐसे लिखेंगे कि : '1 जनवरी तक में नॉन स्मोकर बन जाऊंगा' तो आरएएस वैसी छवि तैयार कर सकता है, जिस तरह कोई नॉन स्मोकर दिखता है। यह अंगुलियों के साफ़-सुथरे नाख़ूनों, महकती सांसों, सफ़ेद दांत तथा स्वस्थ स्वरूप में आपकी कल्पना कर सकता है। यह टूथपेस्ट के विज्ञापनों वाली, कसरत करते लोगों की तथा आपके विश्वास से भरे और लोकप्रिय होने की छवियां आपके ध्यान में लाएगा।

सकारात्मकता के साथ बयां किए गए लक्ष्य दिमाग़ में प्रेरक छवियां निर्मित करते हैं, जबकि नकारात्मकता के साथ कहे गए लक्ष्य की भी मानसिक छवि नहीं बनाते।

यही वजह है कि अगर आपका वज़न 100 किलोग्राम है और आप 10 किलोग्राम कम करना चाहते हैं, तो यह कहना कि 'मैं 10 किलो वज़न कम करूंगा' काम नहीं करेगा। आपके दिमाग़ में आपकी 100 किलो वाली छवि पहले से है और यह छवि मांग करती

है कि आप उस आकार को बनाए रखने के लिए पर्याप्त खाएं। हालांकि यह कहकर कि 20 जून तक मैं 90 किलो का हो जाऊंगा, आप दिमाग़ को यह कल्पना करने दे सकते हैं कि उस वज़न में आप कैसे दिखाई देंगे। फिर आप आरएएस को इस छवि के मिलान के रास्ते तलाशने का आदेश देंगे। आरएएस 90 किलो वाली इस छवि को आपके अवचेतन मन को भेज देगा और वह आपको लक्ष्य की तरफ़ ले जाएगा।

लक्ष्यों को ऐसे बयां करें कि दिमाग़ सकारात्मक छवियां देख सके - उसे ऐसी चीज़ें सोचने के लिए मज़बूर नहीं करें, जो देखी नहीं जा सकतीं।

'अगर आप ख़ुशहाल जीवन चाहते हैं तो उसे किसी लक्ष्य से जोड़ें, ना कि लोगों या चीज़ों से।

—अल्बर्ट आइंस्टीन

लक्ष्यों को साकार होने लायक़ बनाएं

क्या आप कभी नई कार की टेस्ट ड्राइव लेने के बाद फिर अपनी पुरानी कार में बैठे हैं? आपने ख़ुद को असंतुष्ट पाया होगा और आप नई कार ख़रीदने के लक्ष्य के प्रति और प्रेरित हुए होंगे। आप शारीरिक तथा भावनात्मक रूप से अपने लक्ष्यों से जुड़ी छवियों के जितना क़रीब जाएंगे, उतनी ही तेज़ी से उन्हें हासिल कर पाएंगे। उदाहरण के लिए अगर आप 4 सीटों वाली लाल रंग की कनवर्टिबल पाना चाहते थे तो आपने इसकी तसवीरें, रिव्यू, बिक्री के आंकड़े तथा ब्रॉशर देखे होंगे। मगर यदि आप समुद्र तट से लगी सड़क पर (जहां आपका बीच हाउस होगा) इसका टेस्ट ड्राइव लें तो यह अनुभव इस लक्ष्य से जुड़े सभी अहसासों तथा भावनाओं को नई ऊंचाइयों पर लेकर चला जाएगा।

अगर आप समाज को कुछ लौटाना चाहते हैं तो आप ऐसा करने वाले अन्य लोगों की कहानियां पढ़कर प्रेरणा ले सकते हैं। यदि आप सैलवेशन आर्मी (ईसाई समुदाय की धार्मिक संस्था) के सूप किचन के कामों में हाथ बंटाने के लिए रात गुज़ारते हो या फिर ग़रीबों की मदद करते हुए एक दिन बिताते हो तो आप में ऐसा और करने की ललक बढ़ेगी, यदि यह वास्तव में आपके लिए सही लक्ष्य है तो। अगर आप अपने बच्चों को किसी टॉप स्कूल भेजना चाहते हैं तो उस स्कूल को घूमें और उसका अनुभव ख़ुद लें - ना कि सिर्फ़ उसके बारे में पढ़ें। इस बारे में नहीं सोचें कि उस स्कूल की फ़ीस आप कैसे भरेंगे, यह आरएएस को पता लगाने दें। अधिकांश लोग अपने जीवनसाथी से अचानक ही मिलते हैं। सही जीवनसाथी चुनना हमारे जीवन के बेहद महत्त्वपूर्ण इवेंट्स में से एक होता है, तो क्यों ना सटीक तौर पर वह तलाशें, जो आप किसी व्यक्ति में चाहते हैं?

उदाहरण के लिए यदि आपके मन में परफ़ैक्ट लाइफ़ पार्टनर की छवि है - जैसे कोई एथलीट, उजले स्वरूप वाला, सकारात्मक सोच वाला, नीली आंखों वाला (जैसा कि मेरे मामले में था) तो ऐसे ही किसी शख़्स को डेट करें जो इस खाके में फिट बैठता हो। ज़्यादातर लोग ऐसा नहीं करते। वे अपना चुनाव उन लोगों में से करते हैं, जो भी - जैसा भी उन्हें जीवन में या डेटिंग साइट पर दिखा जाए।

जो आप जीवन में वास्तव में चाहते हैं, उनसे जुड़े लक्ष्य लिखिए, सिर्फ़ उन्हीं में से सर्वश्रेष्ठ को लेकर नहीं बैठे रहें, जो देख पा रहे हैं।

लक्ष्य के लिए आपका मस्तिष्क क्या करता है

अगर आप लक्ष्य की कल्पना नहीं कर सकते तो वर्तमान में आपके पास वो सब नहीं है, जो उसे पाने लायक़ होने की ख़ातिर चाहिए। आपका मस्तिष्क उन्हीं चीज़ों की कल्पना कर सकता है, जिसे पाने के लिए आप शारीरिक व मानसिक रूप से सक्षम हों। खेल जगत इस कन्सेप्ट को दशकों पहले समझ चुका है - अगर आप ख़ुद के किसी ख़ास लक्ष्य की ओर बढ़ने की कल्पना कर सकते हैं तो आपका शरीर उसे कर सकता है। बिशप्स यूनिवर्सिटी के एरिन शेकेल और लियोनेल स्टैंडिंग ने भी इस बात को साबित किया है कि यदि आप मानसिक रूप से वेट लिफ़्टिंग का अभ्यास करते हैं तो आपका शरीर इन दिमागी छवियों पर प्रतिक्रिया देता है। इतना ही नहीं, यह अभ्यास शरीर में परिवर्तन भी करता है, ताकि वास्तव में वज़न उठाने पर 80 फ़ीसदी से ज़्यादा परिणाम दे सके!

उदाहरण के लिए यदि आप स्वयं के प्रधानमंत्री या राष्ट्रपति बनने की कल्पना करते हैं, तो इसका अर्थ यह है कि आपके भीतर कहीं न कहीं ऐसा करने की आवश्यक बुनियादी चीज़ें हैं या फिर आपमें इसे सोचने की क्षमता ही नहीं होगी। यानी आप इसे अपनी सूची में लिखते हैं तो इसका मतलब है आपमें इस लक्ष्य को पाने से जुड़ी ज़रूरी चीज़ें हैं। इससे कोई फ़र्क़ नहीं पड़ता कि लक्ष्य कितना चुनौतीपूर्ण लगता है। तो यह आपके सामने रोमांचक अवसर पेश करता है कि - यदि आप किसी चीज़ के बारे में सोच सकते हैं तो आपका शरीर उसे हासिल कर सकता है! ठीक उसी तरह जैसा कि नेपोलियन हिल ने 1937 में कहा था।

यदि आप किसी चीज़ की कल्पना कर सकते हैं तो फिर आपके भीतर उसे पाने वाली ज़रूरी बातें होंगी।

आप स्वयं के करोड़पति बनने की कल्पना कर सकते हैं तो फिर आपमें ऐसा कर पाने वाली बात है। अगर आप मन ही मन ख़ुद को तेज़ धारा वाली किसी नदी के ऊपर बंजी जम्पिंग करते हुए देख सकते हैं तो आपका शरीर यह कर भी सकता है। आप 20 हज़ार श्रोताओं के सामने खड़े होकर आत्मविश्वास के साथ भाषण देने की कल्पना कर सकते हैं तो आपके भीतर कहीं न कहीं ऐसा कर पाने वाली बात है। यदि आप ख़ुद की कल्पना सेहतमंद तथा निरोगी शख़्स के रूप में कर सकते हैं तो आपका शरीर यह परिणाम पाने के लिए काम करने लगेगा। दरअसल, जीवन ऐसी कोई गारंटी नहीं देता कि आप ये सारे परिणाम हासिल कर सकते हैं, लेकिन परिस्थिति की कल्पना करने लायक़ बनना आपको लक्ष्य की ओर जाने वाले मार्ग पर ला खड़ा करता है। इसलिए सबसे महत्त्वपूर्ण शुरुआती क़दम है कि पहले लक्ष्य हासिल करते हुए ख़ुद की कल्पना कीजिए और इस बारे में मत सोचिए कि आप यह कैसे करेंगे। हम जल्द ही इस 'कैसे' पर चर्चा करेंगे। और यही वो चीज़ है जो अधिकांश लोग नहीं करते - वे इस बारे में विचार करने का प्रयास करते हैं कि किसी चीज़ को कैसे करेंगे और फिर निराश होकर अपने विचार को त्याग देते हैं।

'स्पष्ट नज़र आ रहे लक्ष्यों के अभाव में हम रोज़ाना के छोटे-मोटे कामों के प्रति आश्चर्यजनक तरीक़े से वफ़ादार हो जाते हैं, जब तक कि हम उनके ग़ुलाम नहीं हो जाते।'

—रॉबर्ट हेनलिन, साइंस फ़िक्शन राइटर

सक्रिय रूप में आपका आरएएस

जब आप ऐसा कोई लक्ष्य निर्धारित करते हैं, जिसे लेकर आप उत्साह में हैं तो आपका आरएएस दिमाग़ को उस पर फ़ोकस करेगा। फिर आप अचानक उन चीज़ों पर भी ग़ौर करने लगेंगे, जिन पर अतीत में शायद ही कभी ध्यान दिया होगा। किंतु आज ये चीज़ें आपको महत्त्वपूर्ण लग रही हैं। उदाहरण के लिए किसी बिज़नेस फ़ंक्शन या पार्टी में आप उस व्यक्ति के नाम का ज़िक्र ध्यान से सुनते हैं, जिसके पास ऐसे संपर्क हैं, जो आपको लक्ष्य तक पहुंचने में मदद कर सकते हैं। मगर अतीत में आपके आरएएस ने उस नाम को नज़रअंदाज़ किया होगा, क्योंकि वह आपके किसी काम का नहीं था। किंतु जैसे ही वह आपके लक्ष्य के लिए प्रासंगिक हुआ, वह अचानक महत्त्वपूर्ण हो गया। फिर आप उस व्यक्ति को अपना परिचय देते हैं और तार जुड़ने की शुरुआत हो जाती है। आपका आरएएस इस जानकारी को सेकेंड के एक छोटे-से हिस्से में फ़िल्टर कर चुका

होता है, क्योंकि यह तभी सक्रिय हो गया था, जब आपने तय किया था कि आपके लिए क्या महत्त्वपूर्ण है। भले ही यह इवेंट काफ़ी शोरगुल वाला था और संगीत भी तेज़ बज रहा था, लेकिन इनके बीच भी आपका आरएएस जानकारी का वह ख़ास हिस्सा फ़िल्टर करने में सक्षम था।

लक्ष्यों की सूची हर जगह रखें

आपके लक्ष्यों की लिखित सूची हर जगह हो : आपके रेफ़्रिजरेटर पर और कम्प्यूटर व फ़ोन के स्क्रीन सेवर के रूप में भी। यह आपके मस्तिष्क को हर एक लक्ष्य का आकलन करने के लिए बाध्य करेगा। फिर तय करेगा कि वास्तव में कौन-सा लक्ष्य कितना महत्त्वपूर्ण है। यह आपके मस्तिष्क को इस बात की रिहर्सल का मौक़ा भी देगा कि हर एक लक्ष्य पा लेने के बाद आपका जीवन कैसा होगा। मस्तिष्क में 3 अरब से ज़्यादा विद्युत कनेक्शन होते हैं, जो आपके शरीर को मस्तिष्क के निर्देश मानने के लिए कहते हैं। यही वजह है कि जब आप लक्ष्य हासिल करते हुए स्वयं की स्पष्ट छवि देख पाते हैं तो आरएएस मस्तिष्क की कोशिकाओं को निर्देश देता है कि वह इस मानसिक छवि को पूरा करने के लिए शरीर से कहे। इसलिए इस सूचियों को अपने आस-पास हर जगह रखना, बेहद प्रभावी तरीक़ा है।

अपने लक्ष्यों से जुड़ी हर तरह की चीज़ों की तसवीरें काट लीजिए या प्रिंट करवाइए। घर की तसवीर, छुट्टियां मनाने की तसवीर, कार, बंजी जम्पिंग, भीड़ के सामने बोलने की तसवीर, ब्रह्माण्ड को बचाने की और इसके अलावा और भी कई तरह की तसवीरें। इन सभी तसवीरों को एक पन्ने पर चिपका लीजिए या फिर एक कोरी पुस्तिका ख़रीद लीजिए, जो आपको वर्तमान लक्ष्यों की पुस्तिका के तौर पर काम आएगी।

बारबरा तथा मैंने संयुक्त जीवन में (अब तक) 200 से अधिक लक्ष्यों की सूची बनाई है और इनमें से 122 को हम अब तक पूरा कर चुके हैं। इनमें 3 तालाब बनाना, क्रेमलिन में सेमिनार करना, किले में रहना तथा 10 अव्वल बेस्टसेलर किताबें लिखना। हमने अपने सारे लक्ष्यों को एक पुस्तिका में लिख रखा है।

कम्फ़र्ट ज़ोन जहां ख़त्म होता है, वहां से शुरू होता है जीवन

अगर आप किसी लक्ष्य को 'सी' सूची से निकालकर 'बी' में - या फिर 'बी' से निकालकर 'ए' में डालते हैं - और फिर लगता है कि इस लक्ष्य में वो बात नहीं रही जो आपने पहले सोची थी, तो आप इसे सूची में नीचे ले जा सकते हैं। किसी और सूची से बदल भी सकते हैं या हटा सकते हैं और कुछ नया तलाश सकते हैं। जब आपके पास लक्ष्यों की लंबी सूची है, तो किसी एक में बदलाव या उसे हटा देने से कोई फ़र्क़ नहीं पड़ता।

वे लोग जिनका एक ही लक्ष्य होता है, वे अक्सर उसके साथ चिपके रहते हैं, जब वह उनके लिए महत्त्वपूर्ण या प्रासंगिक नहीं रह जाता, तब भी।

सत्य कथा - हैंक

मध्य ऑस्ट्रेलिया में एलिस स्प्रिंग्स के पास स्थित विशाल प्राचीन लाल चट्टान 'उलुरू' पर चढ़ाई के विचार ने मुझे (ऐलन को) आकर्षित किया, तो मैंने इसे अपनी 'सी' सूची में लिख लिया। मुझे लगा कि शायद मैं इसे अगले पांच साल में करना चाहूंगा, लेकिन यदि नहीं कर पाया तो यह मेरी मास्टर लिस्ट में आगे के लिए बना रहेगा। मैंने उसी बारे में सोचा जो मैं करना चाहता हूं –चट्टान पर चढ़ाई– यह नहीं कि मैं इसे कैसे करूंगा। जैसे ही मैंने इसे लिखा, मुझे हर जगह उलुरू से जुड़ी ख़बरें, आर्टिकल तथा डॉक्यूमेंटरीज़ नज़र आना शुरू हो गईं – मैं उनकी तलाश नहीं कर रहा था, वे ख़ुद–ब–ख़ुद सामने आ रही थीं। लगभग तीन साल बाद, मैं एक कॉफ़ी शॉप में बैठा था, तब तमाम शोर के बीच आगे की टेबल पर मुझे दो लोग एक सम्मेलन के बारे में बात करते सुनाई पड़े, यह सम्मेलन उलुरु पर होने जा रहा था। मैं तत्काल उस बातचीत में शामिल हो गया, सम्मेलन के बारे में जाना, कुछ फ़ोन कॉल्स किए और कार्यक्रम में स्पीकर के तौर पर ख़ुद का सौदा भी कर लिया। छह महीने बाद मैंने उलुरू की चढ़ाई कर ली। लक्ष्य हासिल हो गया।

लगभग सालभर बाद मैं एक सम्मेलन में लक्ष्य निर्धारण विषय पर बोल रहा था और मैंने इस बात का ज़िक्र किया कि मैं उलुरू पर कैसे चढ़ा। तब हैंक नाम के एक अतिथि – जो पेशे से इलेक्ट्रिशियन थे – पूछते हैं, 'यह मुझ पर कैसे लागू होता है, ऐलन ? मैं भी उलुरू पर चढ़ना चाहता हूं। मगर चूंकि आप सम्मेलनों से जुड़े व्यवसाय में हो, आपके लिए वहां जा पाना आसान हो गया। मुझे ऐसा करने के लिए तक़रीबन 3 हज़ार डॉलर जुटाने पड़ेंगे।'

यहां आप देखिए कि हैंक यह सोच रहे थे कि वे इसे कैसे करेंगे और चूंकि वे कैसे की कल्पना नहीं कर पा रहे थे, इसलिए उन्होंने उलुरू पर चढ़ाई को अपना लक्ष्य कभी नहीं बनाया।

मैंने उन्हें कहा कि इसे लक्ष्य की तरह लिखें और बाक़ी काम अपने आरएएस को करने दें। वे सोच में पड़ गए, लेकिन बोले कि वे एक बार इसे ज़रूर आज़माएंगे और इससे जुड़ी हर एक प्रगति बारे में मुझे बताएंगे। अगले छह महीनों तक हैंक ने बताया कि उन्होंने जहां भी देखा, उन्हें उलुरू से जुड़ी कहानियां नज़र आईं। उन्होंने न्यूज़ आर्टिकल, एलिस स्प्रिंग्स से जुड़े स्पेशल टीवी शो देखे और ग़ौर किया कि उनके स्पैम फ़ोल्डर में मध्य ऑस्ट्रेलिया तक की डिस्काउंट फ़्लाइट्स से जुड़े मेल थे। उन्होंने एक फ़ोटोग्राफ़िक एक्ज़िबिशन के बारे में सुना जो मध्य ऑस्ट्रेलिया में होने

जा रही थी। उन्होंने पैसा ख़र्च कर 'ए टाउन लाइक एलिस' मूवी भी देखी, जो उलुरू के पास फ़िल्माई गई थी। उन्होंने अपने दोस्तों से भी उलुरू पर चढ़ाई की चर्चा की और इनमें से कुछ ने उन्हें उलुरू से जुड़ी जानकारियां भेजना शुरू कर दी थीं। दरअसल ये सब जानकारियां हैंक के आस-पास हमेशा से थीं, लेकिन लक्ष्यों की सूची में इसे लिखने के बाद उनका आरएएस इन जानकारियों को उनके ध्यान में लाने लगा।

इस लक्ष्य को लिखने के आठ महीने बाद, उनके एक दोस्त ने उन्हें फ़ोन कर बताया कि सरकार ने एलिस स्प्रिंग्स के पास गैस पाइपलाइन से जुड़े काम के लिए एक विज्ञापन जारी किया है। उन्हें क्वालिफ़ाइड इलेक्ट्रिशियन्स की ज़रूरत है! हैंक हैरान थे। उन्होंने तुरंत इसके लिए आवेदन कर दिया और उन्हें ज़ॉब मिल गया। सरकार ने उनके साथ तीन माह का करार किया, जिस दौरान उन्हें एलिस स्प्रिंग्स में ही रुकना था। एक के बाद एक हो रही इन घटनाओं पर हैंक विश्वास नहीं कर पा रहे थे। एलिस स्प्रिंग्स में एक माह गुज़ारने के बाद हैंक उलुरू पर चढ़े – ज़ाहिर है, उन्हें वहां होने का पैसा भी मिला!

आप देखिए हैंक पहले इस बारे में सोच रहे थे कि वे उलुरू पर चढ़ने का लक्ष्य कैसे पूरा कर पाएंगे। इस आधार पर कि मैंने तो इस लक्ष्य को एक सम्मेलन के बहाने पूरा किया था। असल में उन्हें ज़रूरत पहले यह तय करने की थी कि वे इसे करना चाहते हैं और फिर वे जवाब तलाशने का काम आरएएस पर छोड़ते।

हैंक के तर्क-वितर्क करने वाले कुछ दोस्त कहते हैं कि यह सिर्फ़ क़िस्मत की बात है कि उनके किसी दोस्त को विज्ञापन नज़र आया। मगर यह क़िस्मत से नहीं था। इसे करने के बारे में सोचकर हैंक ने अपने आरएएस की ताक़तों को बल दिया और ये उन्हें परिणाम की ओर ले गईं। वैसे भी तर्क-वितर्क करने वाला हैंक का कोई भी दोस्त कभी इस चट्टान पर नहीं चढ़ा – वे शायद इसे कर पाने की कल्पना भी नहीं कर सकते।

हैंक ने बाद में स्वीकारा कि जब वे छोटे थे, तब उनके मन में यह विचार आया था, लेकिन वे नहीं जानते थे कि इसे कैसे करेंगे, इसलिए इसे लक्ष्य नहीं बनाया।

पहले यह तय कीजिए कि आप करना क्या चाहते हैं, ना कि इसे कैसे करेंगे। जैसे ही आप लक्ष्य तय कर लेंगे जवाब ख़ुद-ब-ख़ुद सामने आने लगेंगे।

स्पष्ट लक्ष्य तथा जीवन प्रत्याशा

कनाडा स्थित कार्लटन यूनिवर्सिटी के पैक्ट्रिक हिल तथा निकोलस टुरियानो ने उन छह हज़ार प्रतिभागियों के डेटा का विश्लेषण किया, जो *मिडलाइफ़ इन द यूनाइडेट स्टेट्स* नामक एक अध्ययन का हिस्सा थे। उन्होंने औसत 14 साल तक इन लोगों की निगरानी भी की। उनका ध्यान प्रतिभागियों के जीवन उद्देश्यों तथा बेहतर भविष्य की ओर ले जाने वाली प्रेरणा यानी 'सेन्स ऑफ़ पर्पस' पर केंद्रित था। मगर निगरानी की अवधि के दौरान इनमें से 569 प्रतिभागी दुनिया से अलविदा कह चुके थे। हिल तथा टुरियानो ने पाया कि जो प्रतिभागी नहीं रहे, उनके लक्ष्य यदि थे भी तो काफ़ी कम थे। प्रेरणा भी उनकी तुलना में कम थी, जो जीवित थे। कुल मिलाकर जिन लोगों के लक्ष्य व प्रेरणा बड़े थे, उनमें मृत्यु का जोखिम काफ़ी कम था। शोधकर्ताओं ने यह भी पाया कि उद्देश्य और जीवन अवधि का यह संबंध सभी उम्र के लोगों में बरकरार था।

शोध बताते हैं कि स्पष्ट लक्ष्य निर्धारित करना आपकी जीवन प्रत्याशा बढ़ा देता है और आपको बेहतर स्वास्थ्य की ओर ले जाता है।

हिल तथा टुरियानो के शोध बताते हैं कि जीवन में दिशा तय होना तथा स्पष्ट लक्ष्य निर्धारित करना आपको लंबी आयु तक जीने में मदद करता है। फिर इस बात से मतलब नहीं कि आपको अपना लक्ष्य कब मिलता है। तो आप अपने जीवन में जितनी जल्दी स्पष्ट लक्ष्य निर्धारित करने की प्रक्रिया शुरू कर देंगे, ये रक्षात्मक असर उतनी जल्दी होने लगेंगे।

अपनी मृत्युशैया पर क्या कहते हैं लोग

जीवन के अंतिम दौर में आप जो सोचते हैं, क्या अधिकांश लोगों के लिए वह वास्तव में महत्त्वपूर्ण है? गंभीर बीमारियों से जूझ रहे लोगों की देखभाल करने वाली ऑस्ट्रेलियाई नर्स ब्रॉनी वेयर ने ऐसे लोगों के साथ दिन गुज़ारे हैं, जिनके पास जीने के लिए 12 सप्ताह से भी कम समय होता था और जिन्हें मृत्यु के इंतज़ार के लिए घर भेज दिया गया हो। अपनी किताब *'द टॉप फ़ाइव रिग्रेट्स ऑफ़ द डाइंग'* में वेयर ने उन बातों का उल्लेख किया है, जिनकी चर्चा मरने की कगार पर पहुंच चुका शख़्स करता है। इन लोगों से यह पूछने पर कि - उन्हें कोई पछतावा है या फिर वो चीज़ जिसे वे फिर से नए तरीक़े से करना चाहते हैं - लगातार एक-सी ही चीज़ें निकलकर सामने आईं।

वेयर लिखती हैं कि मरने की कगार पर पहुंचे लोगों के पांच सबसे आम पछतावे होते हैं : यह सोचना कि वे ख़ुश रहे होते, दोस्तों के संपर्क में रहे होते, भावनाओं को प्रकट कर चुके होते, इतनी कड़ी मेहनत नहीं करते और वह जीवन जीते जो वे जीना चाहते थे, ना कि वह जीवन जिसकी उनसे उम्मीद थी।

हक़ीक़त यह है कि जब आप अपनी सेहत खोने लगेंगे, तब बहुत देर हो चुकी होगी। सेहत स्वतंत्रता देती है और बहुत कम लोग जानते हैं कि उनके पास स्वतंत्रता है, जब तक कि वह चली नहीं जाती।

वहीं जीवनशैली को सरल बना लें तथा सतर्कता के साथ फ़ैसले करें तो आपको शायद उतनी आय की ज़रूरत नहीं पड़े, जितनी आप सोचते हैं। महत्त्वहीन चीज़ों को जीवन से निकालकर आप ख़ुशहाल बनते हैं तथा उन नए अवसरों के लिए भी संभावनाएं बढ़ा देते हैं, जो आपकी नई जीवनशैली के अनुकूल हैं।

रास्ते में आने वाले अंधे मोड़ तथा जाल...

ज़्यादातर लोग सोचते हैं कि लक्ष्य हासिल करने का रास्ता थोड़ा ऊंचा-नीचा ज़रूर हो सकता है, लेकिन यह एक सीधी व स्पष्ट प्रक्रिया है। किंतु हक़ीक़त यह है कि इस यात्रा में कई अंधे मोड़ व जाल आते हैं। अप्रत्याशित चीज़ों से सामना होता है और ऐसे दरवाज़े खुलते हैं, जिन्हें आपने पहले कभी नहीं देखा होगा। कभी-कभी तो आप ऐसे लक्ष्य की ओर बढ़ जाएंगे, जिसे लेकर बीच रास्ते में लगेगा कि यह आपको उतना पसंद नहीं है। अक्सर जब तक आप किसी चीज़ की शुरुआत नहीं करते, तब तक पता नहीं चलता कि आप वास्तव में क्या चाहते हैं। जबकि कई बार आप ऐसी चीज़ों का भी अनुभव कर सकते हैं, जो लक्ष्य लिखते समय तो मामूली नज़र आएं, लेकिन आगे चलकर आपके लिए जीवन के बड़े अनुभवों में तब्दील हो जाएं। जैसा कि बारबरा तथा मेरे लिए रूस का अनुभव रहा था।

अक्सर आप यह नहीं जानते कि किसी लक्ष्य को लेकर आपका अनुभव कैसा रहेगा, जब तक कि आप उसमें उतर नहीं जाते। यही वजह है कि आपको वास्तविक व संभावित लक्ष्यों की एक लंबी सूची की ज़रूरत है। मैंने सोचा था मुझे टैप-डांस पसंद आएगा, लेकिन वह वैसा नहीं था, जैसी मुझे उम्मीद थी। इसलिए मैंने इस लक्ष्य को एक नए उद्देश्य से बदल दिया - इंग्लिश जिव (डांस का एक प्रकार) सीखने के लक्ष्य से - जो बारबरा तथा मुझे, दोनों को पसंद था। बारबरा को लगा था कि वे सहज रूप से पियानो बजा सकती हैं और जर्मन बोल सकती हैं, मगर बाद में सामने आया कि उन्हें दोनों पसंद नहीं हैं। मृत्युशैया पर बारबरा तथा मैं यह नहीं सोचेंगे कि अगर फ्रांस में जीवन बिताते तो कैसे लगता, रूस में सेमिनार देते तो कैसा लगता, सुपर याट से यात्रा, टैप-डांस, स्कूबा डाइविंग और बच्चों से भरा घरा होता तो कैसे लगता। हमने ये सपने काग़ज़ पर लिखे, इन्हें पाने की अंतिम तिथि तय की और वे साकार हुए।

किसी एक समय में आप अपनी सूची में कम से कम 10 संभावित लक्ष्य रखें। अधिकांश लोग -यदि लक्ष्य रखते भी हैं- तो उनका कोई एक लक्ष्य होता है। वह लक्ष्य नहीं मिलता तो वे हताश हो जाते हैं। या फिर वे ऐसे किसी उद्देश्य के साथ चिपके रहते हैं, जिसमें उन्हें अब आनंद तक नहीं आ रहा। इसलिए कम से कम 10 लक्ष्यों की सूची हो ताकि कोई पसंद नहीं आने पर आपके पास नौ और बाक़ी होते हैं और आप सकारात्मक बने रहते हैं।

जिस समय हम यह अध्याय लिख रहे हैं, मैं सैक्सोफ़ोन बजाना और हमारे नए रिकॉर्डिंग स्टूडियो में संगीत रिकॉर्ड, मिक्स तथा मास्टर करना सीख रहा हूं। मैं बॉबकैट चलाना तथा रशियन बोलना भी सीख रहा हूं। बारबरा एक कुशल तैराक बनने की तैयारी कर रही हैं, प्राइमरी स्कूल में रीडिंग क्लासेस ले रही हैं, अच्छा टेनिस खिलाड़ी बनना सीख रही हैं और मार्शल आर्ट्स में ब्लैक बेल्ट पाने का आधा रास्ता तय कर चुकी हैं।

तो आप भी देखिए कि इस साल आप क्या हासिल करेंगे और आपका जीवन कितना समृद्ध बनेगा? अब से एक साल बाद आप कितने बेहतर तथा रोचक शख़्स बन जाएंगे?

दुनिया में दो तरह के लोग होते हैं - पहले, जिन्हें 10 साल का अनुभव है और दूसरे, जिन्हें 1 साल का अनुभव है, जिसे उन्होंने 10 बार दोहराया है। इनमें से पहले वाले लोग जीवन में ज़्यादा चीज़ें हासिल करते हैं, ज़्यादा जीते हैं और ज़्यादा आनंद लेते हैं।

सारांश

- स्पष्ट लक्ष्य तय कीजिए, हाथ से लिखकर उनकी सूची बनाइए और इस सूची में नए आइटम जोड़ते रहिए।
- लक्ष्य आपको लंबा, सेहतमंद, ख़ुशहाल जीवन देंगे और आपको अपनी वास्तविक क्षमता तक ले जाएंगे।
- यह सुनिश्चित कर लें कि जिन बातों को आपने लक्ष्य के रूप में लिखा है, उन्हें आप वास्तव में चाहते हैं, ना कि वे चीज़ें लिखी हों जिनकी दूसरे आपसे उम्मीद करते हैं।
- सूचियां लिखें और उनकी समीक्षा करें। क्या वे बदली हैं?
- लक्ष्यों की सूची लिखने की शुरुआत करें।

और अभी करें।

'पीछे मुड़कर देखना और यह कहना कि "विश्वास नहीं होता मैंने यह किया था," ज़्यादा बेहतर होगा, बजाय इसके कि "काश! मैंने ऐसा किया होता" कहा जाए।'

—ल्यूसिल बॉल

4

डेडलाइन के साथ बनाएं योजना

आप जब अपने सपनों की डेडलाइन निर्धारित कर देते हैं तो वे लक्ष्य बन जाते हैं।

जब आप जीवन के लिए कोई कार्ययोजना बनाने का फ़ैसला लेते हैं और विश्लेषण करना शुरू कर देते हैं कि अभी आप कहां हैं और कहां जा रहे हैं, तो फिर आप आम नहीं रह जाते। क्या आपने कभी ध्यान दिया है कि छुट्टी पर जाने के एक दिन पहले

आपने कितना काम निपटा दिया था? ऐसा इसलिए कि आपके सिर पर एक डेडलाइन मंडरा रही थी और जाने से पहले आपको ये काम निपटाने ज़रूरी थे। डेडलाइन आपको प्रेरित करेंगी और वर्तमान योजना को पूरा करने के लिए ज़ोर डालेंगी।

आपके लक्ष्यों के लिए डेडलाइन वैसी ही है,
जैसा बंदूक के लिए ट्रिगर।

डेडलाइन आपको ज़ोर देकर आगे बढ़ाएगी। तय समय तक लक्ष्य पाने के लिए आपको कड़ी मेहनत करनी होगी और जैसे-जैसे डेडलाइन क़रीब आएगी ये आपको परिणामों पर ध्यान केंद्रित करने के लिए प्रेरित करेगी। डेडलाइन तीव्र इच्छा शक्ति और महान प्रेरणा के बिना ही आपको लक्ष्य की ओर ले जाती है। यह काम आपका आरएएस करता है।

यदि आप 1 किलो वज़न उठाते हैं तो आपका दिमाग़ आपके शरीर तथा मांसपेशियों को इतना ही वज़न उठाने के लिए तैयार करता है। यदि आप 40 किलो वज़न उठाना तय करते हैं तो आपका दिमाग़ इसके लिए भी आपके शरीर को अनुकूल बना देता है। लेकिन यदि आपने सोचा कि 40 किलो वज़न सिर्फ़ 1 किलो है तो फिर आप इसे उठाने की कोशिश में अपने शरीर को नुक़सान पहुंचा सकते हैं, क्योंकि आपका दिमाग़ सिर्फ़ 1 किलो वज़न उठाने के लिए तैयार था। ऐसा ही होता है, जब आप कोई डेडलाइन तय करते हैं। तब आपका दिमाग़ शरीर को ज़्यादा मज़बूती व ऊर्जा देकर और शीघ्रता का बोध बढ़ाकर सामने मौजूद ज़िम्मेदारी के लिए तैयार कर देता है।

'डेडलाइन' शब्द का इस्तेमाल सर्वप्रथम 1864 में अमेरिका के एंडरसनविले क़ैदख़ाने में किया गया था : क़ैदख़ाने के बाड़े से 20 फ़ीट दूरी पर एक डेडलाइन बनाई गई थी, दिन या रात किसी भी समय, जिसके पार जाने की अनुमति किसी भी क़ैदी को नहीं थी। ऐसा करने की सज़ा बंदूक की गोलियां थीं।

आप इस असर को ऐसे किसी भी खेल में देख सकते हैं, जिसकी डेडलाइन हो। जैसे-जैसे समय बीतता जाता है खिलाड़ियों में फुर्ती आ जाती है, वे ज़्यादा प्रयास करते हैं और उनमें ज़्यादा ऊर्जा नज़र भी आती है। असल में डेडलाइन आपको लक्ष्य के परिणाम पर केंद्रित करती है। इससे आप बाधाओं तथा दूसरों की टिप्पणियों के प्रति अधिक प्रतिरोधी हो जाते हैं।

एक लिखित डेडलाइन आपको आगे बढ़ने और समय का ध्यान रखते हुए कार्रवाई करने के निर्देश देती है।

आपकी डेडलाइन भी लिखित स्वरूप में होनी चाहिए, क्योंकि तभी आरएएस योजनाओं में आपको ज़्यादा भावनात्मक तरीक़े से शामिल करेगा और भय, चिंता, शंका तथा टाल-मटोल भरे रवैये से लड़ने में मदद करेगा।

एक बार जब आप तय कर लें कि कौन-सा लक्ष्य हासिल करेंगे तो उसके बारे में पढ़ी, देखी तथा सुनी हुई हर सूचना को जुटा लें। याद रखें जैसे ही आप लक्ष्य तय कर लेते हैं, उसे पाने से जुड़े जवाब आपके इर्द-गिर्द मंडराने लगते हैं। जब आपको लगता है कि आपके पास लक्ष्य से जुड़ी पर्याप्त जानकारी है, जितनी कि ज़रूरी थी और देख पा रहे हैं कि यह कैसे होगा, तब इसे अपनी सूची में 'ए' या 'बी' के तौर पर प्राथमिकता दे सकते हैं और इसे हासिल करने की डेडलाइन तय कर सकते हैं।

डेडलाइन को कारगर बनाने के तीन तरीक़े

1. *उसे वास्तविक बनाएं* - ऐसी समय सीमा निर्धारित कीजिए, जिसे हासिल किया जा सके।
2. *यह आपको बाध्य करे* - डेडलाइन जितनी छोटी होगी, परिणाम उतने बेहतर होंगे।
3. *अभी क़दम बढ़ाएं* - सोचते नहीं रहें, बस शुरू कर दें। ज़रूरत पड़ने पर एडजस्टमेंट भी करें, लेकिन इंतज़ार नहीं करें; समय कभी पूरी तरह सही नहीं होगा।

किसी चीज़ की शुरुआत के लिए आपके महान होने की ज़रूरत नहीं है, लेकिन महान बनने के लिए शुरुआत ज़रूरी है।

इसे छोटे-छोटे निवालों में तोड़ लीजिए

जैसा कि एक पुरानी कहावत है, *'आप हाथी कैसे खाएंगे? एक बार में एक निवाला!'* इस तरह अपने लक्ष्यों को भी आसानी से पूरे किए जा सकने लायक़ कई हिस्सों में बांट लीजिए। यह उन्हें कम चुनौतीपूर्ण बना देगा। यदि आप बहुत सारा समय इस बात के सोच-विचार में लगा देंगे कि जहां आप अभी खड़े हैं और जहां आपको जाना है, उसके बीच की दूरी कितनी है तो यह जोखिम बना रहेगा कि आप शुरुआत ही नहीं करें। अपने बड़े लक्ष्यों को सालाना, मासिक, साप्ताहिक, यहां तक कि घंटों में पूरे किए जा सकने वाले

काम में बांट लीजिए। बड़ी योजनाओं को छोटे-छोटे कामों की श्रंखला में बांटना, उन्हें पूरा करना आसान बना देता है और काम को ऐन वक़्त तक ले जाने से भी बचाता है।

लक्ष्य के रास्ते में संभव हो सकने वाले छोटे-छोटे लक्ष्यों की श्रंखला तैयार कर आप उपलब्धि की भावना को बढ़ते हुए महसूस कर सकते हैं, जो आपको अधिक प्रयत्न करने के लिए उकसाएगी। अपने अंतिम लक्ष्य से उलटा चलिए। जब भी आपको कोई छोटा लक्ष्य मिले, देखिए कि क्या उसे और छोटे-छोटे लक्ष्यों में बांटा जा सकता है। लक्ष्य पाने के लिए जो काम करने ज़रूरी हैं, उन पर तर्क के साथ फिर से मंथन करके आप काम और उनके लिए टाइमफ़्रेम तैयार कर सकते हैं।

नज़रें अगले पड़ाव पर रखें, शिखर पर नहीं

सन् 1981 में शोधकर्ता अल्बर्ट बैनड्यूरा तथा डेल शुंक ने सात से दस साल की आयु के बच्चों पर एक परीक्षण किया। इनमें से आधे बच्चों से कहा गया कि वे हर सेशन में गणित के सवालों के छह पन्ने पूरे करने का लक्ष्य निर्धारित करें। वहीं शेष को सात सेशन में 42 पन्ने पूरे करने का लक्ष्य निर्धारित करने की सलाह दी गई। बच्चे जिनके छोटे उप-लक्ष्य थे, उनके लक्ष्य हासिल करने की दर और सटीक जवाबों की संख्या उन बच्चों से अधिक थी, जिनके लक्ष्य बड़े थे।

छोटे तथा कर पाने में आसान लक्ष्य बनाने में ही सच्ची शक्ति है। इस तरह आप अपने दिमाग़ को विश्वास के साथ उन छोटे लक्ष्यों पर केंद्रित रखते हैं, जो आप पा सकते हैं और आप कोई बड़ा लक्ष्य देखकर विचलित भी नहीं होते।

सत्यकथा - बारबरा तथा ऐलन पीज़

बारबरा ने 1981 में जब विज्ञापन बेचने की शुरुआत की तब उनका लक्ष्य उस साल सेल्स में 10 लाख डॉलर से ज़्यादा हासिल करने का था। 1971 में ऐलन का यही लक्ष्य था – लाइफ़ इंश्योरेंश में सालभर में 10 लाख डॉलर की सेल करना। दोनों ने अपने स्पष्ट लक्ष्य लिखे और इन्हें पाने की 12 महीने की डेडलाइन तय की। किसी भी व्यवसाय में 10 लाख डॉलर हासिल करना उस समय एक बड़ा लक्ष्य था और मुश्किल भी। किंतु जब इन्होंने अपने लक्ष्यों को छोटे-छोटे हिस्सों में बांटा तो ये संभव नज़र आने लगे। सालभर में 10 लाख डॉलर मतलब 20 हज़ार डॉलर हर सप्ताह पूरे 50 सप्ताह तक; मतलब यदि आप सप्ताह में पांच दिन काम करते हैं तो प्रतिदिन चार हज़ार डॉलर की बिक्री होनी चाहिए। बारबरा के लिए इसका अर्थ

था औसतन 5 हज़ार डॉलर के हिसाब से सप्ताह में चार सेल्स। ऐलन के लिए भी ये अंक समान ही थे।

दोनों यह मानकर चले कि वे अपने तीन प्रेजेंटेशन में से एक को सेल में तब्दील कर सकते हैं तो सप्ताह में उन्हें 12 ज़ोरदार प्रेजेंटेशन देने होंगे। यदि हर तीन संभावित ग्राहकों में से एक इंटरव्यू के लिए तैयार होता है तो हर दिन सात संभावित ग्राहकों से एपॉइंटमेंट के लिए संपर्क करना होगा; ऐसा प्रतिदिन एक घंटे से भी कम समय में किया जा सकता है। ऐसे में जहां सालाना 10 लाख डॉलर का लक्ष्य चुनौतीपूर्ण दिखाई दे रहा था, प्रतिदिन एक घंटा सात संभावित ग्राहकों को फ़ोन करना काफ़ी आसान है।

तत्काल क़दम उठाएं

जैसे ही आप यह तय कर लेते हैं कि आप क्या करने जा रहे हैं - इसे शुरू कर दीजिए। कल, अगले सप्ताह, त्योहार के बाद, बच्चे घर से चले जाएंगे तब या फिर जब हैलीज़ धूमकेतु आसमान में इसे शुरू करने का संकेत देगा, उस समय नहीं। अभी शुरू करें। उस कोर्स में नामांकन करवा लें, उस इंटरव्यू के लिए एप्लाई कर दें, उस क्लब में शामिल हो जाएं, जो आपको सिखाता है कि वह कैसे पाना है, जो आप पाना चाहते हैं। गुरु तलाश लें या नौसिखिए के तौर पर किसी से करार कर लें। फ़ोन उठाएं और ऐसे शख़्स को लगाएं, जो बता सके कि कहां से शुरुआत करनी है। दरअसल जो सबसे ज़रूरी क़दम आपको उठाना है, वह है - शुरुआत करना।

अधिकांश लोग अपने जीवन में ज़्यादा कुछ नहीं कर पाते इसकी वजह है कि वे हमेशा तैयार होने की तैयारी में व्यस्त रहते हैं। बीते कल शायद आपने 'कल' कहा था। सही समय कभी नहीं आएगा। अभी शुरुआत करें। क्योंकि वर्तमान ही है, जो आपके पास है। जो किया है, उससे संतुष्ट होने के बजाय 20 साल बाद आप उसे लेकर अधिक निराश होंगे, जो नहीं किया। आपको सीढ़ियों के छोर देखने की ज़रूरत नहीं है - आप तो सिर्फ़ पहला क़दम उठाइए।

कई बार सही दिशा में एक छोटा-सा क़दम आपके जीवन का बड़ा क़दम बन सकता है। भले ही आपको पंजे की अंगुली रखने की ही जगह मिले, क़दम बढ़ा दीजिए।

जब आप अपनी योजनाओं पर काम शुरू करेंगे, आपका आरएएस उस प्रभाव को पैदा करेगा, जिसे लॉ ऑफ़ अट्रैक्शन कहते हैं। जो चीज़ आप चाहते हैं, वे अचानक आपको

आकर्षित करने लगती हैं और आप जैसी सोच रखने वाले लोग आपके आसपास आ जाते हैं। दूसरे लोग वो सूचनाएं लाकर देने लगते हैं, जो आपको आगे बढ़ने में मदद कर सकती है और समान लक्ष्य वाले लोग आपके साथी बन जाते हैं। जहां पहले कुछ चीज़ों से निपटना आपको कठिन नज़र आ रहा था, अब उनसे निपटने के रास्ते नज़र आने लगते हैं। चीज़ें जो किसी समय अस्पष्ट थीं, स्पष्ट दिखाई देती हैं और जो जवाब आपको चाहिए थे, आपके आसपास स्वरूप लेने लगते हैं।

जैसे ही आप यह तय कर लेते हैं कि आपका लक्ष्य क्या होगा, तत्काल उस तक पहुंचने के लिए काम शुरू कर दीजिए।

यह सही है कि योजना बनाना सफलता का सबसे महत्त्वपूर्ण हिस्सा है, लेकिन अधिकांश लोग योजना बनाने में ही इतने व्यस्त हो जाते हैं कि शुरुआत ही नहीं करते। तत्काल खेल के मैदान में उतरिए, वहां होना कैसा लगता है, इसका अनुभव कीजिए और जो करना है, वह सीखना शुरू कर दीजिए। अपनी योजना को धीमी शुरुआत का बहाना मत बनने दीजिए। उस समय शुरुआत कीजिए जब लक्ष्य को लेकर उत्साह हो। तब तक इंतज़ार ना करें, जब तक आप लोन नहीं चुका दें, बच्चे घर नहीं छोड़ दें, जब तक आप में ज़्यादा आत्मविश्वास नहीं आ जाए, नए साल, आपके जन्म दिन या दूसरी पूर्णिमा या जब तक आपकी शादी, तलाक़, अलगाव, प्रमोशन, रिटायरमेंट नहीं हो जाता, आप बेकार नहीं हो जाते या आपका तोता नहीं मर जाता। अभी शुरुआत कीजिए!

अगर 'प्लान ए' काम नहीं करता तो अंग्रेज़ी वर्णमाला में 25 दूसरे अक्षर और भी हैं।

यदि आप डेडलाइन निर्धारित नहीं कर सकते तो क्या होगा ?

कई बार परिणाम आने में उससे अधिक समय लग सकता है, जितना आपने शुरुआत में सोचा था। अगर ऐसा होता है तो लक्ष्य को छोटे-छोटे हिस्सों में बांट लीजिए और एक नई डेडलाइन निर्धारित कीजिए। ज़रूरत पड़े तो फिर एक नई डेडलाइन। दरअसल, डेडलाइन एक अनुमान है कि आपके अनुसार आप कब तक लक्ष्य को पा सकते हैं, लेकिन कई बार लक्ष्य के मार्ग में कुछ बदलाव ज़रूरी हो जाते हैं। वैसे डेडलाइन तय करने का आप जितना अभ्यास करेंगे, आगे उतनी ही सटीकता के साथ आप टाइमफ्रेम का अंदाज़ लगा सकेंगे।

सत्य घटना - ऐलन पीज़

जब में पांच साल का था तब एक दिन स्विमिंग पूल में गहराई में जा पहुंचा और डूबते–डूबते बचा। वह घटना मेरे ज़हन में हमेशा के लिए बस गई। जब मैं 14 साल का हुआ, तब मैंने सर्फ़ लाइफ़–सेविंग बॉन्ज़ मेडलियन हासिल करने का लक्ष्य निर्धारित किया और लाइफ़–सेविंग क्लब ज्वॉइन कर लिया। किंतु मेरे पिता का ट्रांसफ़र हो गया और हमारा परिवार मेलबर्न चला आया।

मैं वह ब्रॉन्ज़ मेडलियन ट्रेनिंग कभी पूरी नहीं कर पाया। फिर भी मैंने इस लक्ष्य को अपनी सूची में 'बी' आइटम के तौर पर बरकरार रखा, क्योंकि मैं इसे वास्तव में पाना चाहता था। 25 साल बाद 39 वर्ष की आयु में मैंने सिडनी में एवलॉन लाइफ़–सेविंग क्लब ज्वॉइन कर लिया। ब्रॉन्ज़ मेडालियन ट्रेनिंग कोर्स में नाम लिखवाया और फिर शुरुआत कर दी। कार्डियो पल्मोनरी रिससिटैशन (सीपीआर) से लेकर सर्फ़ रेस्क्यू सीखने तथा लाइफ़ वेस्ट्स, बोर्ड्स और सर्फ़ बोट्स जैसे साजो–सामान के इस्तेमाल में पारंगत होना इस कोर्स की आवश्यकता होती है। यह कई तरह के फ़िज़िकल फ़िटनेस टेस्ट की मांग भी करता है, जिनमें दौड़ना तथा तैरना शामिल है। यह शारीरिक प्रशिक्षण काफ़ी गहन था, ख़ासतौर पर उस व्यक्ति के लिए, जो 40 की उम्र तक पहुंच रहा हो। इस कोर्स में अन्य प्रतिभागी 17 से 22 वर्ष के थे। ऐसे में मुझ पर उनके बीच टिके रहने का दबाव था। मगर एक दशक की मार्शल आर्ट्स ट्रेनिंग की वजह से मैं इस परिस्थिति से निपटने के लिए फ़िट था– हालांकि तैराकी के परीक्षण तक। इसमें आठ मिनट में आधा किलोमीटर की तैराकी शामिल थी। यह सेहत के नज़रिए से परेशानी नहीं थी, लेकिन इसका अर्थ था कि मुझे एक मज़बूत, प्रभावी स्विमिंग स्टाइल चाहिए और इसके लिए मुझे अपना चेहरा पानी के अंदर रखना था। मेरे इस डर की वजह थी कि 39 साल की उम्र में भी मैं उस घटना का गुलाम हूं, जो 5 साल की उम्र में मेरे साथ हुई थी।

भले ही मैं वर्षों से सर्फ़िंग कर रहा हूं, लेकिन मैं सहजता से अपना चेहरा पानी के अंदर नहीं रख पाता, जो तेज़ी से तैरने और समयसीमा में टेस्ट पास करने के लिए ज़रूरी है। आसान तो यही हो सकता था कि मैं हार मान लूं, लेकिन मैं वास्तव में इस लक्ष्य को पूरा करना चाहता था, इसलिए मैंने स्विमिंग क्लास ज्वॉइन कर ली।

इस दृश्य की कल्पना कीजिए : मैं अपने छह क्लासमेट के साथ स्विमिंग पूल के किनारे बैठा हूं। इन सभी की उम्र चार से छह साल के बीच है। मैंने एक छोटे से प्लास्टिक किकबोर्ड को जकड़ रखा है और टीचर के निर्देशों को सुन रहा हूं। पानी में चेहरा डालना मेरे लिए गंभीर समस्या है और बच्चों की माताओं के चेहरे पर उस उम्रदराज़ शख़्स के लिए कुटिल–सी मुस्कान है, जो ठीक से तैर नहीं पाता।

टीचर ने हमें जोड़ियों में बांट दिया। मेरा साथी छह साल का डैनी, मेरे संघर्ष के क्षणों में मुझ पर तरस खा रहा था, क्योंकि किकबोर्ड की मदद से पूल के एक से दूसरे छोर तक तैरते समय मैं अपना चेहरा पानी में रखने में नाकाम हो रहा था।

वह सहानुभूति भरे लहज़े में धीरे से बोला, 'अगर आप चाहें तो मेरा बोर्ड इस्तेमाल कर सकते हैं,' 'यह आपके बोर्ड से तेज़ चलता है।'

चिंतित और ख़ुद को अनाड़ी महसूस करते हुए मैंने गुस्से में कहा, 'ये सभी एक गति से चलते हैं!' मगर उस छह साल के नन्हे प्रेरक सलाहकार के चेहरे को देख मैं बोर्ड की अदला-बदली के लिए राज़ी हो गया। मैंने तय किया कि यदि डैनी यह कर सकता है तो मैं भी करूंगा।

छह कक्षा तथा ढेर सारी मेहनत के बाद मैंने स्विमिंग क्लास में फ़ेस-इन-द-वाटर टेस्ट और एक सप्ताह बाद सर्फ़ स्विमिंग ट्रायल भी (समय सीमा से तीन सेकेंड पहले) पास कर लिया। आख़िरकार मुझे सर्फ़ ब्रॉन्ज़ मेडलियन से सम्मानित किया गया।

यदि लक्ष्य हासिल करने के लिए आपको 4 साल के बच्चों के साथ तैरना सीखना है, तो उम्र की परवाह किए बिना आप ऐसा ही करते हैं।

आप लक्ष्यों तक पहुंचने के लिए किस हद तक तैयार हैं? जब आपके लक्ष्य स्पष्ट होते हैं और आपके पास डेडलाइन वाला प्लान होता है, तो आपके हार मानने की आशंका बहुत कम होती है, चाहे फिर परिस्थितियां कैसी भी हों। मैंने इस लक्ष्य की डेडलाइन फिर से निर्धारित करने के लिए 25 वर्षों का इंतज़ार किया और अब मैं इसे छोड़कर फिर कभी शुरू करने के मूड में नहीं था। मेरे रास्ते में एकमात्र बाधा पानी में चेहरा रखने की थी। मैंने ब्रॉन्ज़ मेडलियन हासिल करने के लिए 14 साल की उम्र में लक्ष्य निर्धारित किया था और आख़िर 40 साल का होते-होते उसे पाया। जीवन की परिस्थितियों को इस लायक़ बनने में 25 साल लग गए कि वे मुझे इसे फिर 'ए' लक्ष्य के तौर पर पूरा करने की इजाज़त दें। महत्त्वपूर्ण चीज़ यह है कि मैंने वह तय किया, जो मैं करना चाहता था और डेडलाइन तब निर्धारित की जब समय सही था। जब आप किसी लक्ष्य को तय करते हैं तो आपको तत्काल उसकी शुरुआत नहीं करनी होती, जब तक कि वह प्राथमिकता में सबसे ऊपर नहीं आ जाए। आप सभी लक्ष्यों को एक समय में शुरू नहीं कर सकते। अपनी शुरुआत की भी डेडलाइन तय करें। तब शुरू करें जब आपको लगे कि समय सही है। मैंने यह डेडलाइन दो बार निर्धारित की। सिर्फ़ इसलिए कि परिस्थितियां बदलती हैं, आपको हार मानने की ज़रूरत नहीं है। परिस्थितियां अक्सर अस्थायी होती हैं। किंतु

याद रखें कि जब तक आप डेडलाइन तय नहीं करेंगे, कुछ नहीं होने वाला। डेडलाइन आपको कार्य करने के लिए उत्तेजित करती है।

एक साल बाद आप सोचेंगे कि काश!
आज शुरुआत कर दी होती।
और अभी भी नहीं करेंगे तो कब करेंगे?

सत्यकथा - ऐलन तथा बारबरा

जब बारबरा और मुझे पता चला कि हमारा अकाउंटेंट हमारे निवेश को लेकर हमसे झूठ बोल रहा है तो हम अचंभित रह गए। मगर तब तक काफ़ी देर हो चुकी थी – हमारे पास जो भी था, वो चला गया और 20 लाख डॉलर का क़र्ज़ उतारने के लिए हमें हमारी शेष संपत्ति भी बेचनी पड़ गई। बॉडी लैंग्वेज़ प्रोज़ेक्ट के बीस साल – किताबें, फ़िल्में, ट्रेनिंग फ़िल्में तथा सफलता – सभी अचानक चले गए। क़र्ज़ चुकाने के लिए हम अगले दो साल संघर्ष करते रहे और जो हुआ उसके लिए मैं ख़ुद को ज़िम्मेदार मानकर में अवसाद में चला गया।

दो साल मेरी नकारात्मक सोच, स्वयं आलोचना, जुकाम, बुख़ार, सुस्ती, नींद संबंधी विकार तथा थायरॉइड को देखते–देखते बारबरा थक गईं। एक सुबह वह मुझ पर चिल्लाईं कि 'इसकी डेडलाइन तय करो' क्या? अवसाद की डेडलाइन?

अधिकांश पुरुषों की तरह मैं भी अपने अवसाद को नकारता रहता था। मैं जानता था कि उन विचारों का चयन हम सभी के हाथ में है, जो हम अपने दिमाग़ में रखते हैं और हम उन 100 प्रतिशत विचारों का चयन कर सकते हैं। किंतु मैंने कभी नहीं सोचा था कि अवसाद से गुज़र रहे लोगों के पास भी यह एक विकल्प हो सकता है। तो यदि परिस्थितियों के बारे में नकारात्मक सोच ने मुझे लगातार बीमार बना रखा था तो इसका तात्पर्य था कि मैं अपजे अवसाद की डेडलाइन तय कर सकता था और इस डेडलाइन के बाद सिर्फ़ सकारात्मक विचार मन में लाता।

नकारात्मक सोच की अंतिम तिथि तय करना

नकारात्मक सोच एक आदत बन जाती है और कुछ लोगों के लिए पेश आने का एक सहज तरीक़ा। यदि कोई आपको इसका अहसास नहीं करा देता, आप आदतन नकारात्मक सोच वाले बन सकते हैं। ऐसे डॉक्टर मुझे जो सबसे बेहतर चीज़ दे

सकता था वो थी प्रोज़ैक (अवसाद की दवा, लेकिन इसके बजाय मैंने अपनी नकारात्मक सोच की डेडलाइन तय करने का फ़ैसला किया।

मैंने संकल्प लिया कि उस डेडलाइन की तारीख़ से मैं सिर्फ़ उस बारे में सोचूंगा, जो मैं होते देखना चाहता हूं, ना कि वो, जो मैं नहीं चाहता।

आपका सेन्स ऑफ़ ह्यूमर कमज़ोर हो जाना और चीज़ों के मज़ाक़िया पहलू को नहीं देख पाना अवसाद के सबसे पहले संकेतों में से एक है।

वह मंगलवार की एक सुबह थी, जब मैंने शुक्रवार शाम 4 बजे की डेडलाइन चुनी। उस शुक्रवार तक मैं एक सच्चा नकारात्मक मूर्ख बन सकता था, यदि मैं वैसे ही विचार चुनता। लेकिन मैं जानता था कि यह मुझे उन विचारों का आदी होने का समय देगा, जो मैं चाहता था, बजाय उनके जो मैं नहीं चाहता। यह वही था, जो मैं पिछले दो साल से करता चला आ रहा था। उस शुक्रवार 4 बजे मैंने बारबरा से कहा, 'ठीक है... मैं लौट आया हूं! आज से हम सिर्फ़ वही सोचेंगे जो हम कर सकते हैं।' मुझे वह पल बहुत अच्छे से याद है। वह एक अविश्वसनीय मुक्ति का अनुभव था और मुझे शांति तथा आशावाद की वो भावना महसूस हुई थी, जिसे मैंने पिछले लंबे समय से महसूस नहीं किया था। अब लगाम मेरे हाथ में थी और यह मेरा 45वां जन्मदिन था।

'अगर आप नर्क से गुज़र रहे हैं, तो चलते रहिए।'
— विंस्टन चर्चिल

बारबरा तथा मैंने तब फ़ैसला लिया कि फिर कभी इन परिस्थितियों में नहीं घिरेंगे और एक बार और सफल होंगे। हमें नहीं पता था कि हम इसे कैसे करेंगे – हमने तो बस तय कर लिया था कि ऐसा करेंगे, जो कि सबसे महत्त्वपूर्ण था। इससे मेरा सेन्स ऑफ़ ह्यूमर भी तुरंत वापस आना शुरू हो गया।

यदि आप ख़ुद को अवसाद में डूबा या उदास पाते हैं तो इसकी डेडलाइन तय कीजिए।

सारांश

आप जीवन में किसी भी चीज़ को लेकर तनाव में, चिंता में या अवसाद में हैं और नकारात्मक विचार आपकी आदत बन गए हैं, तो एक डेडलाइन निर्धारित कीजिए, जब आप इनसे बाहर निकलेंगे। यह तय कीजिए कि एक निश्चित दिन के निश्चित समय के बाद उन चीज़ों को लेकर नकारात्मक नहीं सोचेंगे, जो आपके साथ अतीत में हुई थीं। सिर्फ़ उस बारे में सोचने की ठानिए, जो आप चाहते हैं। यह इतना सरल है। हमेशा आसान नहीं, लेकिन सरल।

वो सभी लोग, जो अधिक आयु तक जीते हैं, अपनी ज़िंदगी में कम से कम 3 बड़े हादसों का सामना कर चुके होते हैं। जैसे तलाक़, बीमारी, दिवालियापन, बेरोज़गारी, किसी प्रियजन को खो देना। हादसे हम सभी के साथ होते हैं; वे जीवन का हिस्सा हैं। यदि आप धराशायी हुए हैं तो इसका मतलब यह नहीं कि आप खेल से बाहर हो गए हैं। आप हारे हुए तभी कहलाएंगे यदि उठकर खड़े नहीं हुए। पहले से ही यह तय कर लीजिए कि जब भी हादसे होंगे, आप ख़ुद को उनसे बाहर खींच लाएंगे।

- सपना तब तक सपना है, जब तक आप उसकी डेडलाइन तय नहीं कर लेते।
- डेडलाइन अमल की मांग करती है और आपको आगे ले जाती है।
- आप किसी भी चीज़ की समय सीमा तय कर सकते हैं, इसमें नकारात्मक सोच भी शामिल है।
- बड़े लक्ष्यों को पूरा करना हो तो उन्हें निवालों की तरह छोटे-छोटे टुकड़ों में तोड़ लीजिए और एक बार में एक टुकड़ा खाइए।
- अगर आपको नहीं लगता कि आप किसी महत्त्वपूर्ण डेडलाइन को पूरा कर पाएंगे तो उसमें सुधार कर लीजिए।
- अपनी डेडलाइन को यथार्थ के क़रीब रखिए, इसे इतना छोटा बनाइए कि यह आपको बाध्य कर सके।

और ऐसा अभी करिए। आगे कम से कम पांच लक्ष्यों की सूची बनाइए, डेडलाइन के साथ।

लक्ष्य	डेडलाइन

ज़िंदगी एक कैमरे के समान है। उसी पर फ़ोकस कीजिए जो महत्त्वपूर्ण है। अच्छे समय को क़ैद कर लीजिए और नकारात्मक को सकारात्मक में तब्दील करिए। यदि चीज़ें फिर भी काम नहीं करें तो दूसरा शॉट लीजिए।

5

दूसरे चाहे जो भी सोचें, करें या कहें, आप बढ़ते रहिए

अपनी योजनाओं के अनुसार चलना कुछ लोगों के लिए लक्ष्य हासिल करने की प्रक्रिया का सबसे कठिन हिस्सा हो सकता है। आपने एक विशिष्ट लक्ष्य निर्धारित किया है, डेडलाइन के साथ एक प्लान लिख रखा है और अब आप दुनिया के सामने इसका ऐलान कर रहे हैं। तभी अचानक आपको लोगों की भीड़ नज़र आती है - ख़ासतौर पर रिश्तेदारों और दोस्तों की - जो आपको ऐसा नहीं करने के लिए राज़ी करने का प्रयास कर रहे होते हैं। वे कहते हैं कि आप बहुत बूढ़े, छोटे, मोटे, दुबले हैं, यह बहुत जोखिम भरा है, समय अनुकूल नहीं है, अर्थव्यवस्था अच्छी नहीं है, आप कंगाल हैं, आपके पास अनुभव नहीं है, मुद्रास्फीति या अपस्फीति ज़्यादा है, आप इतने प्रतिभाशाली नहीं हैं, आपके अंदर बहुत आलस्य या पागलपन है।

वे पूछते हैं, *जीवन के इस पड़ाव में आप ऐसा क्यों करना चाहेंगे? आप बीमार पड़ जाएंगे/मारे जाएंगे/घायल हो जाएंगे या ऐसी जगह/नौकरी/शहर/करियर या देशों में तो धोखाधड़ी हो रही है! आप अभी नहीं जा सकते, क्योंकि आप शादीशुदा/तलाक़शुदा/अविवाहित/कंगाल हैं/अच्छा कर रहे हैं/ख़राब कर रहे हैं या फिर आपके ऊपर बहुत सारा क़र्ज़, ज़िम्मेदारी या परिवार का बोझ है। अगर आप असफल हो गए तो आपकी पत्नी/पति/बच्चों/घर/करियर/कुत्ते या फिर बीमार दादी का क्या होगा?*

अभी तय कीजिए कि आप ऐसे लोगों की नहीं सुनेंगे। हम यह नहीं कह रहे कि आप लापरवाह हो जाएं और गैरज़रूरी जोखिम लें - आप आगे बढ़ने के लिए जो भी रास्ता चुनते हैं, उसमें जोखिम होता ही है। आपको अपनी जुटाई गई जानकारी तथा तथ्यों के अनुसार फ़ैसले लेने की ज़रूरत है - दूसरों को आपके सपने चूर मत करने दीजिए। वे लोग जो स्वयं के सपनों को साकार करने में कमज़ोर साबित हुए हैं, वे हमेशा आपको हतोत्साहित करने का रास्ता तलाशेंगे। ऐसा ना हो कि छोटा दिमाग़ रखने वाले आपको भरोसा दिलाएं कि आपके लक्ष्य बहुत बड़े हैं। यदि आपके लक्ष्य आपको ज़रा भी नहीं डराते, तो वे बहुत बड़े नहीं हैं।

इस बात की सावधानी रखिए कि आप किसे सारी बात बता रहे हैं।
सिर्फ़ उन्हीं चंद लोगों को अपने सपनों के बारे में बताएं,
जो वास्तव में आपकी परवाह करते हों।
बाक़ी सब तो सिर्फ़ अपनी जिज्ञासा शांत करना चाहते हैं।

दूसरे क्यों आपको लक्ष्य से भटकाने का प्रयास करते हैं

इसके तीन प्रमुख कारण हैं कि क्यों दूसरे - दोस्त, ख़ासतौर पर रिश्तेदार - लक्ष्य पाने के प्रयास में आपको निराश करने की कोशिश करेंगे...

1. वे चिंतित हैं

वे वास्तव में आप के लिए चिंतित हैं और नहीं चाहते कि आप अपना धन, स्वास्थ्य या अवसर खो दें या जीवन में पिछड़ जाएं। *'यदि आप अफ़्रीका में सहायताकर्मी बन जाते हैं तो वहां ऐसे जानवर, मकड़ियां, मच्छर तथा आतंकी हैं, जो आपकी जान ले सकते हैं।'*

2. आप उनके सामने दर्शाएंगे

जब आप कोई लक्ष्य हासिल करते हैं तो दर्शाते हैं कि दूसरे अपने जीवन में कितना कम पा रहे हैं। आप इसे तब समझेंगे, जब आपको पता चलेगा कि जो कारण दूसरे आपको

आगे नहीं बढ़ने के लिए गिना रहे हैं, वे दरअसल उनके कारण हैं, आपके नहीं। *'अभी किसी नए व्यवसाय की शुरुआत करना ख़तरों से भरा है, क्योंकि आपके बच्चे हैं, जिनका आपको पोषण करना है, लोन चुकाना है, अर्थव्यवस्था कमज़ोर है और लोग आप पर भरोसा कर रहे हैं। चीज़ें बेहतर होने तक आपको इंतज़ार करना चाहिए।'*

3. वे डरते हैं

नए तथा रोमांचक लक्ष्य निर्धारित करना और उनके लिए प्रयास करना दूसरों को उनकी उपलब्धियों की कमी के कारण डरानेवाला या नामुनासिब लग सकता है। *'माउंट किलिमंजारो पर चढ़ाई? इससे क्या साबित होगा? चलो तुम तो और डोनट खाओ।'*

लोग अक्सर आपको लक्ष्यों से भटकाने का प्रयास करेंगे, सच्ची, स्वार्थी और षड्यंत्रकारी वजहों से। इसलिए इस प्रक्रिया का अंतिम चरण अपनी योजनाओं को पूरा करने में जुटे रहना है, इस बात की परवाह किए बिना कि दूसरे क्या कहते हैं, करते हैं या सोचते हैं।

उनकी चिंताओं तथा दिलचस्पी के लिए उन्हें धन्यवाद दीजिए, कहिए कि आप उनसे प्यार करते हैं (जहां ज़रूरत हो), लेकिन उन्हें बताइए कि आप क्या करना चाहते हैं और ऐसा क्यों करेंगे। यदि वे फिर भी आपको भटकाने में लगे रहते हैं तो उन्हें एक बार फिर धन्यवाद दीजिए और बिना किसी स्पष्टीकरण के अपना लक्ष्य बता दीजिए। फिर बस इसे कर डालिए। आप जो पाना चाहते हैं, उस बारे में आपको सही दृष्टिकोण दे सकने वाले लोग वो हैं, जिन्होंने या तो इसे कर रखा है या फिर वर्तमान में कर रहे हैं। अन्यथा वे आपको सिर्फ़ इस आधार पर मत दे सकते हैं कि आप जैसी परिस्थितियों में वे क्या करेंगे। ऐसे लोगों की सलाह पर कभी निर्णय मत लीजिए, जिन्हें परिणामों से कोई लेना-देना नहीं है।

जब आप अपने जीवन की कहानी लिख रहे होंगे,
तब कलम किसी और के हाथों में मत देना।

हार का डर

बहुत से लोग लक्ष्य तक पहुंचने के रास्ते पर चलने की शुरुआत ही नहीं करते, क्योंकि उन्हें हार का डर होता है। सफलता का एक बेहद अहम हिस्सा है - हार और कम ही लोग शुरुआत में नाकाम हुए बिना कभी सफल हुए होंगे। विजेता वो नहीं हैं, जो कभी नाकाम नहीं होते, बल्कि वो हैं, जो कभी हार नहीं मानते। यदि आप बेहद जल्दी हार मान लेते हैं तो आपको कभी भी यह पता नहीं चलेगा कि आपने क्या खोया है। आप

कोई ग़लती करते हैं तो वह आपको उस काम का सही तरीक़ा सीखने में मदद करती है। कोई बॉक्सर इसलिए मैच नहीं हारता कि वह धराशायी हो गया है, वह तभी हारेगा, यदि वह फिर उठ खड़ा नहीं होता।

'जितनी बार किसी नौसिखिए ने कोशिश नहीं की होती, उससे अधिक बार एक उस्ताद नाकाम हो चुका होता है।'
—ज़िग ज़िग्लर, अमेरिकी लेखक तथा मोटिवेशनल स्पीकर

यदि जे.के. रोलिंग उन शुरुआती 10 प्रकाशकों की बातों से हताश हो जातीं, जिन्होंने उन्हें लौटा दिया था, तो फिर हैरी पॉटर का अस्तित्व होता ही नहीं। बैंकों और लोन देने वालों से 242 बार अस्वीकार कर दिए जाने के बाद हॉवर्ड शल्टज़ यदि हार मान लेते तो दुनिया की सबसे बड़ी कॉफ़ी कंपनी स्टारबक्स नहीं होती। थीम पार्क का आइडिया 300 बार ख़ारिज हो जाने पर वॉल्ट डिज़्नी प्रयास करना छोड़ देते तो डिज़्नीलैंड नहीं होता।

'जितना संभव हो सकता था उतने नीचे स्तर वह नींव बनी, जिस पर मैंने अपने जीवन का पुनर्निर्माण किया।'
—जे.के. रोलिंग

दूसरों के बहकावे में आने से कैसे बचें

वे लोग जो आपको लक्ष्य तक पहुंचने से रोकने का प्रयास करते हैं या आपको नियंत्रण में रखना चाहते हैं, उनसे निपटने के लिए यहां एक सरल, लेकिन प्रभावी तकनीक है। इस तकनीक के जरिए या तो आप उनसे सहमत हो जाएंगे या फिर उनके राय देने के अधिकार से - भले ही उनकी राय कितनी ही मूर्खतापूर्ण, निराधार या गुमराह करने वाली क्यों नहीं लगे।

तकनीक–1 : सच पर सहमति

पहले समीक्षा करने वालों की सही बातों पर सहमति जताकर और फिर अपना फ़ैसला स्पष्ट रूप से सुनाकर आप इन्हें सर्वश्रेष्ठ जवाब दे सकते हैं।

उदाहरण–1

मां : अगर तुम काम करने अफ़्रीका जाओगी तो किसी जानलेवा बीमारी से मारी जाओगी।

बेटी : आपकी बात सही हो सकती है, लेकिन मैं ग़रीबों की मदद से लिए ख़ुद को मज़बूर-सी महसूस करती हूं और वहां जाने के लिए और अधिक इंतज़ार नहीं कर सकती।

यहां बेटी ने मां की उस बात से सहमति जताई, जो सही थी, लेकिन साथ-साथ अपना रुख़ भी स्पष्ट कर दिया।

उदाहरण–2

सू : मुझे नहीं लगता ब्रैंडन कि आपको अपनी नौकरी छोड़नी चाहिए। तुम उस कंपनी के अहम व्यक्ति हो और यदि अर्थव्यवस्था बिगड़ी तो भी तुम्हारे पास नौकरी तो होगी। व्यवसाय में कोई गारंटी नहीं है।

ब्रैंडन : आप बिलकुल सही हैं। इसमें गारंटी नहीं है - लेकिन मैं जानता हूं कि मैं अच्छा करूंगा और मैं इस अवसर से उत्साहित हूं।

यहां ब्रैंडन ने उस सच्चाई पर सहमति जताई जो सू ने कही। उन्होंने सू से किसी तरह की बहस नहीं की या फिर ख़ुद को या सू को नीचा महसूस होने दिया। साथ-साथ उन्होंने बिना आक्रामक हुए अपनी मंशा भी स्पष्ट कर दी। पहले इस स्थिति में आपने किसी पर नाराज़गी ज़ाहिर की होगी या अपने काम से काम रखने के लिए कहा होगा, लेकिन यहां आप उनसे सहमत हो गए, फिर अपनी मंशा ज़ाहिर कर दी और किसी को बुरा भी नहीं लगा।

तकनीक क्रमांक–2 : आलोचकों के राय देने के अधिकार पर सहमति

अक्सर आप आलोचकों की राय से असहमत होते हैं, लेकिन तब भी आप उनके राय देने के अधिकार पर सहमति जता सकते हैं, भले ही वह राय आपको कितनी भी मूर्खतापूर्ण क्यों नहीं लगे।

उदाहरण–1

डेव : अगर आप अपना बड़ा मकान बेचकर दो छोटे ख़रीद लेंगे तो उतने आराम से नहीं रह पाएंगे, जितने आराम से अभी रह रहे हैं।

मोनिका : डेव मैं समझती हूं कि आपको ऐसा क्यों लगता है, लेकिन मैं 30 साल की होने तक करोड़पति बनना चाहती हूं और उस दिशा में यह एक बड़ा क़दम है।

उदाहरण–2

लिएन : आप माज़्दा क्यों ख़रीदना चाहते हैं, ग्लेन? आप जानते हैं कि टोयोटा काफ़ी बेहतर कार है।

ग्लेन : मैं आपकी बात समझता हूं, आप सही कह रही हैं कि - टोयोटा श्रेष्ठ कार है - लेकिन मुझे माज़्दा की सवारी का अहसास पसंद है।

यहां ग्लेन तथा मोनिका दोनों, आलोचकों के राय देने के अधिकार से सहमत हुए -ग्लेन ने उनके द्वारा कही गई सच्चाई भी सहमति जताई- लेकिन ना तो अपनी बात से पीछे हटे, ना ही दूसरे को ग़लत होने का अहसास दिलाया। किसी की आलोचना से पूरी तरह असहमत हों तब भी आपके पास उसे स्वीकार करते हुए यह बताने का रास्ता खुला होता है कि आप क्या करने जा रहे हैं। आपका उद्देश्य दूसरों को सही महसूस करवाना होना चाहिए, आप उनसे सहमत ना हों, तब भी।

यदि कोई आप से कहता है कि आपके सपने बेहूदा हैं,
तो याद रखें कि कहीं एक ऐसा करोड़पति भी है,
जिसने पूल नूडल का आविष्कार किया है।

सारांश

सफल लोग तथा अन्य में यह अंतर है : सफल लोग कर्म में विश्वास रखते हैं। वे शुरुआत करते हैं तब हो सकता है बहुत योग्य नहीं दिखाई दें, लेकिन वे आगे बढ़ते रहते हैं। अन्य लोग इन्हें भटकाने का प्रयास करते हैं, तब भी ये मार्ग पर डटे रहते हैं।

आपका भला चाहने वाले दोस्त, रिश्तेदार तथा अन्य आपको लक्ष्यों की ओर बढ़ने से रोकने का प्रयास करेंगे, क्योंकि वे आपसे प्यार करते हैं, नफ़रत करते हैं या फिर ख़ुद को नीचा नहीं दिखाना चाहते। उन लोगों की चिंता कभी नहीं करें, जो आपके पीठ पीछे बालते हैं - क्योंकि उनके पीठ पीछे होने के लिए आपका उनसे दो क़दम आगे होना ज़रूरी है। अगर लोग आपको नीचे गिराने की कोशिश करते हैं तो इसका अर्थ है कि आप उनसे ऊपर हैं। आलोचना से बचने का एक ही तरीक़ा है - कुछ नहीं करना, कुछ नहीं कहना और कुछ नहीं होना। जब आप अपना लक्ष्य निर्धारित करते हैं और डेडलाइन

के साथ योजना तैयार कर लेते हैं तो तत्काल पहला क़दम उठाएं और आगे बढ़ें - इस बात की चिंता किए बिना कि दूसरे क्या सोचेंगे, कहेंगे या करेंगे।

आपके पिछवाड़े पर निशाना तभी साधा जा सकता है, जब आप सीढ़ियों पर बाक़ी लोगों से काफ़ी ऊपर हों।

सभी से सहमति जताइए। सहमत होने वाला व्यवहार विकसित कीजिए और दूसरों को सही होने का अहसास दिलाइए, भले ही उनकी राय जो कुछ भी हो। सच पर सहमति दीजिए। दूसरों को अहसास दिलाइए कि आप उनकी बातों से सहमत हैं। सिर हिलाइए और कहिए, 'हां आप सही हैं' या 'मैं आपसे सहमत हूं।' बुरी से बुरी परिस्थिति में भी आलोचकों के राय देने के अधिकार से सहमति जताइए, तब भी जब आपको लगे कि वे पूरी तरह निरर्थक बात कर रहे हैं। स्वीकार कीजिए कि उनके पास इस तरह से सोचने का अधिकार है। हालांकि साथ-साथ उस बात को भी स्पष्ट कर दीजिए, जिसे आप सही मानते हैं।

बहस से बचिए। यदि आप सही हैं तो भी किसी बहस में बमुश्किल जीत पाएंगे। बहस से दोस्ती और विश्वास टूट जाते हैं और लड़ने वालों को वो चीज़ मिल जाती है, जो वे चाहते हैं - लड़ाई।

सूअरों से कभी नहीं लड़ें, आप कीचड़ में सन जाएंगे और कुछ नहीं होगा।

6

अपने जीवन की ज़िम्मेदारी लीजिए

ऐसे काम करता है कर्म

पश्चिमी दुनिया ने 2008 की वैश्विक आर्थिक मंदी शुरू होने से पहले लगभग 20 साल तक सबसे अमीरी के दौर का अनुभव किया। यहां बहुत से देशों में घर ख़रीदना, नई कारें चलाना, अन्य देशों में छुट्टियां मनाना, लेटेस्ट फ़ैशन और लाटे (कॉफ़ी) पीना जैसे कोई नियम बन गया था। पश्चिमी देशों में यह सोचना आम बात हो गई थी कि हर किसी को अमीर, समृद्ध और जी भरकर जीने का अधिकार है, भले ही उन्होंने इसके लिए प्रयास किया हो या नहीं। हालांकि बैबी बूमर्स (जो तब क़रीब 41 से 60 साल

के थे) जानते थे कि यह अवधारणा सही नहीं है, वहीं जनरेशन एक्स (तब क़रीब 25 से 40 साल के थे) ने इस विचार को अपना लिया। वहीं इनके बाद की पीढ़ी जनरेशन वाय के लिए तो यही एकमात्र वास्तविकता थी।

उस दौर ने इस तरह की सोच पैदा की जिससे बहुत से लोगों को लगने लगा कि उन्हें अच्छा जीवन देने की ज़िम्मेदारी किसी और की है - सरकार, परिजन, समाज, निगम, संघ, बॉस या फिर ब्रह्माण्ड की। वे यह भी मानते थे कि किसी अन्य व्यक्ति या चीज़ को उनके जीवन के बुरे पहलुओं के लिए ज़िम्मेदार ठहराया जाना चाहिए। लोगों ने अपनी परिस्थितियों के लिए अपने साथी, माता-पिता, जन्मस्थान, देश, मौसम, जीन, बैंक, शरणार्थियों, धर्म, अंकशास्त्र, ज्योतिषशास्त्र, यहां तक की चांद के चुंबकीय खिंचाव को भी दोष देना शुरू कर दिया था।

लेकिन यदि आप जानना चाहते हैं कि आपकी परिस्थितियों, वर्तमान आर्थिक स्थिति, करियर, स्वास्थ्य तथा रिश्तों की सफलता या असफलता के पीछे असल व्यक्ति कौन है, तो आपको आईने के सामने खड़े होने की ज़रूरत है।

हां, वो शख़्स आप ही हैं। आप ही अपने जीवन की वर्तमान परिस्थितियों के लिए ज़िम्मेदार हैं, चाहे वे अच्छी हों या बुरी। जब तक आपको सिज़ोफ़्रेनिया या ऑटिज़्म या ना ठीक हो सकने वाला ब्रेन डेमेज नहीं हो जाए, शरीर को पूरी तरह कमज़ोर कर देने वाली बीमारी नहीं हो जाए या आप बहुत ही शोषित समाज में नहीं रहते हों, तब तक आप परिस्थितियों के लिए थोड़ा बहुत नहीं, पूरी तरह ज़िम्मेदार हैं। आपके सोचने के तरीक़े तथा वो चयन जो आपने अतीत में किए थे, उन्होंने ही वो परिस्थितियां निर्मित की हैं, जिनमें आज आप ख़ुद को पा रहे हैं।

यदि आपका जीवन बेहद सफल है तो इसके ज़िम्मेदार आप हैं। ऐसा नहीं है तो भी आप। इसलिए अच्छा हो या बुरा इसका श्रेय लीजिए।

ईमानदारी से कहें तो आपके माता-पिता, समाज, संस्कृति, धर्म तथा परवरिश ने आपके आरएएस में वह भर रखा है, जो अब आप मानते हैं। ये मान्यताएं आपको वहां ले आई हैं, जहां आप आज खड़े हैं। किंतु अब आपको मालूम चल गया है कि आपका आरएएस कैसे काम करता है, इसलिए अब से आगे के जीवन के लिए आप ही पूरी तरह ज़िम्मेदार हैं। इस बात को स्वीकार करें कि आप ही हैं, जिसने प्रत्यक्ष या अप्रत्यक्ष रूप से वो संसार बनाया है, जिसमें आप रहते हैं। आप ही थे, जिसने वह जॉब स्वीकार किया था, जिसे आप आज कर रहे हैं और आप ही हैं, जिसने उसमें बने रहने का फ़ैसला किया। तब भी जब आपको अहसास हो गया था कि यह आपका जुनून नहीं है।

वो आप ही थे, जिसने नियमित रूप से जंक फूड खाने का फ़ैसला किया था और वो आपके ही हाथ थे, जिसने उस जंक फूड को आपके मुंह तक पहुंचाया।

आप ही थे, जिसने व्यायाम नियमित रूप से नहीं करने का फ़ैसला लिया; और वो भी आप ही थे जिसने धूम्रपान करने, शराब पीने, तेज़ वाहन चलाने, ड्रग्स लेने जैसे स्वयं को नष्ट करने वाली आदतों के बचाव में बेवकूफ़ी भरे तर्कों का चयन किया। वो आप ही थे, जिसने उस व्यक्ति या उन लोगों को 'ना' नहीं बोला, जिन्होंने वह करने के लिए कहा, जो आप नहीं चाहते थे और वो आप ही थे, जिसने उस शख़्स पर भरोसा करने का फ़ैसला किया, जिसने निराश किया। वो आप ही थे जिसने बच्चों, रिश्तेदारों या उन लोगों की हदें तय करने से इनकार कर दिया, जिन्होंने आपको सबसे अधिक दुःख पहुंचाया। वो भी आप ही थे, जिसने अपमानजनक या ऐसे रिश्तों में बने रहने का फ़ैसला किया, जिसका कोई भविष्य नहीं।

यदि आपके पास ऐसे कर्मचारी या ग्राहक हैं, जो आपका दिमाग़ी संतुलन बिगाड़ देते हैं या ऐसे दोस्त हैं, जो स्वार्थी हों तो अपने जीवन में उन्हें आपने ही चुना है। आपके आस-पास के लोग आपको निराश करते हैं तो इसमें उनकी ग़लती नहीं है - आपकी है। वे आपकी निजी तथा पेशेवर ज़िंदगी में हैं, क्योंकि आप उन्हें लाए और वहां रहने दिया। आपने चयन किया, आप मन में विचार लाए और आपने ही वो परिस्थितियां निर्मित कीं, जिनमें आप हैं। वो भी आप ही हैं, जो स्वयं से और दूसरों से ये बहाने बना रहे हैं कि ज़िंदगी के इस मुकाम पर किन वजहों से हैं।

आपने अभी जो पढ़ा उस पर यदि आपको गुस्सा आ रहा है या अपराध बोध हो रहा है, तो इसे दोबारा पढ़िए, क्योंकि आपको निश्चित तौर पर इसे फिर से समझने की ज़रूरत है। अतीत में आपके आरएएस को बाहरी वातावरण ने भरा होगा, लेकिन अब से इसके अंदर क्या जाएगा, उसके आप उत्तरदायी होंगे।

अपनी परिस्थितियों की ज़िम्मेदारी तत्काल लेने का मतलब है कि आज के बाद जो भी होगा, आप उसे निष्पक्ष रूप से देखेंगे। अब से आप ख़ुद से पूछेंगे कि 'मैंने ये परिणाम पाने के लिए क्या किया था?'; 'इन परिस्थितियों को न्यौता देने के लिए आख़िर मैं क्या सोच रहा था?'; 'मैंने ऐसा क्या कहा, क्या नहीं कहा, जो वह शख़्स इस तरह से प्रतिक्रिया देने पर मजबूर हुआ?'; मैं क्या माना, जिसकी इस परिणाम में भागीदारी रही?'; 'अब अलग परिणाम पाने के लिए मैं क्या कर सकता हूं?'

जीवन का नियंत्रण अभी से अपने हाथ में लीजिए

अच्छी बात यह है कि अपनी परिस्थितियों की पूरी तथा बिना देर किए ज़िम्मेदारी लेना आपके जीवन की कमान आपके हाथ में दे देता है। जहां आप जा सकते हैं, वहां ले जाता है। इसका मतलब यह है कि अब से आप जीवन की हर घटना के परिणाम का विश्लेषण शुरू कर देंगे। आप बेहतर परिणामों के लिए आरएएस का इस्तेमाल करने लगेंगे। यह ज़रूर है कि कुछ चीज़ों पर आपका नियंत्रण नहीं होगा, लेकिन अपने विचारों

पर, प्रतिक्रिया पर और जो होता है, उसे लेकर आपके चयनों पर आपका पूरा नियंत्रण होगा। और ये नए विचार, प्रतिक्रिया तथा पसंद आपके लिए परिस्थितियों का अगला ढांचा तैयार करेंगे। वो आप ही हैं, जो चीज़ों के लिए ज़िम्मेदार हैं - और हमेशा से रहे हैं, चाहे आपने इसे महसूस किया हो या नहीं।

'एकमात्र चीज़ जो हमारे नियंत्रण में है, वह है हमारे विचार और प्रवृत्ति। यदि आप कोई ग़लत फ़ैसला लेते हैं तो महत्त्वपूर्ण यह है कि आप उससे कैसे निपटते हैं और इसका मतलब यह है कि आप उसे फिर अपने नियंत्रण में ले आते हैं।'

—रीटा हर्टनी, (*इट्स टाइम फ़ॉर वुमन टु टेक कंट्रोल* की लेखिका)

आपका चयन

आपके जीवन में जो भी चीज़ें हैं, आपके चयन की वजह से हैं। अतीत में आपने जिन चीज़ों को चुना वे ही उस स्थिति का कारण हैं, जिसमें आप वर्तमान में हैं। चाहे वह स्थिति सकारात्मक हो या नकारात्मक। और अब आप, अकेले आप ही हैं, जो जीवन में किसी भी प्रकार का निर्णय लेने और किसी भी रास्ते को चुनने के ज़िम्मेदार हैं। आपको ऐसा नहीं लगता तो इसका अर्थ जीवन की ज़िम्मेदारी लेने से इनकार करना है। हर शख़्स जिसने जन्म लिया है, उसके पास स्वयं के जीवन का नियंत्रण अपने हाथ में लेने का अवसर है। हालांकि आप पूछ सकते हैं कि जिनका जन्म ग़रीबी में या ऐसे देशों में हुआ, जहां शादी के लिए दबाव डाला जाता है, जहां क़ानून आपकी संभावित सफलता के ख़िलाफ़ काम करता है या जहां आप अपनी राय रखने पर मारे जा सकते हैं, उन लोगों का क्या?

सत्य कथा - स्टीवन

मैं ऐसे देश में पैदा हुआ था, जहां सरकार और समाज ने तय किया कि मैं क्या सोचूंगा और करूंगा। मेरी बहन पर अरेंज़ मैरिज़ के लिए दबाव बनाया गया और मेरे कई दोस्तों को जेल में डाल दिया गया, पीटा गया या मार दिया गया, क्योंकि

उन्होंने अपनी राय व्यक्त की थी। मगर मुझे अहसास हुआ कि मेरे पास तब भी विकल्प बाक़ी था – यहीं रहने या चले जाने का। मैंने अपना देश छोड़ने और शरणार्थी के रूप में खुद का भविष्य चुनने का मौक़ा पसंद किया।

मैं 3,000 किलोमीटर से अधिक चला और अब कहीं और रहता हूं। एक हाथ होने के बावजूद अब मेरे पास नया नाम, एक नई ज़िंदगी और एक अच्छी जॉब है। मेरे कई दोस्तों ने मेरे पुराने देश में रहना पसंद किया और वे उस चयन के अब भी पीड़ित हैं। मेरा चयन जोखिम लेना और नई शुरुआत करना था और अब मैं उस चयन का इनाम पा रहा हूं। दरअसल, मैंने वहां अंत नहीं किया, जहां शुरुआत में सोच रहा था। जैसे ही मैं एक नए देश में आया, मेरे लिए वो दरवाज़े खुलते चले गए, जिन्हें मैं कभी नहीं देख पाता यदि देश छोड़ने का फ़ैसला नहीं करता। बेशक, इसमें जोखिम था कि मैं पकड़ा और मारा जाता, लेकिन वहां रहने या निकल आने का विकल्प भी तो था।

यदि आप जीवन के लाभ लेना चाहते हैं तो आपको ज़रूरी जोखिम लेने पड़ेंगे। यह मायने नहीं रखता है कि अभी आपकी परिस्थितियां कैसी हैं या आप उनमें कैसे घिरे – आप में खुद के लिए नई परिस्थितियां चुनने की ताक़त अब भी है। अपने वातावरण या परिस्थितियों पर दोष मढ़कर पीड़ित नहीं बने रहें। चीज़ों का अच्छे से अंत करने का रास्ता चुनने की ताक़त आप में हमेशा से है।

घटनाएं जिन्हें आप नियंत्रित नहीं कर सकते

जीवन ऐसी घटनाओं से भरा है, जिन पर हमारा नियंत्रण कम है या बिलकुल नहीं है। उदाहरण के लिए कोई सुनामी या जंगल में लगी आग आपके घर को लील सकती है, नशे में धुत कोई कार चालक आपको हादसे का शिकार बना सकता है या आप किसी जानलेवा बीमारी की गिरफ़्त में आ सकते हैं। किंतु आपके साथ जो भी होता है, उनसे जुड़े विचारों, कार्रवाइयों तथा प्रतिक्रियाओं पर आपको 100 फ़ीसदी नियंत्रण रखने की ज़रूरत है। इन विचारों, कार्रवाइयों तथा प्रतिक्रियाओं का चयन ही तय करेगा कि आपका भविष्य क्या होगा। आपका जीवन इस बात का परिणाम है कि आप क्या चुनते हैं।

आपका जीवन आपके चुनावों का परिणाम है।
यदि आप वर्तमान जीवन तो पसंद नहीं करते तो बेहतर चीज़ें
चुनना शुरू कर दीजिए।

सत्य कथा - डब्ल्यू. मिशेल

27 साल की उम्र में मिशेल एक मोटरसाइकिल हादसे का शिकार हो गए थे। मोटरसाइकिल में धमाके के कारण उनका शरीर 65 फ़ीसदी झुलस गया था। चार साल बाद जब ठीक हुए तो मिशेल ने तय किया कि वे पायलट का लाइसेन्स हासिल करेंगे, लेकिन वे जिस विमान में सवार थे, वह क्रैश हो गया और उन्हें जीवनभर व्हीलचेयर पर रहने के लिए कह दिया गया। ठीक होने की प्रक्रिया के दौरान मिशेल ने समृद्ध बने रहने, जीवन को नियंत्रण में रखने और जीवन के असंख्य बदलावों से निपटने का दृढ़ संकल्प कर रखा था – चाहे नतीज़ा जो भी आए। इस ताक़त और दृढ़ संकल्प की मदद से उन्होंने बदलाव को सकारात्मक बल का रूप दे दिया

'मुद्दा यह नहीं है कि आपके साथ क्या होता है, बल्कि यह है कि आप उसे लेकर क्या करते हैं।' यह वाक्य उनका मंत्र बन गया। निराशाभरी नज़र आ रही उनकी कहानी एक उपलब्धि भरे अद्भुत जीवन में तब्दील हो गई, जिसने दुनियाभर में लाखों लोगों को प्रेरित किया।

इन हादसों के बाद मिशेल अंतरराष्ट्रीय स्तर पर पहचान पाने वाले मेयर बने, जिन्होंने माइनिंग कंपनी से एक 'पहाड़ को बचाया,' एक सफल व्यवसायी के तौर पर हज़ारों लोगों को रोज़गार दिया, कोलोराडो से कांग्रेस के बने और प्रतिष्ठित पर्यावरणविद् तथा संरक्षणकर्ता रहे, जिन्हें कांग्रेस के सामने बार-बार गवाही देनी पड़ी। इसके साथ इन्होंने विमान उड़ाने और व्हाइट-वाटर राफ़्टिंग के अपने शौक़ को भी बरकरार रखा। मिशेल की इन आश्चर्यजनक उपलब्धियों को मीडिया के ज़रिए अंतरराष्ट्रीय स्तर पर पहचान मिली। वो एक बेस्टसेलिंग लेखक हैं और टेलीविज़न सीरीज़ सुपरह्यूमन्स का हिस्सा बन चुके हैं। उनका जीवन स्पष्ट रूप से उनके स्वयं के दर्शन को प्रकट करता है कि अधिकांश सीमाएं हमारी स्वयं की थोपी हुई होती हैं।

'लक़वे का शिकार होने से पहले ऐसी 10,000 चीज़ें थीं, जो मैं कर सकता था। अब 9,000 ही हैं। या तो मैं उन 1,000 पर ध्यान केंद्रित कर सकता था, जिन्हें मैंने खो दिया या फिर उन 9,000 पर जो मेरे पास बाक़ी हैं।'

—डब्ल्यू. मिशेल

बहाने बनाना छोड़िए

यदि आप ऐसे जीवन का निर्माण करना चाहते हैं, जिसमें वो सब कुछ हो, जो आप कभी चाहते थे तो आपको अपने लिए बहाने बनाना बंद करना होगा। जिसने आपका बुरा किया उस शख़्स से जुड़ी कहानियां अब और नहीं या बाहरी ताक़तों, घटनाओं या उन लोगों से जुड़ीं कहानियां, जिनके बारे में आप दावा करते हैं कि वे आपको अपने सपनों की ओर जाने से रोक रहे हैं।

जीवन में वह कैसे पाएं जो चाहते हैं - यह सिखाते हुए 40 से ज़्यादा वर्षों में हमने हर वो बहाना सुना है, जिनकी वजह से व्यक्ति आगे नहीं बढ़ पाता। यही कि ग़लती सरकार की है, उनके स्त्री या पुरुष होने की है, पुराने जीवनसाथी, अर्थव्यवस्था, त्वचा के रंग, बॉस, ससुराल वालों, वर्तमान साथी, सेहत तथा कई और चीज़ों की है। ख़राब खेल के लिए हमने गोल्फ़र्स को गोल्फ़ क़ोर्स, अपना क्लब, मौसम या पार्टनर को ज़िम्मेदार ठहराते सुना है। हो सकता है इनमें से कुछ कारक वाकई रहे हों, लेकिन गोल्फ़ का सम्पूर्ण परिणाम इनसे तय नहीं होता। टाइगर वुड्स, जैक निक्लॉस और अर्नी एल्स कभी सफल नहीं होते यदि उनकी क्लब, मैदान या मौसम गोल्फ़ को नियंत्रित करते। अगर बिल गेट्स, मार्क ज़करबर्ग, मदर टेरेसा या स्टीव ज़ॉब्स ने सरकार की नीति, मौसम, बैंक या अपने जन्मस्थल को लिमिटिंग फ़ैक्टर मान लिया होता तो आज माइक्रोसॉफ़्ट, फ़ेसबुक, मिशनरीज़ ऑफ़ चौरिटी या एपल नहीं होते। प्रत्येक लक्ष्य से जुड़े हरेक तथाकथित 'लिमिटिंग फ़ैक्टर' की तुलना में हज़ारों लोग ऐसे हैं, जो इन फ़ैक्टर्स के बावजूद लक्ष्य पाने में सफल रहे हैं।

यदि 'लिमिटिंग फ़ैक्टर' वाकई इतने अहम होते तो किसी को कोई मुकाम हासिल नहीं होता।

सच्चाई यह है कि आप उन्हीं विचारों को चुनते हैं, जिनके कारण आप वर्तमान स्थिति में हैं। ये आपके भीतर हमेशा से हैं। लेकिन यह ज़रा भी मायने नहीं रखता कि आपने अतीत में उन विचारों को क्यों चुना - वह अतीत था। आपका भविष्य तो उन विचारों और चुनावों से तय होगा, जो आप आज कर रहे हैं - और इन विचारों व चुनावों पर आपका 100 फ़ीसदी नियंत्रण है। अंतर सिर्फ़ यह है कि अब आप जीवन की उन परिस्थितियों को चुनना शुरू कर सकते हैं, जो आप वास्तव में अपने लिए चाहते हैं। आपका आरएएस आपको असफल नहीं करेगा। यही वज़ह है कि यहां आप जो पढ़ रहे हो वह बेहद प्रभावशाली है। अपने जीवन से जुड़ी चीज़ों को लेकर बहाने ना बनाने का फ़ैसला अभी लीजिए।

आपके पास दो ही विकल्प हैं - बहाने बनाएं या आगे बढ़ें।

जब आप कोई ग़लत चुनाव करते हैं

ग़लत चुनाव करने का अर्थ यह नहीं है कि आप मूर्ख हैं। ग़लत चीज़ें चुनने से मिलने वाला परिणाम असल में ज़िंदगी का यह कहने का तरीक़ा है कि आपको सबक़ सीखने की ज़रूरत है। यदि आप वो ही ग़लत चुनाव दूसरी बार करते हैं तो ज़िंदगी आपसे कहती है कि आपने अभी भी सबक़ नहीं सीखा।

अगर आप यही ग़लती बार-बार करते रहते हैं तो फिर समझिए कि आपके साथ ख़ुद को नुक़सान पहुंचाने जैसी कोई दिक़्क़त है। ऐसे में आपको कोच या काउंसलर की सलाह लेनी चाहिए। कोई भी चीज़ कभी हाथ से नहीं निकलती जब तक आपको वह नहीं सिखा दे, जो सीखना ज़रूरी है।

जब आप बार-बार एक ही ग़लती करते हैं तो वह ग़लती नहीं रह जाती - वह आपकी पसंद होती है।

आपने जो पाया है वह क्यों पाया

अधिकांश लोगों को लगता है कि आप एक जैसे व्यवहार को दोहराकर अलग तरह का परिणाम हासिल कर सकते हैं। अभी आपका जीवन जैसा है और जो चीज़ें वर्तमान में आपके पास हैं, वे इसलिए हैं कि आप एक तरह की सोच तथा व्यवहार को दोहराते रहते हैं। यदि आपको अलग तरह का परिणाम चाहिए - जो आपके जीवन को नाटकीय ढंग से बदल दे, बेहतर कर दे तथा आपको अपने सपनों की ओर ले जाए - तो आपको उससे अलग सोचना और व्यवहार करना पड़ेगा, जैसा आप अब तक करते आए हैं। यदि आपने वैसे ही सोचा और किया जैसे अब तक करते थे तो आगे भी वैसे ही परिणाम मिलते रहेंगे, जैसे अब तक मिलते रहे हैं।

इसलिए आप वहां हैं, जहां जीवन में अभी हैं और इसलिए आपको वह मिला है, जो मिला है। आप सोचने की उसी प्रक्रिया तथा निर्णयों को दोहरा रहे हैं।

यदि आप आगे भी वही करते हैं, जो आपने हमेशा किया है तो आपको आगे भी वही मिलेगा, जो मिला है।

जो परिणाम आपको जीवन में अब तक मिलते रहे हैं, वह आपके चयन, विचार तथा व्यवहार की वजह से है और ये परिणाम कभी झूठ नहीं बोलते। आप मोटे, दुबले या औसत वज़न वाले हैं या फिर नहीं हैं। आप अमीर हैं या फिर नहीं हैं। आपका परिवार आपका सम्मान करता है या फिर नहीं करता है। आपके पास वो चीज़ें हैं, जो आप ज़िंदगी में चाहते थे या फिर नहीं हैं। परिणाम झूठ नहीं बोलते।

परिणाम आपको सच्चा बताते हैं।

आज से अपने आप से यह मज़ाक़ करना बंद कर दें कि आप परिस्थितियों के शिकार हैं। दूसरों से यह कहना छोड़ दीजिए कि यह आपकी ग़लती नहीं है। यह आपकी ही ग़लती है। यह आप ने अपनी सोच से किया है और इसे बदलना या नहीं बदलना आपकी ज़िम्मेदारी है। परिणाम आपको आपके चयनों के बारे में सच बता रहे हैं। आपके आरएएस को फिर से प्रोग्राम करने की ज़रूरत है।

शिकायतें करना छोड़िए

सफ़ाई देकर या शिकायतें करके आप यह कहना चाहते हैं कि आपके पास जो है, आप उससे बेहतर चाहते थे - एक बेहतर घर, कार, पार्टनर, स्वास्थ्य, जॉब और भी बहुत कुछ। लेकिन शिकायतें सुनने वालों से यह भी कहती है कि आप ऐसा कुछ करने या जोखिम लेने के लिए तैयार नहीं थे, जो बेहतर परिणामों के लिए ज़रूरी था। शिकायती एक ही तरह की शिकायतें बार-बार करता है, किसी तरह का सकारात्मक क़दम नहीं उठाने के इरादे के साथ।

कोई यह महसूस करता है कि उसकी शिकायत तर्कसंगत है - जैसे बड़ी मात्रा में काम उसे सौंपा गया है, माता-पिता का बुरा बर्ताव या ख़राब कस्टमर सर्विस - तो भी वे अक्सर ग़लत शख़्स से शिकायतें करते हैं। वे अपने दोस्तों से कहते हैं कि उनका पति/पत्नी/साथी उनसे अच्छे तरीक़े से पेश नहीं आता; वे अपने साथी से शिकायत करते हैं कि उनका बॉस बहुत डिमांडिंग है; या वे अपने पड़ोसी से शिकायत करते हैं कि पास के स्टोर ने उन्हें ख़राब सर्विस दी। ये शिकायतें व्यर्थ हैं, क्योंकि जिस व्यक्ति से वे शिकायत कर रहे हैं, वह इस मामले में किसी तरह की मदद नहीं कर सकता, बल्कि वह इस पर ध्यान ही नहीं देता।

शिकायतें मत करो। एक पुराना चुटकुला है, '80 फ़ीसदी लोग आपकी समस्याओं पर ध्यान नहीं देंगे - और बाक़ी इसका मज़ा लेंगे।'

दूसरी तरफ़ अधिकांश लोग ग़लत लोगों की प्रशंसा करते हैं। वे होटल में वेटर से कहते हैं कि खाना कितना लाजवाब था या उन्होंने खाने का कितना आनंद लिया। किंतु वेटर को इससे कोई मतलब नहीं; वह तो अक्सर चाहता है कि आप उसे अच्छी टिप दें और घर जाएं। यदि आपको लगता है कि खाने की वाकई शिकायत -या प्रशंसा- करनी है तो कुक से कीजिए ना कि वेटर से। बेहतर तो यह है कि खाना पसंद नहीं आए तो सकारात्मक क़दम उठाएं और अगली बार कोई अच्छा रेस्तरां चुनें। शिकायत कर शेफ़ को दोबारा ट्रेनिंग दिलवाने के प्रयास से अच्छा है कि नए रेस्तरां को आज़माया जाए।

जब आप अपनी ज़िंदगी के बारे में शिकायत करते हैं तो उन चीज़ों पर ध्यान केंद्रित करते हैं, जिन्हें नहीं चाहते, इसलिए आपका आरएएस वैसी ही परिस्थितियों को तलाशने लग जाता है, जिन्होंने आपको वहां पहुंचाया है, जहां आप अभी हैं। शिकायत करने की आदत आपके दिमाग़ में नकारात्मक तंत्रिका मार्ग को मज़बूत कर देती है और आपका आरएएस उन नकारात्मक चीज़ों की पुनरावृति करता है, जो आपके जीवन में पहले से हैं।

अगर आप चाहते हैं कि आपके जीवन में जो चीज़ें हैं, उनमें बदलाव आए तो जीवन में जो चीज़ें हैं, उन्हें बदल दीजिए।

अपने लक्ष्यों की तरफ़ सकारात्मक क़दम बढ़ाएं, सिर्फ़ उन चीज़ों पर ध्यान केंद्रित करें, जो आप चाहते हैं और शिकायत करना छोड़ दें - अभी से। अगर आपके पास किसी चीज़ की तर्कसंगत शिकायत है तो सही व्यक्ति को बताएं - उसे जो इस बारे में कुछ कर सकता हो।

ख़ुद की परिस्थितियां चुनें

अर्ल नाइटिंगल सेल्फ़ डेवलपमेंट स्किल्स के अग्रणी थे और 1970 के दशक में मुझे मार्ग दिखाने वालों में से एक भी। उन्होंने मुझे सिखाया था कि जो मैं चाहता हूं, उससे

जुड़ी सकारात्मक चीज़ों का चयन करके मैं ख़ुद के लिए परिस्थितियां भी चुन सकता हूं और यदि मैंने ऐसा नहीं किया तो वे परिस्थितियां, जिन्हें मैं नहीं चाहता, वे मुझे चुन लेंगी। भले ही यह विचार कुछ लोगों को परेशान कर सकता है, लेकिन यह आज़ादी दिलाने वाला है, क्योंकि इसका अर्थ है कि आप जीवन में जहां जाना पसंद करें, वहां जा सकते हैं, बजाय किसी और की परिस्थितियों या आपके बारे में उनकी राय के प्रवाह के साथ बहते चले जाने के।

जो लोग अपने जीवन की शत प्रतिशत व्यक्तिगत ज़िम्मेदारी नहीं लेते, वे उनके लिए काम करते हुए जीवन बिता देते हैं, जो ज़िम्मेदारी लेते हैं।

जैसा कि हमने कई बार कहा है कि - जीवन में अभी आप जहां हैं, उसके लिए आप ही ज़िम्मेदार हैं। यहां हम ऐसे किसी शख़्स के बारे में बात नहीं कर रहे, जिसे एड्स हो और वह इथियोपिया के किसी ग़रीब परिवार में जन्मा हो - हम आपके बारे में बात कर रहे हैं। आपके पिछले विचार तथा कर्म आपको वहां लेकर आए हैं, जहां आप आज हैं। जब आपने ऐसी घटनाओं का सामना किया, जिन्हें आप नियंत्रित नहीं कर सकते थे, तब उन घटनाओं पर आपकी प्रतिक्रियाओं ने आपकी वर्तमान परिस्थितियों में योगदान दिया है।

नकारात्मक विचारों के परिणाम

मान लीजिए कि आप अपने सहकर्मी से शिकायत कर रहे हैं कि आपका बॉस मूर्ख है, जो अपनी जान बचाने के लिए समझदारी भरा निर्णय नहीं ले सकता। आपका बॉस यह टिप्पणी सुन लेता है और आप पर बरस पड़ता है। यहां आप आसानी से समझ सकते हैं कि आपके कर्म कैसे आपको वर्तमान परिस्थिति में ले आए - कि अब आप बेरोज़गार हैं। मगर उस स्थिति का क्या जब आप एक्स्ट्रा करिकुलर स्टडी और सेल्फ़ डेवेलपमेंट कोर्स करने में व्यस्त थे और आपको पता चलता है कि कंपनी ने आपके किसी अधीनस्थ को पदोन्नत कर दिया है, जिसे आपसे कम अनुभव था?

शायद निजी ज़िंदगी में भी आप ऐसा साथी चुनते हैं या ऐसे साथी चुनते रहते हैं, जो मानसिक व शारीरिक रूप से आपको प्रताड़ित करते हों और आप उन्हीं के साथ रहने का फ़ैसला करते हैं, उन घिसी-पिटी बातों को कहते हुए कि *'क्योंकि मैं उसे प्यार करता/करती हूं'; 'मैं यह बच्चों की भलाई के लिए करूंगा/करूंगी'; 'हमने बहुत से काम साथ-साथ किए हैं/हम आर्थिक मामलों में संयुक्त रूप से शामिल हैं'* और ऐसे ही अन्य बहाने सुनाकर जो सकारात्मक कर्म की आपकी कमी पर पर्दा डालते हैं?

या आप कहते हैं कि आप काफ़ी व्यस्त थे, थके हुए थे, इसलिए बच्चों को समय नहीं दे पाए, जो अब आपके लिए समाज में शर्मिंदगी की वजह बन गए हैं?

या आप दिखावा करते हैं कि आप किसी भी तरह से अपने आकार या वज़न के लिए ज़िम्मेदार नहीं हैं?

जब भी आप एक अंगुली किसी और की तरफ़ उठाते हैं तो कम से कम तीन अंगुलियां आपकी तरफ़ ही होती हैं।

जब बात आपके स्वास्थ्य की आती है तो, क्या आप कहते हैं कि आप हॉर्मोंस, ख़राब जीन, आपकी परवरिश या तीन बच्चों को जन्म दिया है, इस कारण पीड़ित हैं। या फिर आप अंतरिक्ष में बेतरतीब मंडराती वसा की उन गेंदों के शिकार हैं, जो आकर कुछ चुनिंदा लोगों से ही चिपकती हैं?

नहीं! आपने डाइट तथा एक्सरसाइज के बारे में ना जानने या क़दम ना उठाना पसंद किया है - और इसलिए अंततः ज़िम्मेदार आप ही हैं।

क्या आप अपने वज़न को लेकर असमंजस में दिखाई देना पसंद करेंगे या लगातार जंक फ़ूड आपके मुंह में डालने के लिए अपनी भुजाओं को दोषी ठहराएंगे? नहीं। आपकी भुजा स्वतंत्र रूप से काम नहीं करती - आप ही उसे जंक फ़ूड मुंह में डालने का आदेश देते हैं। यह सब आपने किया है और तब किया है, जब आपको कोई नहीं देख रहा था। आप असमंजस भरे भाव से इस तरह दावा कर सकते हैं कि 'मुझे नहीं पता मेरा वज़न क्यों बढ़ा - मैं तो ज़्यादा नहीं खाता/खाती...'

आप इसे जिस भी तरीक़े से देखें, लेकिन आपके कर्म करने और नहीं करने - दोनों ने उस परिस्थिति में सीधा योगदान दिया है, जो आज आपके सामने है। जैसा कि हमने कहा, ये आप ही ने किया है - 'उन' चेहराविहीन लोगों ने नहीं, जो हमारी पसंद-नापसंद तय करते हैं। ये आप ही थे।

अगर आप किसी चीज़ को पसंद नहीं करते तो उसे बदल दें।
यदि आप उसे नहीं बदल सकते,
तो उसके बारे में सोचने का तरीक़ा बदल दें।

अपनी सेहत की ज़िम्मेदारी लेना

कैन्सर तथा हृदय की बीमारी के 80 फ़ीसदी से ज़्यादा मामले जीवनशैली से जुड़े होते हैं – जैसे ख़राब भोजन, धूम्रपान, जंक फूड का सेवन, प्रदूषण, तनाव भरा जीवन तथा नकारात्मक दृष्टिकोण। वे देश जो पश्चिमी डाइट का सेवन करते हैं और पश्चिमी जीवनशैली जीते हैं, उनकी 50 फ़ीसदी से ज़्यादा आबादी 2015 के बाद से किसी न किसी तरह के कैन्सर का शिकार होगी। बारबरा और मैं जब भी ऐसे लोगों से मिलते हैं, जिन्हें कैन्सर होने का पता चला है, हम उन्हें इस भ्रम में फंसा पाते हैं कि उनकी बीमारी के लिए कौन और क्या ज़िम्मेदार है। हम कैन्सर से पीड़ित और स्वस्थ दोनों तरह के लोगों से इस बात पर सलाह-मशविरा करते हैं कि किस तरह अपनी जीवनशैली को ऐसा बनाएं, जिसमें कैन्सर का कम जोखिम हो – जैसे ऑर्गेनिक फ़ूड खाकर, शाकाहारी बनकर, धूम्रपान और शराब छोड़कर, प्रतिदिन व्यायाम कर, तनाव घटाकर, सकारात्मक विचार मन में लाकर आदि।

कैन्सर के बहुत सारे मरीज़ ऐसा करने की समझदारी दिखाते हैं, लेकिन बहुत ही कम ऐसे होते हैं, जो इलाज के बाद भी इन बदलावों को अपनी जीवनशैली में बनाए रखते हैं। एक बड़ा तबका उसी तरीक़े से जीने और सोचने लगता है, जैसा कैन्सर का पता चलने से पहले था। अधिकांश वैसी ही जीवनशैली तथा वैसे ही व्यवहारों को दोहराते हैं, जो उनके कैन्सर का कारण बने थे। वे नहीं बदलते। वे अपने स्वास्थ्य की ज़िम्मेदारी अपने डॉक्टर, हेल्थ एक्सपर्ट, रेडियोलॉजिस्ट, अपने साथी या भगवान को सौंप देते हैं। वे अपनी परिस्थितियों की ज़िम्मेदारी लेने से इनकार कर देते हैं। हम अक्सर ऐसे लोगों को जान गंवाते हुए देखते हैं, ख़ासकर इसलिए कि वे स्वीकार ही नहीं करते कि वे स्वयं के स्वास्थ्य के लिए ज़िम्मेदार हैं।

वर्तमान में जीने की ज़िम्मेदारी लीजिए

संभावित समस्याओं की या जीवन के बड़े बदलावों की चेतावनी देने वाले संकेतों को नज़रअंदाज़ नहीं करें। कई लोगों द्वारा जीवन में काफ़ी कम हासिल कर पाने का एक बड़ा कारण कर्म के बजाय, कर्म नहीं करने का चुनाव है। किसी उम्रदराज़ के बारे में सोचिए, जो बड़े गर्व से यह कह देता है कि उसके पास ई-मेल एड्रेस नहीं है या इंटरनेट तक पहुंच नहीं है। वह इस बात से पूरी तरह बेख़बर है कि उसने ना सिर्फ़ बड़ी संख्या में करियर के अवसरों से ख़ुद को दूर कर लिया है; बल्कि अब उसके पास युवाओं से दुनिया के बारे में बहस करने की बेहद कम क्षमता है, अगर थोड़ी बहुत है भी तो। उम्रदराज़ लोग जो इस तरह का व्यवहार करते हैं, वे इस तथ्य से बेख़बर रहते हैं कि उन्होंने 21वीं सदी के जीवन की वास्तविकताओं से ख़ुद को पूरी तरह किनारे कर लिया

है। दरअसल, जैसे-जैसे कई लोग उम्रदराज़ होते हैं, बदलते चलन को नकारना उनके जीवन की कॉमन थीम बन जाता है।

मैं उन लोगों को याद कर सकता हूं जो 1970 के दशक में मुझसे कहते थे कि मोबाइल फ़ोन (मेरे पास शुरुआती में से एक था) कभी लोकप्रिय नहीं होंगे और यह कि अगर उन्हें फ़ोन कॉल करना होगा तो वे फ़ोन बॉक्स पर रुक जाएंगे। मैं आज भी कई तथाकथित बुद्धिजीवियों को यह कहते सुन सकता हूं कि ई-मेल समय की बर्बादी है, ऑनलाइन डेटिंग साइट्स का इस्तेमाल हमेशा सिर्फ़ बिगड़े और राह भटके लोगों द्वारा ही किया जाता है और वे कभी एसएमएस या फेसबुक का इस्तेमाल नहीं करेंगे, क्योंकि वे यह बिलकुल नहीं सुनना चाहते कि लोगों ने नाश्ते में क्या खाया था। तो इन्होंने दुनिया के बदलावों को अनदेखा किया और ऐसा कर ख़ुद के नए तथा रोमांचक क्षेत्रों जाने की क्षमताओं को सीमित कर लिया। साथ में अपने बच्चों और नाती-पोतों के सामने बात करने की क्षमता भी खो दी।

अतीत में नहीं जिएं - वर्तमान में जीने की ज़िम्मेदारी लीजिए।

जिन्हें आपने जीवन में आने दिया है उनकी भी ज़िम्मेदारी लीजिए

लोगों से जुड़े छोटे-छोटे सुराग़ों को समझिए। एचआर मैनेजर्स यह जानते हैं कि व्यक्ति के पिछले रिकॉर्ड तथा प्रदर्शन से इस बात का अंदाज़ा लगाया जा सकता है कि भविष्य में वह कैसा प्रदर्शन करेगा। अगर व्यक्ति अक्सर असभ्य व्यवहार करता रहा है, लेट आता है, गुस्सैल है, बिल समय पर नहीं भरता, गाली-गलौज करने वाला, शराबी, नशे का आदी, जुनूनी, अस्वस्थ, आलसी आदि था तो आप तर्क के साथ मान सकते हैं कि ये आदतें भविष्य में फिर पैदा हो सकती हैं।

लोग आपसे जिस तरह का व्यवहार करते हैं, वह इस बात का वर्णन है कि वे कौन हैं - यह आपके बारे में कथन नहीं है।

बेशक कम ही संख्या में लोग अपने जीवन को परिवर्तित कर सकते हैं और बेहतर कर सकते हैं, लेकिन आमतौर पर इसके लिए भी जीवन बदल देने वाली किसी घटना की ज़रूरत होती है। जैसे - कैन्सर का पता चलना, कोई धार्मिक अनुभव, किसी प्रियजन को

खो देना या फिर मौत के मुंह में जाते-जाते बचना। अधिकांश लोग इस तरह की किताबें नहीं पढ़ रहे होंगे - जो आपको इस सवाल का जवाब दे सकती हों कि सफल कैसे हो सकते हैं, जो आपको सिखा सकती हों कि आपको क्या जानना ज़रूरी है या जो आपके जीवन को आईना दिखा सकती हों।

ज़िंदगी की चेतावनियों को नज़रअंदाज़ नहीं करें। जिस तरह का व्यवहार व्यक्ति किसी वेटर, होटल स्टाफ़ और डॉग्स से करता है, वैसा ही व्यवहार वो अपने पति/पत्नी या पार्टनर से करता है। ज़िंदगी आपको हर व्यक्ति और चीज़ के बारे में सुराग़ देती है। यदि कोई आपके जीवन के लिए नुक़सानदायक है तो उसे इससे बाहर कर दीजिए, दरकिनार कर दीजिए या कम से कम ऐसी कोई योजना बनाइए, ताकि उस शख़्स के साथ कम समय बिताना पड़े।

सत्य कथा - एनी

एनी एक ऐसे परिवार में पली-बढ़ीं, जहां पिता भावनात्मक रूप से सुस्त, शराबी और शारीरिक प्रताड़ना देने वाले थे। सात साल से छोटे अधिकांश बच्चों की तरह एनी ने भी पिता का स्नेह पाने की कोशिश की और प्रयास किया कि वे उससे प्यार करें। वयस्क होने पर भी वे लगातार ऐसे पुरुषों के प्रति आकर्षित हुईं, जिन्होंने शारीरिक व मानसिक तौर पर उन्हें प्रताड़ित किया और यह सब जैसे उनके जीवन की एक थीम बन गया था। वह अनजाने में ऐसे पार्टनर्स चुन रही थीं, जिनमें उनके पिता के लक्षण थे और कोशिश कर रही थीं कि उनसे प्यार मिले। एनी ने आख़िरकार ऐसे ही एक व्यक्ति से शादी कर ली। इसने भी उन्हें प्रताड़ित किया और दिवालिया कर दिया। 46 वर्ष की उम्र में उन्होंने अपने जीवन का पहला सकारात्मक फ़ैसला लिया - पति से तलाक़।

एनी कहती हैं - यह उनके जीवन का सबसे बेहतर सकारात्मक निर्णय था। लेकिन उनका दावा है कि इस फ़ैसले ने उन्हें कंगाल बना दिया और यह उनकी ग़लती नहीं थी, उनके साथी की थी। किंतु हक़ीक़त यह है कि अपने पुराने चयनों की ज़िम्मेदारी नहीं लेकर - प्रताड़ित करने वालों को चुनकर - ही एनी ने स्वयं को भावनात्मक क्षति और आर्थिक हानि पहुंचाई है। तलाक़ लेने के उनके सकारात्मक फ़ैसले ने उनके दुखों भरे उस समय का अंत किया।

आज उनके किसी नए पुरुष से रिश्ते हैं, वो भी उन्हें प्रताड़ित करता है। ज़िंदगी ने उन्हें स्पष्ट रूप से चेतावनियां दीं, लेकिन वे उन्हें नज़रअंदाज़ करती रहीं और जो हमेशा से करती आई थीं, उसे ही दोहराया।

सारांश

दुनिया आपको इस आधार पर पैसा नहीं देगी कि आप क्या जानते हैं, उस आधार पर देगी कि आप क्या करते हैं। यूनिवर्सिटी के छात्रों के मन में अक्सर यह ग़लत धारणा होती है कि जैसे ही वे ग्रैजुएट हो जाएंगे, दुनिया उन्हें पैसा देने लगेगी। वह नहीं देगी। आप जो भी करते हैं, वह आपके चयनों पर आधारित होता है। इसके लिए आपके माता-पिता, आपके पिछले रिश्ते, आपकी नौकरी, अर्थव्यवस्था, मौसम, कोई बहस या आपकी उम्र को ज़िम्मेदार नहीं ठहराया जा सकता। जो फ़ैसले और चयन आप करते हैं, उसके लिए आप और सिर्फ़ आप ज़िम्मेदार हैं। बस। लेकिन सबसे अच्छी बात यह है कि इन चयनों पर अब से आपका 100 फ़ीसदी नियंत्रण है। 'जवाब' में हम आपको बता रहे हैं कि जो 'चाहते हैं' वह जीवन कैसे जिएं, ना कि 'करना पड़ेगा' वाला जीवन।

आज से अपने जीवन की हर चीज़ की 100 फ़ीसदी ज़िम्मेदारी लेने का फ़ैसला कीजिए। अगर आप स्वयं को किसी चीज़ की शिकायत करते पाते हैं तो तुरंत रुक जाइए। जीवन में होने वाली घटनाओं पर प्रतिक्रिया देने के अपने तरीक़े को इसी समय बदलने का फ़ैसला कीजिए। आप तुरंत ही उन परिणामों से अलग परिणाम देखना शुरू कर देंगे, जो अब तक आपको मिल रहे थे और आपके सपनों की ओर जाने वाला रास्ता आकार लेना शुरू कर देगा। उन चीज़ों पर सकारात्मक रूप से बात करना शुरू कीजिए, जो आप कर सकते हैं और जो करेंगे।

यदि आप ख़ुद को ऐसे लोगों के बीच घिरा पाते हैं, जो हर किसी को तथा हर चीज़ को गाली देते हैं, शिकायतें करते हैं तो वह समूह छोड़ दीजिए। स्वीकार कीजिए कि आप ही ने इस समूह का साथ चुना था और आप कोई दूसरा, अधिक सकारात्मक समूह तलाशने का फ़ैसला भी कर सकते हैं। ख़ुद को हर उस चीज़ से दूर कर लीजिए जो आपको ख़राब-सी लगती है। आपको इस पर किसी को सफ़ाई देने की आवश्यकता नहीं है, बस अपने अंदर से आ रही आवाज़ पर भरोसा कीजिए। आज ही स्वीकार कीजिए कि जिन चीज़ों व लोगों से वर्तमान में आप घिरे हैं, उन्हें जीवन में लाने के लिए आप ही ज़िम्मेदार हैं। तुरंत फ़ैसला लीजिए कि आप उन्हीं लोगों तथा चीज़ों को साथ रखेंगे, जिनकी आपको वाकई में ज़रूरत है और जो आपके जीवन में होने का हक़ रखती हैं।

ऐसी 10 चीज़ों की सूची बनाइए, जो अपने बारे में आप बदलने की इच्छा रखते हैं या जिनमें बेहतर होने की इच्छा रखते हैं। अब सूची में देखें कि कितनी नकारात्मक भावनाएं आप में हैं और अब उन्हें दूर जाते हुए महसूस कीजिए।

आपके जीवन का सर्वश्रेष्ठ दिन वह है, जिस दिन आप यह तय कर लेते हैं कि आपका जीवन आपका स्वयं का है - कोई बहाना या माफ़ी नहीं, किसी पर निर्भरता नहीं, किसी पर भरोसा नहीं या किसी पर दोष नहीं। यही वो दिन है, जब आपका जीवन वास्तव में शुरू होता है।

1. __________

2. __________

3. __________

4. __________

5. __________

6. __________

7. __________

8. __________

9. __________

10. __________

किसी को दोष नहीं दें। अच्छे लोग आपको ख़ुशी देते हैं और बुरे लोग अनुभव। बहुत बुरे लोग आपको सबक़ और सबसे अच्छे लोग आपको यादें देकर जाते हैं।

7

विज़ुअलाइज़ेशन की कला

कुत्ता, महिला और पुरुष - और उन्हें जो नज़र आता है।

आप जानते हैं कि आरएएस वह तंत्र है, जो उन संसाधनों व सूचनाओं को तलाशता तथा पहचानता है, जिन पर सामान्यतः आपने ध्यान नहीं दिया होगा

और जो अन्यथा 'बैकग्राउंड नॉइज़' की तरह ही रही होंगी। विज़ुअलाइज़ेशन का भी राज़ यही है कि आपका आरएएस पूरी तरह उसी पर काम करता है, जो उसे कहा गया है। दरअसल, आरएएस वास्तविकता और कल्पना के बीच भेद नहीं कर सकता, इसलिए आपको काल्पनिक काम के प्रति भी शारीरिक प्रतिक्रिया देने के लिए बाध्य करता है, जैसे कि वह काम वास्तव में हो रहा हो। आप अपने चेतन मन में लक्ष्य की एक विशिष्ट तसवीर बना लेते हैं और फिर आरएएस इसे आपके अवचेतन मन को भेज देता है, जो आपको लक्ष्य की ओर धकेलता है।

विज़ुअलाइज़ेशन का अर्थ अपनी आंखें बंद करना और स्पष्ट रूप से उन लक्ष्यों के हासिल होने की कल्पना करना है, जो आपने तय किए हैं। आप कल्पना करते हैं कि आप क्या कर रहे होंगे, वह कैसा महसूस हो रहा होगा और आप स्वयं को वह परिणाम हासिल करते हुए देखते हैं, जो आप चाहते हैं। कई अध्ययनों में यह पता चला है कि छात्र जो पहले ही चाहे गए परिणाम को विज़ुअलाइज़ कर लेते हैं, उन साथियों से आमतौर पर 100 फ़ीसदी बेहतर परिणाम पाते हैं, जिन्होंने विज़ुअलाइज़ेशन का इस्तेमाल नहीं किया।

दिमाग़ कैसे काम करता है

आपका दिमाग़ वास्तविक तथा काल्पनिक घटनाओं में अंतर नहीं कर सकता, इसलिए वह नहीं जानता कि आप इस किताब को वास्तव में पढ़ रहे हैं या इसे पढ़ने की कल्पना कर रहे हैं। उदाहरण के लिए यदि आप सपना देखते हैं कि आप दौड़ रहे हैं, तो आपका दिमाग़ नहीं बता सकता कि आप वास्तव में दौड़ रहे हैं या इसे सिर्फ़ सपने में देख रहे हैं। परिणाम के तौर पर आपका शरीर ऐसे प्रतिक्रिया दे सकता है, जैसे सब कुछ वास्तविक था - आपको पसीना आ सकता है, आप गहरी सांसें लेने लग सकते हैं या पैर चलाने लग सकते हैं और नींद में चलने वाला कोई शख़्स तो पलंग से उतरकर दौड़ने लग सकता है।

पलंग के नीचे पड़ी रस्सी के सांप होने का यदि कोई आपको यक़ीन दिला दे तो आपको सांप ही दिखाई देगा। कुछ चीज़ आज़माने से पहले ही यदि कोई यक़ीन दिला देता है कि उसका स्वाद आपको पसंद नहीं आएगा, तो आप संभवतः उसे पसंद नहीं करेंगे। जो व्यक्ति मकड़ियों से डरता है, उसे हर कोने में मकड़ियां ही नज़र आती हैं, भले ही नहीं हों। दूसरी तरफ़, यदि आपको कोई भाषण देना है और आप भाषण का अभ्यास इस विज़ुअलाइज़ेशन के साथ करते हैं कि आप बेहतर कर रहे हैं तो यह 'काल्पनिक अभ्यास' नाटकीय ढंग से आपके वास्तविक प्रदर्शन को सुधार देगा।

टेनिस मैच टेस्ट

कल्पना कीजिए कि आप एक टेनिस मैच के दौरान मौजूद हैं। कोर्ट के बीच किसी सीट पर बैठे हैं और गेंद को एक से दूसरी ओर आते-जाते देख रहे हैं। अब यही कल्पना बंद आंखों से कीजिए। अधिकांश लोगों के लिए परिणाम यह होगा कि काल्पनिक गेंद को आते-जाते देख उनकी आंखों की पुतलियां भी दाएं-बाएं घूमना शुरू कर देंगी। दिमाग़ यह नहीं जानता कि आप किसी वास्तविक टेनिस मैच में नहीं हैं और वह शरीर को ऐसी प्रतिक्रिया देने के लिए कहेगा, जैसे कि अनुभव असल हो। लक्ष्य हासिल करने में विज़ुअलाइज़ेशन इसीलिए कारगर साबित होता है।

आपका मस्तिष्क वास्तविक तथा काल्पनिक के बीच भेद नहीं बता सकता, इसलिए वह आपके शरीर को वह तसवीर पूरी करने के लिए कहता है, जिसकी आपने कल्पना की है।

खिलाड़ी किस तरह करते हैं विज़ुअलाइज़ेशन का इस्तेमाल

विज़ुअलाइज़ेशन तकनीक 50 साल से अधिक समय से खेलों में आज़माई जा रही है और अब तो यह लगभग सभी ओलिंपिक एथलीट्स द्वारा इस्तेमाल की जाती है, भले ही उन्हें इसका अहसास हो या नहीं। स्पोर्ट्स साइकोलॉजिस्ट खिलाड़ियों को निर्देश देते हैं कि वे ख़ुद को बाधा लांघते हुए, गेंद लपकते हुए या लक्ष्य को छूते हुए विज़ुअलाइज़ करें।

दुनिया के शीर्ष पेशेवर गोल्फ़र्स जानते हैं कि एक अच्छा गोल्फ़ शॉट लगाने का राज़ यह विज़ुअलाइज़ करना है कि आप गेंद को कहां पहुंचाना चाहते हैं। वे अपने मन में गेंद की सटीक उड़ान तथा उसके मार्ग को देख लेते हैं। और यदि आप गेंद के लक्ष्य तक पहुंचने की आवाज़ तथा अपनी क्षमता को भी महसूस कर सकते हैं, तो इस शॉट के सही होने की संभावनाएं और बढ़ जाती हैं, क्योंकि यह विचार आपके आरएएस से होकर आपके मस्तिष्क के तंत्रिका तंत्र तक पहुंचा जाता है। फिर यह संदेश आपके पूरे शरीर को स्पष्ट रूप से पहुंच जाता है और वो जानता है कि क्या करना है। तब आपकी मांसपेशियां उन निर्देशों के अनुसार प्रतिक्रिया देती हैं। आपमें टाइमिंग, बॉडी कंट्रोल तथा स्विंग लगभग अपने आप ही आ जाते हैं, क्योंकि विज़ुअलाइज़ेशन ने आपके शरीर को बता दिया है कि उसे क्या करना है।

'खोपड़ी में स्पष्ट तसवीर के बिना मैंने कभी कोई शॉट नहीं मारा - अभ्यास में भी।'
—जैक निक्लॉस

आपका दिमाग़ तसवीरों के रूप में सोचता है

दिमाग़ शब्दों में नहीं सोचता - वह तसवीरों के रूप में सोचता है। यही वजह है कि आपके लक्ष्यों का विवरण स्पष्ट तौर पर लिखा हुआ होना चाहिए। उदाहरण के लिए लक्ष्य के तौर पर अगर आप लिखते हैं कि 'मैं अमीर बनना चाहता हूं,' तो ज़्यादा कुछ नहीं होने वाला, क्योंकि आपका दिमाग़ यह कल्पना नहीं कर सकता कि तब कैसा नज़र आएगा। यह बहुत ही अस्पष्ट तथा धुंधला-सा है। इसके बजाय यदि आप लिखते हैं कि '1 जुलाई 2020 तक मैं 10 लाख डॉलर संपत्ति का मालिक बन जाऊंगा,' आपका मस्तिष्क इस दृश्य की तसवीर बना सकता है और इसे पाने के रास्तों की तलाश शुरू कर देगा। जैसा कि हमने पहले ज़िक्र किया कि यदि आप कहते हैं, 'मुझे एक सुंदर घर चाहिए,' आपके दिमाग़ को तसवीर बनाने में कठिनाई पेश आएगी कि वह कैसा दिखेगा, क्योंकि यह विचार बहुत धुंधला-सा है। बजाय इसके यदि आप अपने आदर्श घर की सभी विशेषताएं लिखते हैं, जैसे कि उसके दरवाज़ों के हैंडल कैसे होंगे तथा पेंट का रंग कैसा होगा और फिर स्वयं को उस घर में टहलते हुए विज़ुअलाइज़ करते हैं तो आपका दिमाग़ ऐसे संसाधनों की तलाश शुरू कर देता जो आपको वहां तक ले जाने के लिए ज़रूरी हैं। इन्हीं वजहों से ग़रीबी भी सिर्फ़ एक मानसिक अवस्था है। ग़रीबी में रह रहे लोग ख़ुद को लगातार बिना पैसों और अवसरों के विज़ुअलाइज़ करते हैं और अपनी परिस्थितियों का समर्थन करते हैं। कंगाल कोई भी हो सकता है - हम लोगों में से भी अधिकांश किसी समय कंगाल रहे होंगे। लेकिन कंगाली का अर्थ सिर्फ़ यह है कि आपके पास वर्तमान में पैसा नहीं है; आप इस स्थिति के जल्द बदल जाने की उम्मीद करते हैं। ग़रीबी का अर्थ है कि कभी भी, कुछ भी ना होने को लगातार विज़ुअलाइज़ करना।

'अगर आप ग़रीब पैदा होते हैं तो इसमें आपका दोष नहीं है, लेकिन मरते भी ग़रीब हैं तो ग़लती आप ही की है।'
—बिल गेट्स

आपके लक्ष्य, विचार तथा सोच इतने सुस्पष्ट और सटीक होने चाहिए कि आप उनकी बारीकियां समझा सकें। आप सिर्फ़ अपने लक्ष्य को नहीं, बल्कि उस हर क़दम को भी

देख सकें, जो आप वहां तक पहुंचने के लिए उठाने वाले हैं। इस तरह की स्पष्ट सोच पाने के लिए आपको विज़ुअलाइज़ेशन की प्रक्रिया से गुज़रना पड़ेगा।

चिंता उन चीज़ों के विज़ुअलाइज़ेशन का परिणाम है, जो आप नहीं चाहते कि हों - आप हाथों से गेंद छूटते हुए, कूदते समय बार को पार नहीं कर पाते, बैंक द्वारा आपकी गिरवी संपत्ति ज़ब्त होते हुए या फिर पार्टनर द्वारा किसी और के लिए आपको छोड़कर जाते हुए विज़ुअलाइज़ करते हैं। जब आप इन चीज़ों को निरंतर विज़ुअलाइज़ करते हैं तो आपका दिमाग़ ऐसी परिस्थितियों का निर्माण करता है, जो उन दृश्यों की पूर्ति करेंगी जो आपने विज़ुअलाइज़ की थीं।

इन्हीं वजहों से यह ज़रूरी है कि आपके दिमाग़ में एक स्पष्ट तथा सकारात्मक छवि हो कि आप क्या हासिल करेंगे और लक्ष्य तक पहुंचने के बाद आप कहां होंगे। अपने चाहे गए परिणाम को अक्सर तथा बार-बार विज़ुअलाइज़ करें तो आपको दिमाग़ इसे सामान्य, स्वीकार करने योग्य तथा पाने लायक़ मान लेगा। अपने संपूर्ण जज़्बे तथा ऊर्जा को स्वयं के लक्ष्य पा लेने की कल्पना में लगा दीजिए।

शोधकर्ता हेदर केप्स तथा गैब्रिएल ओटिंगन ने पाया है कि परिणाम को सिर्फ़ विज़ुअलाइज़ करना कभी-कभी कुछ लोगों के लिए ऊर्जा की कमी से जुड़ा पाया जाता है। क्योंकि मस्तिष्क तब आराम की अवस्था में आ जाता है, जब वह सोचता है कि उसने लक्ष्य पा लिया है। ऐसे में शोधकर्ता गहन तरीक़े के विज़ुअलाइज़ेशन की सलाह देते हैं, जिसमें बाधाएं, विलम्ब तथा दूसरे कारक भी शामिल हों।

साक्ष्य जो बताते हैं कैसे काम करता है विज़ुअलाइज़ेशन

विज़ुअलाइज़ेशन की ताक़त को सबसे पहले मनोदैहिक चिकित्सा के अग्रणी रहे डॉ. एडमंड जैकबसन ने खोजा था। उन्होंने खेल से जुड़ी कुछ गतिविधियों को विज़ुअलाइज़ करते लोगों पर अध्ययन किया और संवेदनशील उपकरणों के जरिए मांसपेशियों में हल्की, लेकिन वास्तविक हलचलों को खोजा। वैसी हलचलें, जो तब भी होतीं, जब कल्पना वाले खेल को व्यक्ति हक़ीक़त में खेल रहा होता।

आगे हुए और भी शोध यह खुलासा करते हैं कि कोई व्यक्ति अगर नियमित रूप से किसी शारीरिक कौशल को विज़ुअलाइज़ करता है तो उसमें 'मसल मैमरी' विकसित हो जाती है, जो उसे तब मदद करती है, जब वह वास्तव में उस गतिविधि को कर रहा होता है।

ऑस्ट्रेलियाई मनोवैज्ञानिक ऐलन रिचर्डसन द्वारा किया गया एक बहुत जाना-माना शोध भी विज़ुअलाइज़ेशन की ताक़त की पुष्टि करता है। रिचड्र्सन ने इसके लिए छात्रों के तीन समूहों को चुना था। पूर्व में इनमें से किसी ने विज़ुअलाइज़ेशन का इस्तेमाल नहीं किया था। इनमें से एक समूह ने बास्केटबॉल के फ़्री-थ्रो का लगातार 20 दिन तक

अभ्यास किया। दूसरे ने केवल पहले और बीसवें दिन फ़्री-थ्रो का अभ्यास किया। वहीं तीसरे समूह के छात्रों ने भी पहले और बीसवें दिन ऐसा किया, लेकिन इसके अलावा इन्होंने फ़्री-थ्रो को विज़ुअलाइज़ करने के लिए प्रतिदिन 20 मिनट का समय निकला। इस दौरान अगर वे शॉट 'चूक' जाते तो अगले शॉट को सही जगह पहुंचाने का 'अभ्यास' करते, लेकिन सिर्फ़ दिमाग़ में।

बीसवें दिन रिचर्डसन ने सभी समूहों में हुई प्रगति के प्रतिशत को मापा। वह समूह जो प्रतिदिन अभ्यास कर रहा था, वह 24 फ़ीसदी बेहतर करने लगा। दूसरे समूह में हैरतअंगेज़ रूप से कोई प्रगति नहीं दिखी। वहीं तीसरा समूह, जिसने शारीरिक रूप से तो दूसरे समूह के बराबर अभ्यास किया, लेकिन विज़ुअलाइज़ेशन का इस्तेमाल किया था, उसने 23 फ़ीसदी बेहतर प्रदर्शन किया, यानी लगभग पहले समूह के बराबर।

पत्रिका *रिसर्च क्वार्टरली* में प्रकाशित शोध पत्र में रिचर्डसन ने लिखा कि विज़ुलाइज़ेशन तब सबसे ज़्यादा प्रभावी होता है, जब करने वाले महसूस करें और देखें कि वे क्या कर रहे हैं। दूसरे शब्दों में कहें तो शोध में विज़ुअलाइज़ करने वालों ने बॉल को अपने हाथों में 'महसूस' किया, उसके बाउंस होने की आवाज़ 'सुनी' और उसे हूप में जाते हुए भी 'देखा।'

मानसिक अभ्यास के नतीज़ों को भी उतना ही बेहतर पाया गया है, जितना वास्तविक अभ्यास के नतीज़ों को।

1995 में हुए एक अन्य शोध में पाया गया कि नए पुलिस जवानों की फ़ायरआर्म ट्रेनिंग में विज़ुअलाइज़ेशन को शामिल करना उनके प्रदर्शन को बढ़ाने में कारगर साबित होता है। इस विज़ुअलाइज़ेशन समूह ने निशानेबाज़ी में भी सामान्य समूह से औसतन 32.86 अंक अधिक पाए।

1954 में रॉजर बेनिस्टर पहले शख़्स बने, जिन्होंने चार मिनट में एक मील की दौड़ पूरी की। उनके द्वारा यह कारनामा कर दिखाने के पहले लोग यही मानते थे कि किसी मनुष्य के लिए ऐसा शारीरिक रूप से असंभव है। अपनी ट्रेनिंग के दौरान बेनिस्टर चार मिनट में दौड़ पूरी करते हुए ख़ुद को बार-बार विज़ुअलाइज़ करते थे। वे बताते हैं कि उन्होंने इसे इतनी बार विज़ुअलाइज़ किया कि उन्हें लगने लगा कि वे यह दौड़ पहले ही चार मिनट में पूरी कर चुके हैं - उनकी कल्पना वास्तविकता की धारणा में बदल चुकी थी। बेनिस्टर ने अंततः चार मिनट में एक मील दौड़ने के अवरोध को तोड़ दिया, क्योंकि उन्हें विश्वास था कि यह संभव है।

इसके बाद वाले साल 4 मिनट में एक मील की दौड़ 26 बार पूरी कर ली गई। जब एथलीट समझ पाए कि यह मुमकिन है, तो दूसरे धावकों के मन में विश्वास जागा

कि वे भी ऐसा कर सकते हैं। आरएएस ने उनके शरीर को बताया कि उसे क्या कहना है, जिसने उन्हें उस लक्ष्य तक पहुंचा दिया, जो पहले असंभव माना जाता था। उसके बाद से चार मिनट में एक मील दौड़ सैकड़ों धावक हज़ार से ज़्यादा बाद दौड़ चुके हैं।

कार्ल तथा स्टेफ़नी साइमनटन की खोज

गेटिंग वेल अगैन नामक बेस्टसेलर के लेखक डॉक्टर कार्ल तथा स्टेफ़नी साइमनटन कैन्सर की रोकथाम तथा मरीज़ों को जीवित व स्वस्थ रखने में विज़ुअलाइज़ेशन का इस्तेमाल करने वालों में अग्रणी थे। उन्होंने एडवांस्ड टर्मिनल कैन्सर के 245 मरीज़ों पर एक शोध किया, जिनमें 67 फ़ीसदी महिलाएं तथा 33 फ़ीसदी पुरुष शामिल थे। जिन लोगों पर अध्ययन किया गया, उनकी औसत आयु 47 वर्ष थी। इन्हें जो थेरेपी दी जा रही थी, उसमें विज़ुअलाइज़ेशन और रिलेक्सेशन स्किल्स शामिल थीं, जिसे इन्हें 10 से 15 मिनटों के लिए दिन में तीन बार करना होता था। इस दौरान कुछ और मानसिक तथा भावनात्मक तरीक़ों का सहारा लिया गया, जैसे - लक्ष्य निर्धारण करना, दृढ़ होने का प्रशिक्षण देना, धारणाओं का आकलन करना तथा तनाव को पहचानना। फिर जो परिणाम उन्होंने पाया, उसने बिना किसी शंका बीमारियों को दूर रखने की दिमाग़ी शक्ति की पुष्टि कर दी।

उस समय अमेरिका में एडवांस्ड ब्रेस्ट कैन्सर के किसी मरीज़ के जीने का नेशनल मीडियन (माध्यिका) 18 महीने था, जबकि साइमनटन के शोध में यह 38.5 माह निकलकर आया। वहीं आंतों के कैन्सर की एडवांस्ड स्टेज में पहुंच चुके लोगों के जीने का नेशनल मीडियन 9 माह था, वहीं साइमनटन के मरीज़ों का 22.5 महीने। इसी तरह एडवांस्ड लंग कैन्सर के मरीज़ों के जीने की राष्ट्रीय दर छह महीने थी, जबकि साइमनटन के मरीज़ों की 14.5 महीने।

ये चौंकाने वाले नतीज़े स्पष्ट तौर पर उन छवियों को बदलने से सामने आए, जो मरीज़ों ने अपने दिमाग़ में बना रखी थी। कोई दवा नहीं, कोई कीमो, कोई सर्जरी या रेडिएशन नहीं, सिर्फ़ आरएएस को सकारात्मक छवियों और उसकी पुष्टि करने वाले विचारों से भरने का परिणाम।

ठीक इसी तरह विज़ुअलाइज़ेशन किसी भी लक्ष्य निर्धारण के समय काम करता है। एक आम 'इलाज' जिसे कैन्सर में कमी लाने वाले हर केस में मैंने उभरकर आते देखा है या मैं जिसे जानता हूं वह है ध्यान तथा विज़ुअलाइज़ेशन का इस्तेमाल। आप अपने दिमाग़ में जो रखेंगे, वही पाएंगे।

1970 के दशक में मैंने हिप्नोथेरेपिस्ट के तौर पर ट्रेनिंग ली थी (मेरा एक और लक्ष्य स्टेज़ पर सम्मोहन कला दिखाना था।) मैंने चीफ़ एक्ज़ीक्यूटिव्स को चिकन में बदलने या उनसे एल्विस की तरह गाना गवाने या उन्हें बतख की तरह चलवाने का एक स्टेज शो तैयार किया था। इस दौरान आप किसी के दिमाग़ में यह भर देते हैं कि वह रॉक स्टार है और उस तरह गा सकता है, जैसा पहले कभी नहीं गाया। आप उनसे कहें कि वे एक पुलिस अफ़सर हैं और वे लोगों को गिरफ़्तार करना शुरू कर देते हैं। उन्हें कहें कि वे बच्चे हैं और वे अपनी पतलून में पेशाब कर सकते हैं - जैसा कि मेरे साथ एक शाम हुआ था!

सम्मोहन का सिद्धांत बहुत ही सीधा-सा है : यदि सही परिस्थितियों में आपका दिमाग़ किसी चीज़ पर विश्वास करता है, तो आप उसे पा सकते हैं।

'मानसिक अभ्यास' पर अन्य शोध

वेटलिफ़्टर्स के मस्तिष्क के पैटर्न पर हुए एक शोध में पाया गया कि इनके द्वारा सैकड़ों पाउंड भार उठाने पर मांसपेशियों के जो पैटर्न सक्रिय हुए, वैसे ही पैटर्न तब भी सक्रिय हुए थे, जब वेटलिफ़्टर्स सिर्फ़ भार उठाने की कल्पना कर रहा था।

ओहियो स्थित क्लीवलैंड क्लिनिक फ़ाउंडेशन के एक्सरसाइज़ साइकोलॉजिस्ट गुवांग यू ने ज़िम जाने वालों की तुलना उन लोगों से की, जिन्होंने अपने दिमाग़ में काल्पनिक वर्कआउट किया। उन्होंने ज़िम जाने वालों में मांसपेशियों का 30 फ़ीसदी विकास देखा। वहीं जो भार उठाने का सिर्फ़ मानसिक अभ्यास कर रहे थे, उनमें भी विकास तक़रीबन आधा (13.5 फ़ीसदी) था। यह औसत विकास मानसिक अभ्यास के तीन महीने बाद तक रही।

मैथ्यू नेगल - जिनके दोनों हाथ और दोनों पैर लक़वाग्रस्त हैं - जिन्हें अपने दिमाग़ में सिलिकॉन चिप इम्प्लांट करवानी पड़ी है - लेकिन अपने जीवन के संपूर्ण मार्ग को विज़ुअलाइज़ेशन की मदद से बदल दिया है। सिर्फ़ चार दिनों के मानसिक अभ्यास के बाद वे कम्प्यूटर का कर्सर चला सकते हैं, ई-मेल खोल सकते हैं, कम्प्यूटर गेम खेल सकते हैं और रोबोटिक भुजा को नियंत्रित कर सकते हैं।

अमेरिका के लिए जासूसी के आरोप में नेतन शरांस्की ने सोवियत संघ की जेल में 9 साल बिताए। एकांत कारावास में रहते हुए वे मानसिक शतरंज खेलते रहे, कहते थे 'मैं इस अवसर को वर्ल्ड चैम्पियन बनने के लिए भी इस्तेमाल कर सकता हूं!' 1996 में शरांस्की ने विश्व विजेता गैरी कास्पारोव को हरा दिया।

क्या शारीरिक अभ्यास की जगह ले सकता है विज़ुअलाइज़ेशन ?

इसका सीधा-सा जवाब है 'नहीं।' शिकागो यूनिवर्सिटी में 1960 में हुए एक शोध में मोटर स्किल के विकास में मानसिक तथा शारीरिक अभ्यास के प्रभावों की तुलना की गई थी। इसके लिए 144 छात्रों को बल, बुद्धि तथा अनुभव के आधार पर मानसिक तथा शारीरिक अभ्यास समूहों में बांट दिया गया। परीक्षण की स्थितियों में मानसिक अभ्यास को भी क़रीब-क़रीब शारीरिक अभ्यास जितना प्रभावशाली पाया गया। 1994 में ऐसे ही अन्य 35 शोधों के विश्लेषण में सामने आया कि भले ही मानसिक अभ्यास शारीरिक अभ्यास जितना प्रभावशाली नहीं हो, लेकिन यह वास्तविक शारीरिक प्रदर्शन को बेहतर करने का प्रभावशाली तरीक़ा है।

सत्य कथा : जिम कैरी

हास्य अभिनेता जिम कैरी हमेशा से यह मानते थे कि उनका भविष्य उज्ज्वल है, जबकि वे बेहद ग़रीबी में पले-बढ़े और एक समय तो ऐसा था कि उनके परिवार के पास घर तक नहीं था। वे एक वैन में रहने को मजबूर थे। किशोरावस्था के दौरान स्कूल से आने के बाद वे चौकीदार के तौर पर 8 घंटे का काम करने लगे।

हॉलीवुड में अपना करियर शुरू करने से ठीक पहले तो वे बिलकुल कंगाल थे, लेकिन इसे विज़ुअलाइज़ेशन का एक चौंकाने वाला प्रमाण ही कहेंगे कि उन्होंने खुद के नाम 1 करोड़ डॉलर का चेक लिखा और उस पर 5 साल बाद की तारीख़ डाल दी। चेक बुक में इसकी एंट्री 'काम पूरा होने के बदले दी गई राशि' के तौर पर कर ली। वे कई सालों तक यह चेक अपने बटुए में रखकर घूमते रहे। कैरी प्रतिदिन इसे देखते और यह राशि उनके पास होने की कल्पना करते। जल्द ही वे इंडस्ट्री में सबसे अधिक मेहनताना पाने वाले कलाकारों में से एक बन गए, उन्हें प्रति फ़िल्म दो करोड़ डॉलर मिलने लगे।

'पैसा सब कुछ नहीं है, लेकिन साइकिल पर बैठकर रोने से अच्छा है कि मर्सिडीज़ में बैठकर रोया जाए।'

—जिम कैरी

विजुअलाइज़ेशन का अभ्यास कैसे करें

विजुअलाइज़ेशन बेहद सरल है, लेकिन इसमें अच्छे परिणाम हासिल करने के लिए नियमित अभ्यास की ज़रूरत होती है। इसलिए किसी ऐसे सामान्य कौशल से इसकी शुरुआत करें, जिसमें आप दक्ष होना चाहते हैं, जैसे धीरे-धीरे खाना, सुबह जल्दी उठना या उसे भी शांति से जवाब देना जो हमेशा आपको परेशान करता है। ऐसे किसी सरल काम से शुरुआत करना आपके विजुअलाइज़ेशन के हुनर को बड़े, अधिक जटिल काम से निपटने से पहले मज़बूत कर देगा।

उदाहरण के तौर पर मान लीजिए कि आप गिटार सीखना चाहते हैं, तो इन स्टेप्स का पालन कीजिए :

1. आराम से बैठें

ऐसी शांत जगह तलाशें, जहां कोई भी आपको परेशान नहीं करे, आंखें बंद कीजिए, तीन गहरी सांसें लीजिए और सभी तनावों को दूर हो जाने दीजिए।

2. कल्पना कीजिए आप क्या करेंगे

गिटार को, उसके आकार को तारों को तथा फ़िंगरबोर्ड को विजुअलाइज़ कीजिए, जब तक कि गिटार कि स्पष्ट तसवीर आपके सामने नहीं आ जाए।

3. ख़ुद को इस तसवीर का हिस्सा बना लीजिए

कल्पना में ख़ुद को गिटार उठाते और थामते देखिए। ग़ौर कीजिए कि गिटार लेकर आप कैसे बैठे हैं। साथ में जितनी बारीकी से हो सके और भी चीज़ों को देखिए।

4. शुरू कीजिए

अपने हाथों में गिटार को महसूस कीजिए, हर एक तार को महसूस कीजिए और उस आवाज़ पर ध्यान केंद्रित कीजिए, जो प्रत्येक तारों से निकल रही है। ऐसा बजाना शुरू कीजिए, जैसा आप किसी अभ्यास सत्र में करते। रुके बिना तथा नोट चूके बिना कई गानों पर गिटार बजाने की कल्पना कीजिए, जैसे कि आप इसमें माहिर रहे हों। जब आपका बजाना ख़त्म हो जाए तो आंखें खोल लीजिए।

जब आप विजुअलाइज़ेशन का इस्तेमाल करते हैं, तब अपनी पांच इंद्रियों में से ज़्यादा से ज़्यादा को इसमें शामिल कर लीजिए और उस दृश्य की जितनी बारीकियों को देख सकते हैं देखिए। उदाहरण के लिए आपने क्या पहन रखा है? आप किसके साथ हैं? कैसा

महसूस कर रहे हैं? आपको क्या सुनाई दे रहा है? कैसी ख़ुशबू आ रही है? यह सब।

इसका अभ्यास सुबह-सुबह करें या फिर रात में सोने से ठीक पहले। उन तमाम बाधाओं की कल्पना भी करें, जिनसे आपका सामना हो सकता है और ख़ुद को सफलतापूर्वक उनसे निपटते हुए देखिए।

सारांश

दिमाग़ से जुड़े अध्ययन खुलासा करते हैं कि विचार भी वैसे ही मानसिक निर्देश पैदा करते हैं, जैसे शारीरिक गतिविधियां करती हैं। दिमाग़ व शरीर के मेल और विचारों तथा व्यवहार के बीच संबंध की ताक़त विज्ञान के दस्तावेज़ों में भलीभांति दर्ज है और जीवन में सर्वश्रेष्ठ हासिल करने के लिए यह मेल बेहद अहम है।

विज़ुअलाइज़ेशन का मस्तिष्क के कई कार्यों पर असर पड़ता है, जिनमें मोटर कंट्रोल (शारीरिक गतिविधियों से जुड़ा नियंत्रण), एकाग्रता, धारणा बनाना, योजना बनाना व याद रखना शामिल हैं। इसका अर्थ यह है कि विज़ुअलाइज़ेशन के दौरान आपका मस्तिष्क वास्तविक प्रदर्शन के लिए प्रशिक्षित हो जाता है। यह पाया गया है कि विज़ुअलाइज़ेशन आपकी प्रेरणा में इज़ाफ़ा करता है, आपके आत्मविश्वास और क्षमता को बढ़ाता है, तंत्रिकाओं के शरीर पर नियंत्रण को बढ़ाता है और मस्तिष्क को लक्ष्य हासिल करने के लिए तैयार करता है।

शोधकर्ताओं ने यह भी खुलासा किया है कि विज़ुअलाइज़ेशन उतना ही असरदार साबित हो सकता है, जितना शारीरिक अभ्यास और दोनों को साथ-साथ करना, इन्हें अकेले करने से कई अधिक प्रभावी।

एक विशिष्ट लक्ष्य के निर्धारण के साथ शुरुआत करें। विज़ुअलाइज़ करें कि आप यह लक्ष्य हासिल कर चुके हैं और इसकी एक तसवीर दिमाग़ में रखें, जैसे कि यह चीज़ इसी समय आपके साथ हो रही हो।

अगले पन्ने पर उन लक्ष्यों की सूची बनाइए, जिन्हें आप विज़ुअलाइज़ करने का इरादा रखते हैं। आपको दिनभर ऐसा करने की ज़रूरत नहीं है।

विज़ुअलाइज़ेशन इसलिए काम करता है, क्योंकि यह किसी भी विशेष कौशल के लिए आपके दिमाग़ में तंत्रिका मार्गों को मजबूत कर देता है और यह लगभग उन सभी लक्ष्यों के लिए काम करेगा, जो आप तय कर सकते हैं। याद रखें कि आपका दिमाग़ वास्तविक तथा काल्पनिक घटनाओं के बीच अंतर नहीं जानता है। इसका अर्थ यह है कि आप अपने कौशल का अभ्यास कभी भी और कहीं भी कर सकते हैं। ठीक इसी तरह से आप जीवन में वहां पहुंचे हैं, जहां अभी आप हैं; भले ही आपको इसका अहसास हुआ या नहीं। आज से सिर्फ़ उन चीज़ों को विज़ुअलाइज़ कीजिए जो आप चाहते हैं, उन्हें नहीं जो आप नहीं चाहते।

और यहां वो प्रेरक वाक्य, जिससे हमने इस किताब की शुरुआत की थी :

'दिमाग़ जो कुछ भी सोच और मान सकता है,
शरीर उसे हासिल कर सकता है।'
—नेपोलियन हिल, 1937

8

अभिपुष्टि की ताक़त

इसलिए आप जो कहेंगे, वही पाएंगे।

लक्ष्यों को विजुअलाइज़ करने के साथ-साथ आपको अफ़र्मेशन यानी अभिपुष्टि के अभ्यास की भी ज़रूरत है। अभिपुष्टि वह बयान है, जिसे आप बार-बार दोहराते रहते हैं, ताकि ख़ुद से यह पुष्टि कर सकें कि आप क्या हासिल करने का इरादा रखते हैं या आप क्या करेंगे। अभिपुष्टि उस बात की सकारात्मक घोषणा है, जिसे आप सत्य मानते हैं या फिर वह सच, जिसके साथ आप जीना पसंद करते हैं। यह आपके लक्ष्यों और उद्देश्यों के लिए एक बीमा पॉलिसी के समान है - एक ऐसी घोषणा कि आप वो चीज़ें पा लेंगे जो आप चाहते हैं।

विजुअलाइज़ करने की तरह, अभिपुष्टि भी आपके आरएएस से होकर गुज़रती हैं और आपके मस्तिष्क के तंत्रिका मार्गों को दुरुस्त करती है, ताकि विचार हक़ीक़त बन

जाएं। इसलिए अभिपुष्टि आपके विचारों के पैटर्न, आत्मछवि और आपके मस्तिष्क के मार्गों को बदलने का एक तरीक़ा है, ताकि आपके लक्ष्य आपकी वास्तविकता बन जाएं।

अभिपुष्टि कोई कहावत या मुहावरा है, जिसे आप बार-बार सुनते या दोहराते हैं, जब तक कि आप इसे अपने व्यवहार में शामिल नहीं कर लेते। दूसरे शब्दों में कहें तो जल्दी ही यह आपके व्यक्तित्व का हिस्सा बन जाती है।

हज़ारों वर्षों तक दार्शनिक, धर्मगुरु, राजनेता तथा लेखकों ने अभिपुष्टि को व्यक्तिगत विकास या दूसरों को कर्म की प्रेरणा देने के लिए इस्तेमाल किया है। उदाहरण के लिए चर्चिल का वह भाषण कि 'हम उनसे तटों पर लड़ेंगे' ब्रिटेनवासियों को दुश्मनों से निपटने के लिए प्रेरित करना वाली एक अभिपुष्टि ही थी। जॉन एफ़. केनेडी का वो कथन कि 'यह मत पूछो कि आपका देश आपके लिए क्या कर सकता है, यह पूछो कि आप देश के लिए क्या कर सकते हैं।' अमेरिका की सोच बदलने की एक अभिपुष्टि ही थी। मोहम्मद अली का यह कथन कि 'मैं सबसे महान हूं,' ने उन्हें तेज़ी से दुनिया के सबसे सफल एथलीट्स में से एक बन जाने में मदद की। अभिपुष्टि हमें वे चीज़ें शब्दों में बयां करने में मदद करती है, जो हम महसूस करते हैं। ये चाही गई परिस्थितियों की तलाश के आरएएस के मिशन को ताक़त देती हैं। जैसा कि हमने कहा है आपका मस्तिष्क वास्तविकता तथा कल्पना के बीच अंतर नहीं जानता, इसलिए अभिपुष्टि काम करती है। विज़ुअलाइज़ करके आपका दिमाग़ अभिपुष्टियों को सत्य की तरह स्वीकार लेता है और तंत्रिकाओं के ऐसे कनेक्शन बना लेता है, जो आपके शरीर को लक्ष्य की ओर ले जाते हैं।

अभिपुष्टि का इस्तेमाल चाही गई चीज़ों की तरफ़ लगातार बढ़ाते रहने का ज़रिया है और यह वो प्रक्रिया है, जिसे दुनिया के हर कोने में शीर्ष कामयाब लोग लक्ष्यों को हासिल करने के लिए इस्तेमाल करते हैं।

अपनी अभिपुष्टियों को कारगर बनाने का उपाय उन चीज़ों का चयन करना है, जो आप अपने लिए चाहते हैं। इसके बाद उन्हें विज़ुअलाइज़ करें और बार-बार दोहराएं, जब तक कि वे आपके स्वभाव का हिस्सा नहीं बन जाएं। यह इतनी सीधी प्रक्रिया है और इसीलिए जो आप कहते हैं, वही आप पाएंगे। अभिपुष्टि से जुड़ी एक बहुत ही रोमांचक बात यह है कि इस बात पर आपका 100 फ़ीसदी अधिकार होता है कि आप दिमाग़ में किसे जगह देना चाहते हैं और ठीक इसी तरह की प्रक्रिया नकारात्मक सोचने वाले अपने घटिया परिणामों के लिए अपनाते हैं।

प्रत्येक अभिपुष्टि जो आपके दिमाग़ में रहती है, उसे आप चुन सकते हैं।

संशयवादी क्या सोचते हैं

हम जो यहां कर रहे हैं, उस पर कुछ लोगों को संशय हो सकता है। उन्हें यह स्वीकार करने में तकलीफ़ हो सकती है कि वो जो बार-बार कह रहे हैं, उससे उनके परिणामों में अंतर आ सकता है। सच्चाई यह है कि वे वर्षों से नकारात्मक अभिपुष्टि का अभ्यास कर रहे हैं। अगर कोई लगातार कहता है कि 'चुटकुले याद रखने के मामले में मैं फिसड्डी हूं' या 'मैं हमेशा लेट आता हूं' या 'मैं जो भी चीज़ शुरू करता हूं, कभी ख़त्म नहीं होती नज़र आती' या फिर 'मैं किसी समूह के सामने भाषण नहीं दे सकता,' वे नकारात्मक अभिपुष्टियों का अभ्यास करते रहते हैं और वे जो कहते हैं वह अनिवार्य रूप से होता है। यहां तक कि उन्हें अहसास तक नहीं होता कि वे नाकामी के बारे में सोच रहे हैं और उसी के साथ जी रहे हैं। अगर कोई व्यक्ति भीड़ के सामने भाषण देने के प्रयास की हिम्मत जुटाता है, लेकिन कहता है कि वह कुछ अच्छा नहीं कर पाएगा, उसने बहुत ख़राब तरीक़े से इसे तैयार किया है तो वह अपनी नकारात्मक अभिपुष्टि को और अधिक बल देता है। इसके विपरीत यदि वह शख़्स अभिपुष्टि करता कि 'वह बोल सकता है,' वह इसे दोहराता और इसे अक्सर विज़ुअलाइज़ करता तो उसका आरएएस यह मानने लग जाता कि वह इसे कर सकता है। उदाहरण के लिए यदि व्यक्ति यह अभिपुष्टि करता है कि 'मैं जनता के बीच भाषण दे सकता हूं, क्योंकि मैं जो कहता हूं, मुझे उस पर विश्वास है। हर बार मैं बेहतर करता हूं। मेरे विषय पर मेरा विश्वास दूसरों का विश्वास जीतने में मेरी मदद करता है। मैं जितना अधिक बोलूंगा, उतना ही अधिक प्रभावशाली बनूंगा। मैं कोई ग़लती करता हूं तो मेरे लिए वह अच्छा वक्ता बनाने की दिशा में महज़ एक पड़ाव है,' तो यह हक़ीक़त बन जाएगा।

यदि यह सब आपको बहुत अच्छा लगता है या बहुत आसानी से सच होने लायक़ लगता है तो समझ लीजिए कि यह उसी तरह की प्रक्रिया है, जिस तरह जीवन के प्रति आपका वर्तमान दृष्टिकोण शुरुआती तौर पर विकसित हुआ था। आपकी वर्तमान परिस्थितियों के लिए कोई दूसरा व्यक्ति ज़िम्मेदार नहीं है। अपनी अभिपुष्टियों की मदद से आपने ही इनका निर्माण किया है, भले ही आप जानते हों या नहीं।

आपकी अभिपुष्टियां इस बात का संक्षिप्त वर्णन हैं कि आप कौन हैं। जो आप कहते हैं, वही आप पाते हैं – अच्छा हो या बुरा।

एक पाठक द्वारा भेजी गई सत्य कथा - डैरन कैसिडी

जब मैं युवा था तब कुंग–फ़ू मार्शल आर्ट्स को लेकर काफ़ी उत्सुक था, लेकिन स्पिनिंग बैक–किक में मुझे हमेशा परेशानी पेश आती थी। मैं इसे कर ही नहीं पाता था और मैंने अपना आत्मविश्वास खोना शुरू कर दिया था। मैं इसे जितना करने का प्रयास करता, उतना ही यह विज़ुअलाइज़ करता कि मैं कितना अनाड़ी हूं। इस सोच ने उस अनाड़ीपन को मेरी हक़ीक़त बना दिया। तब एक दिन मैंने पढ़ा कि कैसे बास्केटबॉल खिलाड़ी हूप के सामने खड़े होते हैं और कल्पना करते हैं कि हूप अपने असल आकार से बड़ा है और फिर हर बार बॉल को हूप के अंदर पहुंचाते हुए स्वयं को विज़ुअलाइज़ करते हैं। इसके बाद मैंने तय किया कि सटीक तरीक़े से स्पिनिंग बैक–किक करते हुए ख़ुद को विज़ुअलाइज़ करूंगा। मैंने स्पिनिंग बैक–किक करते हुए ब्रूस ली का एक फ़िल्मी दृश्य अपने मन में बसा लिया और काम के दौरान मन ही मन उसे रोज़ाना कई बार देखा, लेकिन ब्रूस ली के बजाय उस दृश्य में ख़ुद को रखकर देखा।

ब्रूस ली की मूवी में सटीक तरीक़े से किक करते हुए ख़ुद को मैं लगातार तीन सप्ताह तक विज़ुअलाइज़ करता रहा और ख़ुद से बार–बार कहता रहा कि मेरी किक बेहतर होती जा रही है और लोग कितने हैरान हैं कि मैं इसे कितना बेहतर कर सकता हूं। किंतु इन तीन सप्ताह के दौरान मैंने किक के लिए किसी तरह का शारीरिक अभ्यास नहीं किया – सिर्फ़ विज़ुअलाइज़ किया और लगातार यह अभिपुष्टि की कि परिणाम के तौर पर मुझे क्या चाहिए।

इतना ज़्यादा विज़ुअलाइज़ करने के बाद आख़िरकार जब मैंने अपना पहला प्रयास किया तो वास्तव में एक अच्छी स्पिनिंग किक लगाई! यह ख़ुद में प्राण फूंकने जैसी थी! यह बेहतरीन तो नहीं थी, लेकिन काफ़ी अच्छी थी। इसके बाद हर एक किक के साथ मेरा आत्मविश्वास बढ़ता चला गया। और फिर मुझे पहले से बताए बगैर मेरे इंस्ट्रक्टर ने क्लास के सामने मेरी किक का प्रदर्शन करवा दिया। इतना ही नहीं, उन्होंने पब्लिक के सामने एक प्रदर्शन में भी मुझसे ऐसा करवाया।

बाद में जब मैं विकलांगता का शिकार हो गया, तब भी फिर से चलना सीखने के लिए मैंने इसी तकनीक का इस्तेमाल किया। सकारात्मक अभिपुष्टियों तथा विज़ुअलाइज़ेशन के जरिए। इसी दौरान मैंने वकील बनने का लक्ष्य तय किया।

मैं लगातार ख़ुद को वकील के तौर पर विज़ुअलाइज़ करता था– फ़्यू गुड मैन और द फ़र्म फ़िल्म में टॉम क्रूज़ के किरदार की तरह। सेहत में सुधार के दौरान मैंने वकालत की डिग्री हासिल करने का फ़ैसला किया और अंततः मैं बार का हिस्सा बन गया। मैंने पाया कि अगर आप विज़ुअलाइज़ेशन तकनीक का लगातार अभ्यास करते रहते हैं और सकारात्मक अभिपुष्टियां दोहराते रहते हैं तो फिर आपके पाने की कोई सीमा नहीं होती है।

किसी अभिपुष्टि का खाका कैसे तैयार करें

अपनी अभिपुष्टि का सकारात्मक तरीक़े से वर्णन करें। याद रखें कि आपका दिमाग़ सिर्फ़ सकारात्मक तसवीरों के रूप में ही सोच सकता है - वो उन चीज़ों को नहीं देख सकता जो हैं ही नहीं। किसी अभिपुष्टि के कारगर बनने के लिए, उसका लिखित और सकारात्मक शब्दों में वर्णित होना ज़रूरी है, ताकि आपका दिमाग़ उसकी तसवीर बना सके। आपका दिमाग़ 'नहीं करता,' 'नहीं करूंगा' और 'नहीं कर सकता' जैसे शब्दों से जुड़ी तसवीर को नहीं देख सकता।

यदि कोई किसी बच्चे से कहता है कि *'अपनी साइकिल से गिर मत जाना'* उसका दिमाग़ सुनता है, *'अपनी साइकिल से गिर जाना'* और इसकी वजह से ऐसा हो भी सकता है। जबकि यह सोचना कि, *'मैं एक अच्छा साइकिल चालक बन रहा हूं'* बच्चे को बैलेंस बनाने में मदद करता है।

आपका दिमाग़ उस तसवीर को नहीं देख सकता जो 'नहीं करता,' 'नहीं करूंगा' या 'नहीं कर सकता' जैसे शब्दों से जुड़ी हो।

लगातार बढ़ते मोटापे वाली इस दुनिया में मनुष्य पर वज़न घटाने की धुन सवार है। यदि किसी का लक्ष्य वज़न घटाना है, उसने यह संकल्प लिया होगा कि *'मैं 10 किलो कम करने जा रहा हूं'* या *'मैं अब और मोटा नहीं होने वाला,'* लेकिन उन्होंने यह भी पाया होगा कि यह तरीक़ा काम नहीं करता। कुछ भी नहीं बदलता, क्योंकि उनका दिमाग़ इस नकारात्मक छवि की तसवीर नहीं बना सका।

आरएएस उन चीज़ों को नहीं देख सकता, जो हैं ही नहीं। उनके दिमाग़ में पहले से अतिरिक्त वज़न ढोते हुए उनकी एक तसवीर है, तो यह भूख का अहसास पैदा करती है, व्यक्ति को अपनी उस भारी-भरकम तसवीर के हिसाब से खाने के लिए उकसाती है, जो वह अपने दिमाग़ में लेकर चल रहा है। दूसरे शब्दों में कहें तो उनके दिमाग़ -या आत्मछवि- की प्रोग्रामिंग पहले से ही एक भारी-भरकम तसवीर के साथ हो चुकी है।

तो यहां जानें कि वज़न घटाने के लक्ष्य का सकारात्मक वर्णन कैसे करना है - उदाहरण के लिए आपका वज़न 100 किलोग्राम है और आप 10 किलो कम करना चाहते हैं, आप कह सकते हैं कि *'1 जुलाई तक मेरा वज़न 90 किलोग्राम हो जाएगा।'* अब आपका आरएएस वह तसवीर तैयार करेगा और बजाय इसके कि आप 10 किलोग्राम कम करेंगे, आपका दिमाग़ यह कल्पना कर सकेगा कि आप 90 किलो के हैं।

जानिए आपको क्या करना है

1. अपनी अभिपुष्टि की शुरुआत 'मैं हूं' या 'मैं करूंगा' से कीजिए

उदाहरण के लिए, *'मैं ऐसा शख़्स बनने जा रहा हूं, जिसका वज़न 90 किलो है'* या *'1 जुलाई तक मैं 90 किलो का हो जाऊंगा।'*

2. स्पष्ट रूप से कहें

अस्पष्ट अभिपुष्टियों के परिणाम नहीं मिलते। उदाहरण के लिए, *'मैं दुबला हो रहा हूं'* में उतना प्रभाव नहीं है, जितना कि *'मैं ऐसा शख़्स बनने जा रहा हूं, जिसका वज़न 90 किलो हो'* कहने में है।

सिगरेट पीने वाले अधिकांश लोग कहते हैं कि *'मैं धूम्रपान छोड़ दूंगा,'* लेकिन वे बमुश्किल सफल होते हैं। क्योंकि आरएएस किसी चीज़ को दूर करने की या कुछ नहीं करने की तसवीर बना ही नहीं पाता। इसके बजाय यदि धूम्रपान करने वाला सकारात्मक रूप से अभिपुष्टि करता कि *'मैं धूम्रपान नहीं करने वाला बन जाऊंगा/हूं'* तो आरएएस तसवीर बना पाता कि धूम्रपान नहीं करने वाला कैसा दिखता है, उसके पास से कैसी महक आती है, वह कैसे कपड़े पहनता है और कैसा व्यवहार करता है। फिर वह शरीर को उस तसवीर की तरह बन जाने के लिए प्रेरित करने लगेगा। सिगरेट पीने वाले में धूम्रपान की इच्छा कम होने लगेगी, क्योंकि उसके दिमाग़ में जिस व्यक्ति की तसवीर है, उसे निकोटीन की लालसा नहीं है। इतना स्पष्ट। यह हमेशा आसान नहीं होता, लेकिन इतना स्पष्ट है। आपका आरएएस हमेशा आपके लिए काम करेगा, जब आप उसे सही से प्रोग्राम करते हैं।

उस परिणाम की कल्पना कीजिए जो आप चाहते हैं – उसकी नहीं, जिसे नहीं चाहते।

आप किसी भी लक्ष्य या निर्धारित काम के लिए अभिपुष्टि का इस्तेमाल कर सकते हैं। मिशिगन यूनिवर्सिटी का एक शोध बताता है कि उम्रदराज़ लोग, जिनका चीज़ों को लेकर सकारात्मक दृष्टिकोण है और जो सकारात्मक अभिपुष्टियों का इस्तेमाल करते हैं, उनमें हार्ट फेल होने का जोखिम कम रहता है, बजाय उनके जो निराशावादी हैं।

मैं सिर्फ़ खुद को मूर्ख बना रहा हूं?

आप सोचेंगे कि सिर्फ़ मैंने कह दिया है, इससे हक़ीक़त तो नहीं बदल जाती। यह बात सही तो लगती है, लेकिन अपनी अभिपुष्टियों को दोहराना जीवन के प्रति आपका दृष्टिकोण बदल देता है और यही दृष्टिकोण अंततः आपकी हक़ीक़त बन जाता है। मान लीजिए कि आप लगातार नकारात्मक अभिपुष्टि का इस्तेमाल करते हैं, जैसे कि *'मैं एक निराश वक्ता हूं'* और इस बार आपको भाषण देने के लिए एक समूह के सामने आमंत्रित कर लिया गया है। मनुष्य के भय को लेकर हुए शोध में सामने आया है कि जनता के सामने

बोलने की घबराहट अधिकांश लोगों की सूची में सबसे ऊपर है। अधिकांश लोग, जिन्हें जनता के सामने भाषण देने के लिए कहा गया, वे श्रोताओं के सामने ख़ुद के डरे हुए होने की कल्पना करते हैं। आस-पास के लोग यह कहकर इस डर को और बढ़ा देंगे कि *'पोडियम के पास आपके लिए पानी का जग भरा हुआ रखा है,' 'मैं उम्मीद करता हूं कि भाषण अच्छा होगा'* या *'गुड लक!'* सोच-समझकर कहे गए ये नकारात्मक वाक्य, यह छिपा हुआ संदेश लिए हुए हैं कि आप डर जाएंगे या नर्वस हो जाएंगे, आपका गला सूखेगा और यह भी कि आपको भाषण देने के लिए अच्छी क़िस्मत की ज़रूरत पड़ेगी, क्योंकि आप शायद अच्छा नहीं कर पाएंगे।

जब आपसे स्टेज़ पर जाने के लिए कहा जाता है आपके मस्तिष्क में वह नकारात्मक अभिपुष्टि और तसवीरें फ़िल्म की तरह चलने लगती हैं। आपका दिमाग़ कल्पना करता है कि आपके माथे से पसीना बह रहा है, आप कांप रहे हैं, हकला रहे हैं, अपने शब्द भूल रहे हैं और श्रोता अप्रभावित हैं। ऐसे में आपका दिमाग़ इस मानसिक दृश्य पर प्रतिक्रिया देता है, यह मानकर कि वह सही है। यहां तक कि यदि आप सिर्फ़ सपना देख रहे हों कि आप भाषण दे रहे हैं, तब भी आपका शरीर वैसे ही प्रतिक्रिया दे सकता है, जैसे कि आप इसे वास्तव में कर रहे हैं। यहां तक कि एक अस्पष्ट अभिपुष्टि, जैसे कि 'मैं जनता के बीच भाषण देना पसंद नहीं करता' जिसे आप जीवन में लगातार दोहराते आ रहे हैं, आपके व्यवहार पर नाटकीय ढंग से असर डालती है। यदि आप मानते हैं कि श्रोताओं से बात करते हुए आप भयभीत हो जाएंगे, तो आपका दिमाग़ आपको भयभीत बना देगा। यदि आपको लगता है कि आप आत्मविश्वास के साथ बोल पाएंगे और यही बात आप ख़ुद से बार-बार कहते हैं तो आप में अधिक विश्वास पैदा होता है। अभिपुष्टि इस तरह काम करती है।

किसी व्यक्ति का पूरा जीवन उसकी अभिपुष्टियों को संकलन ही है।

प्रत्येक व्यक्ति का जीवन जिस तरह का है, उसकी वजह उसकी अभिपुष्टियां ही हैं और इसी की वजह से हमारे जीवन में कुछ चीज़ें हैं या नहीं हैं। अधिकांश लोग अनजाने में जीवनभर अभिपुष्टियों को जुटाते रहते हैं और हममें से अधिकांश के लिए ये नुक़सान पहुंचाने का काम करती हैं। यदि आप अभिपुष्टि करते हैं कि *'मैं मूर्ख हूं,' 'मैं गणित में अच्छा नहीं हूं,' 'मैं हमेशा नज़रअंदाज़ कर दिया जाता हूं,' 'अब शुरुआत करने की मेरी उम्र नहीं रही,'* या *'मैं ऐसा ही हूं'* तो ये चीज़ें आपकी हक़ीक़त बन जाती हैं। ऐसा नहीं कि परिस्थितियां वास्तव में ऐसी हैं, लेकिन इन्हें दोहराए जाने से ये वास्तविकता बन जाती हैं।

अच्छी बात यह है कि जिस तरह से आप वह बने हैं, जो आप आज हैं, वही तरीक़ा अब आप उन चीज़ों को पाने के लिए इस्तेमाल कर सकते हैं, जो आप चाहते हैं। यहां तक कि एक अस्पष्ट अभिपुष्टि, जिसे बार-बार दोहराया जा रहा हो, वह भी नाटकीय ढंग से आपके व्यवहार पर प्रभाव डालती है।

**'आज आप वहां हैं, जहां आपके विचार आपको लेकर आए हैं;
आप कल वहां होंगे, जहां आपके विचार आपको ले जाएंगे।'**
—**जेम्स लेन ऐलन**, अमेरिकी उपन्यासकार

इस साधारण स्पीच टेस्ट को आज़माकर देखिए

आपकी भाषा में साधारण से बदलाव आपको बहुत अलग अनुभव दे सकते हैं। स्वयं से ये तीन वाक्य ज़ोर से कहें और ग़ौर करें कि प्रत्येक को आप किस तरह से अनुभव करते हैं।

1. *'मुझे उम्मीद है कि आज रात मैं डिनर का आनंद लूंगा।'*
2. *'मैं आज रात डिनर का आनंद लेना चाहता हूं।'*
3. *'मैं आज रात के डिनर का आनंद लेने का इरादा रखता हूं।'*

अधिकांश लोगों के लिए पहला वाक्य शंका की भावना पैदा कर सकता है। दूसरे वाले में एक अलग अहसास है। जब आप कहते हैं कि 'मैं आज रात डिनर का आनंद लेना चाहता हूं।' तो आप देखेंगे कि आप भविष्य में क्या चाहते हैं, लेकिन आपको वर्तमान में वह चीज़ आपके पास नहीं दिखाई देती। खाने का आनंद लेने का इरादा ज़ाहिर करने वाला तीसरा वाक्य आपको तुरंत अनुभव कराने लगता है। जब आप किसी चीज़ का इरादा रखते हैं तो आपका आरएएस सभी अहसासों, तसवीरों व आवाज़ों के साथ लक्ष्य हासिल करने का अनुभव पैदा करता है।

**'आप एक जीती जागती चुंबक हैं।
जीवन में आप जिस भी चीज़ को आकर्षित करते हैं,
वह आपके प्रबल विचारों के अनुरूप ही होती है।'**
—**ब्रायन ट्रेसी**, उद्यमी

विस्थापन का सिद्धांत

अभिपुष्टि दरअसल, विस्थापन के सिद्धांत पर ही काम करती है। यदि आप पानी से भरी एक बाल्टी लेते हैं और उसमें एक कप रेत डालते हैं तो रेत उतने ही आयतन पानी को बाल्टी से बाहर कर देगी। जितनी अधिक रेत आप बाल्टी में डालेंगे, उतना ही अधिक पानी विस्थापित हो जाएगा। जब बाल्टी रेत से पूरी तरह भर जाएगी, उसमें बिलकुल पानी नहीं बचेगा, क्योंकि रेत ने उसकी जगह ले ली है। इसी तरह जब आप अभिपुष्टि के ज़रिए अपने दिमाग़ को लगातार सकारात्मक विचारों से भरते चले जाते हैं तो आप नकारात्मक विचारों को विस्थापित कर देते हैं। आपको सकारात्मक अभिपुष्टियों से अपने दिमाग़ को भरते रहना है, जब तक कि ये मूल नकारात्मक विचार, शंका, भय और दुविधाओं की जगह नहीं ले लें।

आत्मछवि

आत्मछवि स्वयं की एक ऐसी स्पष्ट तसवीर है, जो हम सब ने बना रखी है। मुख्य तौर पर यह अच्छी-बुरी दोनों तरह की अभिपुष्टियों से बनती है, जो हमारे दोस्त, परिजन, समाज, धर्म तथा अन्य हमारे बारे में करते हैं और आरएएस के माध्यम से हमारे दिमाग़ में उतर गई हैं। जब हम इन अभिपुष्टियों को बार-बार खुद से कहते हैं तो ये हमारी वास्तविकता बन जाती हैं। हालांकि आरएएस हमारे लक्ष्यों और सकारात्मक संदेशों को अवचेतन मन में जाने से रोक सकता है, यदि हमारी आत्मछवि इनसे मेल नहीं खाती। यही वजह है कि विस्थापन का सिद्धांत बेहद महत्त्वपूर्ण है। जो सकारात्मक चीज़ें आप चाहते हैं, उन्हें लगातार दोहराते रहने से वे अंततः नकारात्मक चीज़ों की जगह ले लेंगी; आपकी नई वास्तविकता और नई आत्मछवि बन जाएंगी।

सत्य कथा - सैम

जब मैं सात साल का था, सैम मेरा सबसे अच्छा दोस्त था। उसकी मां हमेशा लोगों के बीच उसे डांटती रहती थी। 'तुम बहुत शरारती लड़के हो' तो उनका अपने बेटे के बारे में सबसे प्रिय कथन था। इसके अलावा वे कहती रहती थीं कि 'तुम्हारे साथ कुछ भी अच्छा नहीं होता' और 'तुम जितने बड़े होते जाओगे, तुम्हारे साथ उतना ही बुरा होगा।'

वे अपने दोस्तों व परिवार से कहती रहती थीं कि 'ये लड़का हमेशा परेशानी में डाल देता है।' हालांकि सैम के पिता ने उसे अलग तरीक़े से देखा। वे सैम पर गर्व करते थे। सैम उनकी आंख का तारा था। वे कहते थे, 'वह एक नन्हा फ़रिश्ता है' और 'वह अपनी पहचान बनाएगा– वह वास्तव में एक तेज़ दिमाग़ वाला लड़का है।'

इस बात पर कम ही लोगों ने ग़ौर किया कि जब सैम अपने पिता के साथ होता था तो वह वाकई एक फ़रिश्ते की तरह व्यवहार करता था और बहुत विनम्र होता था, जैसा कि उसके पिता उसका वर्णन करते थे। मगर जब वह अपनी मां के आस-पास होता था तो वैसा ही आतंक फैलाता था, जिसकी उम्मीद उसकी मां ने उससे रखी। सैम अपने माता-पिता दोनों की उन अभिपुष्टियों को जी रहा था, जो वे उसके बारे में करते थे। जब सैम आठ साल का हुआ, उसके पिता का एक कार दुर्घटना में निधन हो गया; उसके बाद मां ने अपने बूते उसकी परवरिश की। उसके बारे में मां की नकारात्मक अभिपुष्टियां बढ़ने लगीं और वह हर अभिपुष्टि को सही साबित करने लगा।

जल्द ही वह ख़ुद से भी यही सब कहने लगा। जब वह 12 साल का हुआ, उसे हमारा स्कूल छोड़ने के लिए कह दिया गया, क्योंकि वह 'अनुचित हरकतें' करने लगा था। सैम के बारे में उसकी मां की नकारात्मक अभिपुष्टियां ही उसकी वास्तविकता बन गई थीं। किशोरावस्था में वह सुधारगृह में आने-जाने लगा-मां की उस अभिपुष्टि को सत्य साबित करते हुए कि वह एक दिन समाज के लिए ख़तरा बनेगा। 21 वर्ष की आयु में उसे ड्रग तस्करी के आरोपों में 3 साल के लिए जेल भेज दिया गया। छूटने के बाद उसने ऑस्ट्रेलिया छोड़ दिया और अफ़्रीका जाकर पैसों के लिए लोगों को पीटने-धमकाने लगा और 'आतंकी' की अपनी आत्मछवि को जीने लगा। 27 साल की उम्र में वह नाइज़ीरिया में गोलीबारी में मारा गया।

यह कहानी महत्त्वपूर्ण है, क्योंकि यह बताती है कि कैसे हम अहमियत रखने वाले लोगों की अभिपुष्टियों को जीने लगते हैं, भले ही वे अभिपुष्टियां सकारात्मक हों या नकारात्मक।

हमारे परिजन, शिक्षक, दोस्त, रिश्तेदार, पार्टनर और समाज जब हमारे आरएएस को हमारे प्रति नकारात्मक अभिपुष्टियों से प्रोग्राम करने लगते हैं तो ये हमारे जीवन पर प्रतिकूल प्रभाव डालते हैं। हम उन अपेक्षाओं पर भी खरा उतरने लगते हैं, जो हमें ख़ुद से हैं और जिन्हें हम रोज़ाना चेतन या अवचेतन मन से ख़ुद से दोहराते रहते हैं।

आपको दूसरों के सामने अपनी अभिपुष्टियों पर स्पष्टीकरण देने की आवश्यकता नहीं है - शायद वे आपसे यही कहेंगे कि ये कारगर नहीं होंगी या यह कि आप अपना समय बर्बाद करना बंद कर दें और कुछ अच्छा करें।

दिन में सपने बनाम अभिपुष्टि

अभिपुष्टियों की सूची बना लेना, दिन में सपने देखने की तरह नहीं है। दिन में सपने देखने वाले अपने सपनों में विश्वास नहीं रखते। उनके सपने एक कल्पना हैं, वे ख़ुद भी शायद नहीं चाहते कि ये सच हों, भले ही वे संभव क्यों ना हों।

दिन में सपने देखने वाले अपने सपनों को साकार करने के लिए क़दम उठाने का इरादा कभी नहीं रखते - उनके पास कोई वास्तविक प्लान या डेडलाइन नहीं होती। वहीं जो विज़ुअलाइज़ करने की ताक़त विकसित करते हैं, वे किसी उद्देश्य के लिए ऐसा करते हैं।

अभिपुष्टि का इच्छाशक्ति से कोई लेना-देना नहीं है। इच्छाशक्ति वह चीज़ है, जब आप मानसिक या शारीरिक रूप से कुछ करने के लिए स्वयं पर दबाव डालते हैं। वहीं अभिपुष्टि लक्ष्य हासिल करने की संपूर्ण योजना का एक हिस्सा है। वह विश्वास पैदा करती है कि आप कुछ हासिल करेंगे।

आप उस हर अभिपुष्टि को चुन सकते हैं, जो आप अपने दिमाग़ में रख रहे हैं, निश्चित तौर पर यही वजह है कि जो आप कहेंगे, वही आपको मिलेगा। आपका आरएएस हक़ीक़त तथा कल्पना के बीच अंतर नहीं जानता, इसलिए वह आपके शरीर को वह अभिपुष्टि पूरी करने के निर्देश देता है, जो आपने उससे की है। इसलिए ही जब आप डेडलाइन के साथ सकारात्मक लक्ष्य तय करते हैं, अचानक आपको हर जगह अवसर दिखाई देना शुरू हो जाते हैं। आपका व्यवहार, आपका दृष्टिकोण और यहां तक कि आपके बात करने का तरीक़ा भी बदल जाता है। आप हक़ीक़त में वह सफल व्यक्ति बनना शुरू कर देते हैं, जिसकी आपने ख़ुद से अभिपुष्टि की है और आप स्व-घोषित अभिपुष्टियों को जीना शुरू कर देते हैं। जो हम कहते हैं, वही हमें मिलता है। इसे स्वतः पूरी होने वाली भविष्यवाणी भी कहा जाता है।

'आपका जीवन उससे तय नहीं होता, जो आप मुंह से कह देते हैं,
बल्कि उसमें अधिक शक्ति है,
जो आप ख़ुद से फुसफुसाते रहते हैं।'

—रॉबर्ट कियोसाकी, अमेरिकी व्यवसायी तथा सेल्फ़-हेल्प लेखक

क्या होता है जब आप कहते हैं कि 'नहीं कर सकता'?

यह साबित हो चुका है कि जब आप सोचते या कहते हैं कि किसी काम को नहीं कर पाएंगे, तो आपका दिमाग़ उस विद्युत ऊर्जा को कम कर देता है, जो शरीर के उन हिस्सों

तक पहुंच रही है, जिन्हें आप वह काम करने में इस्तेमाल करते, जिन्हें नहीं कर पाने का आपने दावा किया है। समझने के लिए इस साधारण टेस्ट को कीजिए - अपने हाथ को शरीर के बाजू में 90 डिग्री के कोण पर उठाइए, मुट्ठी बांधिए और किसी ऐसी चीज़ के बारे में सोचिए, जिसे आप बहुत अच्छे से कर सकते हैं। अब किसी से कहिए कि आपके हाथ को नीचे करने का प्रयास करे और आपका काम उसे वहीं रखना है। अब इसी टेस्ट को दोहराइए, लेकिन इस बार किसी ऐसी चीज़ के बारे में सोचिए जो आपको लगता है कि आप नहीं कर सकते। आप पाएंगे कि आपका हाथ नीचे कर रहे व्यक्ति को रोक पाने में आपको मुश्किल आ रही है और हाथ में अब उतनी मज़बूती नहीं रही। असल में आपका दिमाग़ 'नहीं कर सकता,' 'नहीं करूंगा,' 'नहीं करता' जैसे शब्दों से मेल खाने वाली तसवीर नहीं बना सकता।

सत्यकथा – स्कॉट की अभिपुष्टियां

स्कॉट ने कई असंभव लक्ष्य हासिल करने के लिए अभिपुष्टियों के इस्तेमाल का फ़ैसला लिया था। उनका तरीक़ा यह था कि 'आप जो चाहते हैं, उसे विज़ुअलाइज़ करें और दिन में एक बार इन्हें एक कतार में 15 बार लिखें, जब तक आप इन्हें पा नहीं लेते।' वे कहते हैं इसकी शुरुआत के 15 दिन के भीतर ही मेरे साथ इत्तेफ़ाक होने लगे। आश्चर्यजनक इत्तेफ़ाक, एक के बाद एक और कुछ ही माह के भीतर पहला लक्ष्य पूर्ण हो गया– ठीक वैसा ही, जैसा मैंने उसे लिखा था।

इसके बाद स्कॉट ने एक अन्य लक्ष्य को चुना : स्टॉक मार्केट से कुछ मुनाफ़ा कमाने का। वे रोज़ाना अपनी इस अभिपुष्टि को लिखते। फिर एक रात वे अचानक सपने से जागे। उनके दिमाग़ में 'क्रिसलर ख़रीदो' शब्द गूंज रहे थे। उन्होंने क्रिसलर के मुश्किल दौर में उसके शेयर ख़रीद लिए, तभी से इन शेयर्स की क़ीमत भी बढ़ने लगी और स्कॉट का स्टॉक मार्केट में पैसा लगाना सफल रहा। इसके बाद उन्होंने बर्केल स्थित यूनिवर्सिटी ऑफ़ कैलिफ़ोर्निया के एक कठिन प्रतियोगिता वाले एमबीए प्रोग्राम में शामिल होना चाहा।

वे जीमैट (ग्रैजुएट मैनेजमेंट एडमिशन टेस्ट) प्रैक्टिस एक्ज़ाम पहले ही दे चुके थे, लेकिन 77 परसेन्टाइल ही हासिल कर पाए थे, जबकि इस कोर्स में प्रवेश के लिए उन्हें कम से कम 90 परसेन्टाइल हासिल करने ज़रूरी थे। तब उन्होंने जीमैट में 94 प्रतिशत अंक हासिल करने का लक्ष्य बनाया और फिर विज़ुअलाइज़ तथा अभिपुष्टि करने वाली तकनीक को इस पर आज़माया। आख़िर वे 94 परसेन्टाइल लाने में कामयाब रहे और 1986 में बर्कले से एमबीए की डिग्री हासिल की।

जल्द ही स्कॉट ने एक और लक्ष्य निर्धारित किया – जिसे उसके दोस्त 'सनकभरा लक्ष्य' कहते थे – बेहद सफल कार्टूनिस्ट बनने का।

जून 1996 में स्कॉट एडम्स की किताब डिलबर्ट सिद्धांत न्यू यॉर्क टाइम्स की बेस्ट सेलर्स की सूची में पहले पायदान पर आ गई। नवंबर में उनकी दूसरी किताब डॉगबर्ट्स टॉप सीक्रेट मैनेजमेंट हैंडबुक ने भी बेस्टसेलर सूची मे जगह पा ली, अब इस सूची में पहले और दूसरे पायदान पर स्कॉट ही थे।

रिपोर्टर मुझसे पूछते थे कि क्या मैं डिलबर्ट कॉमिक स्ट्रिप की सफलता से हैरान हूं। हां ऐसा ज़रूर होता, लेकिन इसलिए नहीं हुआ, क्योंकि मैं अभिपुष्टियों का आश्चर्यजनक अनुभव ले चुका था। मुझे ऐसा कर पाने की उम्मीद थी।'

—स्कॉट एडम्स

अभिपुष्टि तथा कैन्सर

स्वयं के कैन्सर ग्रस्त होने का पता चलने के बाद, मैं लिम्फ़ोमा, ब्रेस्ट, लंग, लिवर, थायरॉइड, इसोफ़ेगस, ओवेरीअन, मेलेनोमा जैसे हर तरह के कैन्सर से जूझ रहे सैकड़ों लोगों से मिला हूं। जिनसे मैं मिला या सलाह-मशविरा किया, उनमें से अधिकांश लोग अब नहीं रहे। मुझसे अक्सर लोग पूछते रहे हैं कि कैन्सर के बाद जो लोग जीते हैं और जो मर जाते हैं, उनमें क्या फ़र्क़ होता है। यहां एक ही प्रमुख अंतर है : जो जी रहे हैं, उन्होंने जीने का फ़ैसला लिया और यह लक्ष्य हासिल करने के लिए ज़रूरी क़दम उठाए तथा कर्म भी किए। उन चीज़ों के लिए सकारात्मक अभिपुष्टियों का इस्तेमाल भी किया, जो वे करने का इरादा रखते थे।

जिन्हें यह लगता था कि वे मर जाएंगे, नहीं बचे। निश्चित रूप से जो सकारात्मक सोच रखते थे, उनमें से भी कुछ ने जान गंवाई और कुछ नकारात्मक सोच वाले ज़्यादा जीए, लेकिन मोटे तौर पर देखें तो, जो जीवित रहे उन्होंने जीने की ठानी थी और जो नहीं जिए, उन्होंने ऐसा कोई निश्चय नहीं किया था। कैन्सर के मरीज़ों से 20 साल से ज़्यादा समय तक मिलने के बाद मैंने यही पाया, भले ही उनके कैन्सर का प्रकार, उन्हें मिल रहा उपचार कैसा भी हो। जब आप अपने आरएएस से कहते हैं कि यह करना है तो वह कर देता है - अच्छा हो या बुरा।

सारांश

ऐसे लोगों की अनगिनत कहानियां हैं, जिन्होंने अभिपुष्टि के इस्तेमाल से दिमाग़ को अपने इरादों पर केंद्रित किया, अपनी सफलता को समय से पहले विज़ुअलाइज़ कर लिया और इस तरह लक्ष्य पाने में सफल रहे।

आज से, जब भी आप कुछ नकारात्मक कहें, उसे फिर से सकारात्मक रूप से दोहराएं। लक्ष्य भौतिक रूप से पूर्ण होने से पहले *मन से पूर्ण* होने चाहिए, क्योंकि कोई भी व्यक्ति स्वयं द्वारा तय की गई सीमाओं से आगे नहीं बढ़ सकता। विज़ुअलाइज़ करना तथा अभिपुष्टियां आपकी सफलता के मार्ग की बाधाओं को गिरा सकती हैं और आपको अधिक रचनात्मकता तथा उन संभावनाओं को हासिल करने के लिए स्वतंत्र कर देती हैं, जिनका साकार होना आपने सपने में भी नहीं सोचा होगा।

आप यह अभिपुष्टि कर हिम्मत जुटा सकते हैं कि *'मैं हर समस्या से सीधे लड़कर और उससे उबरने के भरोसे के साथ, उसे हल करता हूं।'*

यह कहकर पहल की जा सकती है कि 'मैं थकान को बोरियत से बेहतर मानता हूं। जब मैं किसी काम को चुनता हूं तो उसमें लगाने के लिए मेरे पास प्रचुर मात्रा में ऊर्जा होती है।'

यह अभिपुष्टि कर ईमानदारी विकसित की जा सकती है कि *'मैं ख़ुद के और दूसरों के प्रति हर समय और हर परिस्थिति में ईमानदार हूं।'*

आपका जीवन आपकी पूर्व अभिपुष्टियों का योग है। जब भी हम अभिपुष्टियों का इस्तेमाल करते हैं, पुनर्बलन का नियम हमारे लिए काम करना शुरू कर देता है। यानी सबसे पहले हम उन क्षमताओं और बदलावों को तलाशना शुरू करते हैं, जिनकी पुष्टि हमने ख़ुद से की थी और फिर उन चीज़ों को वास्तविक दुनिया में देखने लगते हैं, जो हम देखना चाहते हैं। वैसे ही, जैसे डैरन ने स्पिनिंग बैक-किक के मामले में, स्कॉट ने डिलबर्ट तथा सैम ने अपने छोटे-से जीवन में किया था। हम उस व्यक्ति की तरह पेश आने लगते हैं, जैसा बनने का हमने संकल्प लिया है।

हमारा चलना, यहां तक कि हमारी बॉडी लैंग्वेज भी बदलना शुरू हो जाती है। बातचीत का लहज़ा भी उस शख़्स की तरह हो जाता है। हम हक़ीक़त में एक अलग व्यक्तित्व बन जाते हैं। डैरन स्कॉट तथा सैम की तरह - हम वैसा पेश आना शुरू कर देते हैं, जैसा हम चाहते हैं।

सभी सफल एथलीट अपने खेल का शारीरिक तथा मानसिक दोनों प्रकार का अभ्यास करते हैं। एक सफल धावक लगातार अभ्यास कर सिर्फ़ अपनी मांसपेशियां ही नहीं बनाता, बल्कि उसके दिमाग़ में प्रत्येक दौड़ जीतते हुए ख़ुद की तसवीर भी होती है। यदि एथलीट ख़ुद को सभी प्रत्याशियों के सामने फ़िनिशिंग लाइन पार करते हुए देख

और महसूस नहीं कर सकता तो उसके जीतने की संभावना कम ही होगी। हमेशा ख़ुद को जीतते हुए देखिए। आप जो ख़ुद से कहेंगे, वही होगा।

'जो कहता है कि "मैं कर सकता हूं" और जो कहता है कि "मैं नहीं कर सकता" वे दोनों ही सही हैं, तक़रीबन हर बार।'

—हेनरी फ़ोर्ड

उस चीज़ के बारे में कभी ना सोचें, जो आप नहीं चाहते। सिर्फ़ उसके बारे में सोचें, जो आप चाहते हैं, परिस्थिति की परवाह किए बिना। आप जिस चीज़ के बारे में सोचते हैं और जो अभिपुष्टि करते हैं, सामान्यतः वही आपको मिलेगा।

एक बूढ़े व्यक्ति ने अपने पोते से कहा,
'बेटा हम सभी के भीतर दो भेड़ियों की लड़ाई होती रहती है।'
एक बुरा है। वह है - क्रोध, ईर्ष्या, लालच,
असंतोष, हीनता, झूठ तथा अहम। दूसरा अच्छा है। वह है -
शांति, उम्मीद, ख़ुशी, प्यार,
मानवता, कृपा, हमदर्दी तथा सच्चाई।'

लड़का थोड़ा सोचता है और पूछता है कि 'दादाजी
फिर कौन-सा भेड़िया जीतता है?'

बूढ़ा व्यक्ति धीरे से जवाब देता है,
'जिसका आप पालन-पोषण करते हो।'

9

नई आदतें विकसित कीजिए

अधिकांश लोग असल में सच्चाई सुनना ही नहीं चाहते। वे सिर्फ़ इस बात का आश्वासन चाहते हैं कि जो वे मानते हैं, वह सच है।

किसी बड़ी उपलब्धि का प्रयास करने और सफल होने के लिए आपको कुछ आदतें डालनी होंगी और नुक़सान पहुंचाने वाली आदतों को स्वीकारना और त्यागना होगा। उदाहरण के लिए वे आम आदतें, जो लोगों को सफल होने से रोकती

हैं, वे हैं - ज़ंक फ़ूड खाना, पलटकर फ़ोन कॉल नहीं लगाना, लोगों के नाम भूल जाना, स्वास्थ्य तथा सेहत के लिए समय नहीं निकालना, टीवी ज़्यादा देखना, धूम्रपान करना, ड्रग या शराब का सेवन करना, हमेशा लेट आना और दूसरों की गालियों को सहन करना। वहीं सफल व्यक्ति की आदतें हैं - सप्ताह में कम से कम तीन बार व्यायाम, अपॉइंमेंट्स लेकर समय पर पहुंचना, टाइम मैनेजमेंट प्लान होना, लक्ष्य निर्धारित करना, जिनका फ़ोन नहीं उठा सके, उन्हें पलटकर फ़ोन लगाना, ख़र्चों पर नियंत्रण, गाली-गलौज करने वालों से दूर रहना तथा स्वस्थ जीवनशैली जीना।

मानव व्यवहार का 80 फ़ीसदी से ज़्यादा उसकी आदतों का ही नतीज़ा होता है - ये वो आदतें हैं, जिन्हें हम लगातार दोहराते रहते हैं, बिना उनके बारे में सोचे। यह ज़रूरी भी है, क्योंकि अगर हमें हर काम में सोच-समझकर निर्णय लेना पड़े - जैसे खाने में, ब्रश करने में, तैयार होने में, कार चलाने में या ज़ॉब में - तो जीवन बेहद तनावभरा तथा बोझिल हो जाएगा। ये दोहराई जाने वाली आदतें ही हैं, जो हमें ब्रश करते समय भी चलने-फिरने तथा बात करते व तैयार होते समय दिनभर की योजना मन ही मन बना लेने की स्वतंत्रता देती हैं।

आदतें कैसे बनती हैं

आपने कभी सर्कस के हाथी को देखा हो तो ध्यान दिया होगा कि सिर्फ़ एक पतली-सी चेन या रस्सी उसके पैर में बंधी है और उसे ज़मीन में गड़े एक खूंटे से बंधा गया है। किसी भी हाथी को यह खूंटा उखाड़ने और चेन तोड़ने में मुश्किल नहीं होगी। फिर भी पूर्ण रूप से वयस्क कोई हाथी इससे आज़ाद होने का प्रयास नहीं करता। तो ये सब कैसे संभव है?

दरअसल, सर्कस के हाथी जब बाल अवस्था में होते हैं, तब उनके एक पैर को मज़बूत जंज़ीर से कंक्रीट के एक बड़े ब्लॉक से रोज़ाना कई घंटों के लिए बांधा जाता है। हाथी कितना भी खींचे, झटके दे दें, चिल्ला लें, चिंघाड़ लें, यह चेन नहीं टूटती। ऐसे में जब वे बड़े होते हैं, तब भी उन्हें यही ध्यान रहता है कि वे कितना भी प्रयास कर लें, इसे तोड़ पाना नामुमकिन है। अंततः वे प्रयास करना ही छोड़ देते हैं। यह मानने के लिए वे मानसिक रूप से ढाल दिए जाते हैं कि जब उनके पैरों में बेड़ियां डली होती हैं और वे खूंटे से बंधे होते हैं, तो छूट पाना नामुमकिन है, भले ही चेन कितनी ही हल्की और खूंटा कितना ही कमज़ोर क्यों ना हो। फिर जब-जब यह बेड़ी उनके पैर में डाली जाती है, वे मानसिक रूप से बंध जाते हैं।

इसी तरह जिस दिन से हम जन्मे हैं, हमें भी हमारे ट्रेनर्स ने ढाला है। शरीर तथा कुछ प्राकृतिक प्रवृत्तियों को छोड़, हम ख़ाली दिमाग़ लेकर दुनिया में आए हैं और हम जो भी करते या सोचते हैं वह हमारे 'ट्रेनर्स' - हमारे माता-पिता, भाई-बहन, दोस्तों,

शिक्षकों, विज्ञापनों, समाज, धर्म, टीवी, मीडिया तथा इंटरनेट- द्वारा किए गए अनुकूलन का परिणाम है। इनमें से अधिकांश अनुकूलन सूक्ष्म तथा दोहराए जाने वाले होते हैं, जो आरएएस के माध्यम से हमारे अवचेतन मन में चले जाते हैं और बाद में निर्णय लेने के लिए स्टोर हो जाते हैं। इनमें से कुछ अनुकूलन का काम हमें सुरक्षित रखना होता है, जबकि अधिकांश हमारे व्यक्तिगत विकास को प्रभावित करते हैं। परिणामस्वरूप, हम भी मानसिक तथा भावनात्मक बेड़ियों में क़ैद हो जाते हैं।

> हमारे माता-पिता हमसे कहते हैं, *'बच्चे देखने के लिए हैं, सुनने के लिए नहीं।'*
> हमारे शिक्षक हमसे कहते हैं, *'तब बोलो, जब तुमसे कहा जाए।'*
> हमारे दोस्त हमसे कहते हैं, *'सुरक्षित नौकरी कभी मत छोड़ो।'*
> समाज कहता है, *'क़र्ज़ चुकाओ और रिटायरमेंट के लिए पैसा जोड़ो।'*
> धर्म वाले कहते हैं, *'नियमों का पालन करो - नहीं तो परिणाम बुरे होंगे।'*

अनजाने में अधिकांश लोग इन कहावतों को वो अभिपुष्टियां बनने की छूट दे देते हैं, जिनके सहारे वे जीते हैं। मीडिया लगातार हमसे कहता है कि हम कुछ ख़ास अच्छे नहीं हैं। ख़ुश रहने के लिए हमें दुबला, सुंदर त्वचा वाला, चमकदार बाल, सफ़ेद दांत व सुगंध वाला होना चाहिए, डेटिंग साइट ज़्वाइन करना चाहिए, हैमबर्गर खाना चाहिए, पैसा उधार लेना चाहिए और ऊंचे क़िस्म की लाटे कॉफी पीना चाहिए। ये संदेश सूक्ष्म होते हैं, बार-बार दोहराए जाते हैं और हमारी मान्यताओं का हिस्सा बन जाते हैं।

जीवन के निर्माणात्मक वर्षों से गुज़रते हुए जब हम बड़े होते हैं, तब हमें लगातार यही कहा जाता है कि हम क्या नहीं कर सकते, बजाय इसके कि हम क्या कर सकते हैं। जैसे एक हाथी को यह मानने के लिए ढाल दिया जाता है कि वह नहीं छूट सकता, वैसे ही हम 'नहीं कर सकते' स्वभाव वाले व्यक्ति बन जाते हैं। यह नकारात्मक, दोहराए जाने वाला अनुकूलन हमें सफल होने से रोक सकता है।

आप केवल उन दीवारों में सीमित हैं,
जो आपने स्वयं बनाई हैं।

नई आदतें बनाना

अधिकांश लोगों ने सकारात्मक से अधिक नकारात्मक आदतें डाल रखी हैं। ऐसे में वे जीवन की परिस्थितियों पर प्रतिक्रिया, ऐसे दोहराए जाने वाले व्यवहार से देते हैं, जो या तो काम नहीं करता या उसके परिणाम नकारात्मक सामने आते हैं। इन नकारात्मक आदतों तथा नज़रिए में से ज़्यादातर का निर्माण बचपन में ही हो जाता है, क्योंकि एक 5 साल का बच्चा 'हां' की तुलना में औसतन 11 बार 'ना' सुन चुका होता है।

परिणामस्वरूप, अधिकांश लोग वयस्क अवस्था में ऐसी आदतें व नज़रिया लेकर पहुंचते हैं, जो उन्हें कहीं नहीं ले जाता।

एक सामान्य पांच साल का बच्चा दिन में 11 बार 'हां' तथा 121 बार 'नहीं' सुनता है।

आप हर दिन ऐसी परिस्थितियों का सामना करते हैं, जिनका हल चाहिए होता है। इसलिए सही परिणाम देने वाली सकारात्मक आदतों को विकसित करना आपके लिए ज़रूरी है और यह हर तय लक्ष्य को पाने की आपकी सफलता के लिए भी महत्त्वपूर्ण है। जब इन रोज़ाना की परिस्थितियों से निपटने के प्रयास में आप सकारात्मक व्यवहार अपनाते हैं तो जब भी आप किसी घटना या परिस्थिति का सामना करते हैं, ऐसा ही होता है। ऐसे में जब भी कुछ होता है, आपको सोच-विचारकर चुनाव या फ़ैसला करने की ज़रूरत नहीं पड़ती।

ऐसे व्यवहार को दोहराते-दोहराते आपका दिमाग़ याद रखने लगता है कि किस घटना से निपटने के लिए उसे किस रास्ते को चुनना है और यह 'ऑटोमैटिक मॉड' में चला जाता है। इसका मतलब यह है कि आप सही जवाब को सोचने में समय तथा ऊर्जा नहीं गंवा रहे होते।

सोच से जुड़ी आदतें

जिस तरह सोचने की आपकी आदत है, उसे 'दृष्टिकोण' कहते हैं। असल में आपके करने से जुड़ी आदतों की तुलना में सोचने की आदतों से निपटना ज़्यादा कठिन है, क्योंकि किसी भी विचार को त्याग देना और बदलने की कोशिश करना कठिन होता है। यही वजह है कि अपने विचारों तथा दृष्टिकोणों को काग़ज़ पर लिखना ज़रूरी है : इस तरह आप हर एक विशिष्ट विचार, आपके दिमाग़ की स्पेगेटी बॉल के प्रत्येक तंतु का विश्लेषण कर पाते हैं। उदाहरण के लिए कम्बोडिया में टिड्डे, मकड़ियां, कीड़े, कॉकरोच को खा लेना बेहद आम बात है और इन्हें बहुत ही स्वादिष्ट व्यंजन माना जाता है। पश्चिम के लोगों में बहुत ही कम हैं, जिन्होंने इन व्यंजनों को आज़माया है। ज़ाहिर है, इनमें से अधिकांश का रुख़ कीड़े खाने के प्रति स्पष्ट होगा और अधिकांशतः नकारात्मक। सामान्य तौर पर यह रुख़ कीड़ों की बीमारियों से संबंध की वजह से है, ना कि उनके पोषक गुणों पर आधारित। जब मेरा बेटा ब्रैंडन तथा मैं साइबेरिया में थे, हमारे मेज़बानों ने हमें जो

खाना परोसा, उसमें बैल की जीभ, सूअर के पैर, गाय की आंखें, भेड़ का भेजा और बहुत कुछ ऐसा था, जो हम पहचान भी नहीं पाए। अधिकांश गैर-साइबेरियाई ऐसे किसी भोजन के विचार से भी सहम सकते हैं और ख़ुद को बीमार महसूस करने लग सकते हैं, क्योंकि उनके आरएएस को यह सब खाते हुए तसवीर भेजी गई है।

किंतु यदि आप ऐसे किसी भोजन के सिर्फ़ पोषक गुणों के बारे में सोचें तो उसे खाने की लड़ाई लड़ सकते हैं - जैसा हमने किया। जीवन में कुछ भी हासिल करने की शुरुआत, आरएएस को उन चीज़ों की सकारात्मक तसवीरों से भरने से होती है, जो आप चाहते हैं।

ख़राब दृष्टिकोण किसी पिचके हुए टायर की तरह है, इसे दुरुस्त किए बिना आप कहीं नहीं जा सकते।

बहुत सारे लोगों को नकारात्मक आदतें बदलने में परेशानी आती है, इसलिए कि वे सिर्फ़ उस आदत से जुड़े शारीरिक कृत्यों में तब्दीली करना चाहते हैं, बजाय उसके मूल कारण-विचार को बदलने के। आप बेहद आसानी से कांटे वाले चम्मच से भेड़ का भेजा उठाकर खा सकते हैं, लेकिन आपको ऐसा क्यों करना चाहिए, इसे लेकर दृष्टिकोण को बदले बिना यह आपकी स्थायी आदत नहीं बन सकता।

उत्साह, स्वाभिमान, दृढ़ संकल्प और आत्मविश्वास ये सभी सोचने के स्वाभाविक, सकारात्मक तरीक़े हैं; वैसे ही जैसे टाल-मटोल, इनकार तथा शिकायतें स्वाभाविक, नकारात्मक तरीक़ों में से एक।

आत्मविश्वास दरअसल, आपके सोचने के तरीक़े से जुड़ी आदत है। विश्वास का मतलब है कि आप जानते हैं, जिस काम का बीड़ा आपने उठाया है, वह आपको सकारात्मक परिणाम देगा। मगर यह विश्वास आपके मन में सिर्फ़ तब आएगा, जब आपने उस काम को कई अलग-अलग तरीक़ों से किया होगा और अपने लिए सही रास्ता तलाश लिया होगा। किसी नए काम में ज़्यादातर कोशिशें अक्सर तत्काल अच्छे परिणाम नहीं देतीं। यही वजह है कि नाकाम होना भी सफलता का एक अहम हिस्सा है : जितना अधिक आप नाकाम होंगे, लक्ष्य तक पहुंचे का सही रास्ता आपको उतना अधिक समझ आने लगेगा और आप उतने ही अधिक आत्मविश्वासी बनेंगे।

**किसी बड़ी सफलता के लिए असफलता आवश्यक है।
अगर आप तेज़ी से सफल होना चाहते हैं तो अपने
असफल होने की दर को दोगुना कर दें।**
—ब्रायन ट्रेसी

निरंतरता बनाए रखें

उत्पादक तथा सफल लोग लगातार उन चीज़ों का अभ्यास करते हैं, जो उनके लिए महत्त्वपूर्ण हैं। सर्वश्रेष्ठ वेटलिफ़्टर प्रत्येक सप्ताह उसी समय आपको ज़िम में मिलेगा। इसी तरह अच्छा लेखक रोज़ाना की-बोर्ड लेकर बैठा नज़र आता है। यही सिद्धांत श्रेष्ठ लीडरों, माता-पिता, प्रबंधकों, संगीतकारों तथा डॉक्टरों पर भी लागू होता है। श्रेष्ठ प्रदर्शन करने वालों के लिए यह प्रदर्शन की नहीं, बल्कि लगातार अभ्यास की बात है।

एक हारे हुए व्यक्ति की बुरी आदतों की सूची में सामान्यतः यह सब होता है :

दूसरों को खुद का मज़ाक़ बनाने की अनुमति देना
टाल-मटोल करना
डायरी साथ नहीं रखना
सुनने के बजाय बोलना ज़्यादा
हमेशा देर करना
जंक फूड खाना
फ़िटनेस पर ध्यान नहीं देना
तनावपूर्ण रिश्ते
वित्तीय संकट
नाखुश रहना
दूसरों को हंसी-मज़ाक़ से रोकना
वह जॉब करते रहना जो पसंद नहीं हो।

नई, उत्पादक आदतें विकसित करने लिए आपको पहले उन गैर-उत्पादक आदतों की सूची बनानी होगी, जो आप में हैं। यदि आपको किसी तरह की आशंका है तो अपने दोस्तों व सहकर्मियों से मदद के लिए कहिए। आप कहीं अटक गए हैं तो अपने रिश्तेदारों से पूछिए - वे जल्दी ही आपको इसकी एक लंबी सूची थमा देंगे।

सबसे आम नकारात्मक कहावतें

इस बात को बेहद कम लोग महसूस करते हैं कि कहावतें जैसे कि *'मैं कोशिश करूंगा'* तथा *'मेरे पास समय नहीं है'* या *'मैं बहुत व्यस्त हूं,'* वे स्वाभाविक नकारात्मक अभिपुष्टियां हैं, जो हारे हुए लोग इस्तेमाल करते हैं।

'मेरे पास समय नहीं है' असल में स्कूल में बच्चों द्वारा इस्तेमाल बहाने *'कॉपी गुम हो गई'* का ही विकसित वर्ज़न है। *'मैं कोशिश करूंगा'* का इस्तेमाल कम सफल लोगों द्वारा किया जाता है, जो पहले ही घोषणा कर देते हैं कि उन्हें इस काम में सफल होने की उम्मीद नहीं है। *'मैं काफ़ी व्यस्त हूं'* कहता है कि यह व्यक्ति अव्यवस्थित है या फिर आपकी गुहार उसके लिए कोई मायने नहीं रखती।

कोई भी व्यक्ति हमेशा व्यस्त नहीं हो सकता – यह सिर्फ़ उसकी प्राथमिकताओं की बात है।

आप इन तीन बेहद सरल तकनीकों की मदद से नकारात्मक विचारों की आदत तथा नज़रिए को बदल सकते हैं :

1. *यह स्वीकारना कि आप में नकारात्मक आदत है।*
2. *उस आदत के स्रोत का पता लगाना।*
3. *एक नई सकारात्मक आदत विकसित करना और नकारात्मक को इससे बदलने के लिए विस्थापन के सिद्धांत का इस्तेमाल करना।*

यदि आप उस नकारात्मक आदत के बारे में ध्यान से सोचेंगे, जिसे शायद आपने अपना लिया है तो आप आसानी से उसकी जड़ का पता लगा सकते हैं। सोचने की आदत बदलने के लिए, अपने नए विचारों को लिखें और विज़ुअलाइज़ेशन तथा अभिपुष्टि के ज़रिए उसे अपने आरएएस में उतार लें, ताकि वह स्थायी हो जाए। यह सिर्फ़ सोचने के एक तरीक़े को दूसरे से बदलने की प्रक्रिया है। वैसी ही प्रक्रिया, जिसका इस्तेमाल लोगों ने पहले अपनी बुरी आदतें विकसित करने के लिए किया था।

आपके मार्गदर्शन के लिए यहां सफल तथा असफल लोगों की कुछ आम आदतों का जिक्र है :

सफल लोग	**असफल लोग**
दूसरों की तारीफ़ करना	*आलोचना करना*
माफ़ करना	*शत्रुता रखना*
दूसरों को सफल होने के लिए प्रोत्साहित करना	*नाकामी की उम्मीद करना*
चीज़ों का मज़ाकिया पक्ष देखना	*बातों का बुरा मान जाना*
आभारी होना	*चीज़ों पर अपना हक़ समझना*
योजनाओं के बारे में बातें करना	*लोगों के बारे में बातें करना*
नियमित पढ़ना	*टीवी अधिक देखना*
ज़रूरी कामों की सूची बनाना	*चीज़ों के हाथ से निकल जाने के बाद भरपाई की कोशिश करना*
सीखते रहना	*इन्हें लगता है कि वे सबकुछ जानते हैं*
दूसरों को श्रेय देना	*पूरा श्रेय लेने का प्रयास करना*
नाकामी की ज़िम्मेदारी स्वीकारना	*दूसरों पर आरोप लगाना*
सूचनाओं तथा जानकारियों को साझा करना	*अपने तक ही रखना*
बदलाव की अपेक्षा रखना और उसे अपनाना	*बदलाव से डरना*
योजनाएं और निर्धारित लक्ष्य होना	*कोई योजना या लक्ष्य नहीं होना*

इनमें से दाहिनी तरफ़ दी गईं आदतों में से उन पर गोल या सही का निशान लगाइए, जो आप में भी हैं और फिर उसे बदलने के लिए बाईं ओर उसी के सामने दी गई आदत का इस्तेमाल करें।

नए दोस्त बनाइए

आपको पसंद आए या ना आए, लेकिन आप उन पांच लोगों का औसत बन जाएंगे, जिनके साथ ज़्यादा घूमते-फिरते हैं। यदि आप अपने दोस्तों में सबसे सफल व्यक्ति हैं तो आप पर दूसरों का एक अदृश्य व निरंतर दबाव होगा, जो आपको धीरे-धीरे अपने समूह की औसत आय, औसत उपलब्धियों, औसत संपत्ति तथा औसत दृष्टिकोण की ओर खींचेगा।

इसके ठीक उलट समूह का सबसे कमज़ोर व्यक्ति औसत के क़रीब खिंचे चले जाने के कारण सर्वाधिक फ़ायदे में रहेगा। आपके पालक इस सिद्धांत को समझते हैं, यही वजह है कि वे लगातार आपको उन बच्चों से दूर रखने की कोशिश करते रहे, जिन्हें वे 'बुरा' या 'ग़लत रास्ते पर चलने वाला' मानते थे।

इसलिए जब भी दोस्तों की बात आए तो सोच-समझ कर चयन कीजिए। अभी तय कीजिए कि ऐसे लोगों के बीच रहेंगे, जिन्होंने वो हासिल किया है, जो आप करना चाहते हैं या फिर वे जो उस दिशा में जा रहे हों, जहां आप जाना चाहते हैं। आप नकारात्मक लोगों के साथ रहकर सकारात्मक जीवन नहीं जी सकते। वैसे इसका मतलब यह नहीं है कि आप अपने पुराने दोस्तों को छोड़ दें। आपको बस नए दोस्त जुटाने हैं, जिनका प्रभाव आपको ऊंचा उठाने में मदद करे।

ख़ुद में सुधार करने का सबसे अच्छा तरीक़ा यह है कि बेहतर लोगों से घिर जाएं। वे आपको भी बेहतर शख़्स बना देंगे।

अब आपको यह करना है : हर उस शख़्स के नाम की सूची बनाइए, जिसके साथ आप समय बिताते हैं। इसमें परिवार के लोगों, सहकर्मियों, पड़ोसियों तथा पुराने स्कूली दोस्तों को भी शामिल कीजिए। फिर उन नामों के आगे सही का निशान लगाइए, जिनका आपके जीवन पर सकारात्मक प्रभाव है, जो आपको बेहतर करने के लिए प्रोत्साहित करते हैं और जो ख़ुद आगे बढ़ रहे हैं। अब उन लोगों के नाम के आगे ग़लत का निशान बनाइए, जो नकारात्मक हैं, कहते हैं कि ऐसा नहीं हो सकता, आपकी आलोचना करते हैं, हर चीज़ के लिए दूसरों पर आरोप लगाते हैं, आपके प्रति ईर्ष्या रखते हैं या हमेशा आपसे यही कहते हैं कि चीज़ें कितनी बुरी हैं।

इसके बाद : अब आपने जिन लोगों के नाम के आगे ग़लत का निशान बनाया है, उनके साथ समय बिताना बंद कर दें! यदि यह मुश्किल है (उदाहरण के लिए कि आप एक़ दफ़्तर में काम करते हों) तो कम से कम उनके साथ जुड़ाव कम कर दीजिए। सिर्फ़

इसलिए नकारात्मक लोगों के साथ समय बिताना ज़रूरी नहीं है कि उन्हें आप लंबे समय से जानते हैं या उनसे क़रीब का रिश्ता है। हालांकि इसका अर्थ यह नहीं है कि अब आप उन्हें उतना प्यार नहीं करेंगे, बस अब उनकी नकारात्मक मूर्खतापूर्ण बातों को सुनने में और समय बर्बाद नहीं करेंगे। उदाहरण के लिए, यदि कोई आपके क़रीब होकर या आपको फ़ोन कर आपके जीवन में तनाव पैदा करता है या फिर आपको सपनों या लक्ष्य तक पहुंचने से रोकता है तो उनके साथ समय बर्बाद करना बंद कर दीजिए।

नकारात्मक सोच वाले, नफ़रत फैलाने वाले, आपके सपनों को असंभव बताने वाले और नकारात्मक टिप्पणियों से आपकी सकारात्मक ऊर्जा कम करने वालों से दूर रहिए।

सत्य कथा : मिशेल तथा गेल

गेल लोगों के बारे में गपशप करने के लिए और यह बताने के लिए मिशेल को कॉल करती थी कि उसकी ज़िंदगी कितनी बदतर है, हर पुरुष किस तरह घटिया है और भविष्य कितना विकट होने वाला है। मिशेल ने गेल को लगातार यह सलाह दी कि वह चीज़ों को बेहतर कैसे बनाए, लेकिन गेल ने किसी सलाह को गंभीरता से नहीं लिया। उसके फ़ोन कॉल अक्सर एक घंटे से ज़्यादा लंबे होते थे और इनकी वजह से मिशेल भी नकारात्मक और दुखी हो जाती थीं। इतना ही नहीं, अपने बच्चों पर भी वे जल्दी गुस्सा करने लगी थीं। इन फ़ोन कॉल्स की वजह से कई बार उनकी कामवासना हफ़्तों तक ग़ायब हो जाती थी।

मिशेल ने हमारी सूची बनाने वाली पद्धति का इस्तेमाल किया और गेल के नाम के आगे क्रॉस का निशान लगा दिया। यह मुश्किल ज़रूर था, क्योंकि वे दोनों चचेरी बहनें थीं। आप देखेंगे कि गेल 'आनुवंशिक दायित्व' के बहाने मिशेल को बलि के बकरे की तरह इस्तेमाल कर रही थी। यानी 'आपका मुझसे रिश्ता है तो मेरी मूर्खतापूर्ण बातें सुनना आपका दायित्व है।' मिशेल ने तय किया कि जब गेल रात में फ़ोन लगाएगी तो वह अपने पति से फ़ोन उठाने के लिए कहेंगी। पति कह देगा कि मिशेल मौजूद नहीं है या कही बाहर गई हैं। कभी अनजाने में फ़ोन मिशेल ने उठा लिया तो वह उसे सलाह देना बंद कर देंगी और गेल नकारात्मक बात करेगी तो वे विषय बदल देंगी।

नतीज़ा यह निकला कि दो सप्ताह के भीतर गेल ने मिशेल को इस तरह के नकारात्मक फोन कॉल करने बंद कर दिए और परिवार के अन्य बदक़िस्मत सदस्यों

को कॉल करने शुरू कर दिए। आज मिशेल तथा गेल जब भी किसी पारिवारिक कार्यक्रम में मिलते हैं तो उनमें पहले से बेहतर बातचीत होती है, क्योंकि गेल को अहसास है कि सकारात्मक ऊर्जा घटा देने वाले लोगों को मिशेल अब अपना और अधिक इस्तेमाल नहीं करने देंगी।

ऐसे लोगों के साथ रहें, जो आपके भीतर से सर्वश्रेष्ठ बाहर लाएं, ना कि तनाव को।

अधिकांश लोग ग़लत जीवनसाथी के साथ सिर्फ़ इसलिए रह रहे होते हैं कि वे लंबे समय से साथ हैं, दावा करते हैं कि वे 'पुराने संबंधों' या 'बच्चों की ख़ातिर' साथ हैं, जबकि इस स्थिति में वे बच्चों के लिए अच्छे रोल मॉडल नहीं होते। वहीं, अन्य लोग परिवार के नकारात्मक सदस्यों को सिर्फ़ इसलिए बर्दाश्त करते रहते हैं कि उनके बीच रिश्ता है। किंतु समय तथा आनुवंशिकी आपको किसी का नौकर नहीं बना देते और दुनिया में 'आनुवंशिक दायित्व' नाम की भी कोई चीज़ नहीं है। यदि आप जीवन में आगे बढ़ना चाहते हैं और आपने अपनी सूची में किसी के नाम के आगे क्रॉस लगा दिया है तो उनसे बातचीत कम कर दें या ख़त्म कर दें। कुछ लोगों को यह विचार विवादास्पद लग सकता है, लेकिन याद रखें कि यदि आपके वर्तमान क़रीबी दोस्त आपको जीवन में सुधार के लिए प्रोत्साहित नहीं कर रहे तो शायद वे आपको कमज़ोर कर रहे हैं या पीछे खींच रहे हैं। हम यह नहीं कह रहे कि आपके पास विभिन्न क़िस्म के दोस्त नहीं होने चाहिए - हम सिर्फ़ यह कह रहे हैं कि आप उन पांच लोगों का औसत बन जाएंगे, जिनके साथ आप ज़्यादा समय रहते हैं। यदि आप वह औसत नहीं बनना चाहते तो चीज़ों को बदलिए। एक बार जब आप ख़ुद को नकारात्मक लोगों से मुक्त कर लेंगे, सकारात्मक लोग आपके सामने आ जाएंगे।

यदि आप पांच करोड़पति लोगों के साथ रहते हैं तो आप छठे करोड़पति बन जाएंगे। यदि पांच कंगालों के साथ रहते हैं तो छठे कंगाल।

कुछ लोग करोड़पति और कंगाल वाले इस कथन पर बहस कर सकते हैं। फिर भी इनके गहन विश्लेषण में निकलेगा कि कंगाल शख़्स ही हैं, जो दूसरे कंगालों के साथ घूमते हैं। आप नकारात्मक लोगों की संगत में रहकर जीवन में सकारात्मक परिणामों की उम्मीद नहीं कर सकते।

जैसे-जैसे आप ख़ुद में सुधार करते हैं और बेहतर चीज़ों की ओर बढ़ते हैं, उन्हें नज़रअंदाज़ करते चलें, जो निंदा करते हैं, आपके सपनों को व्यर्थ बताते हैं और जो मानसिक रूप से पीड़ित हैं या व्यर्थ बातें करते हैं; जब तक कि उन मूर्खतापूर्ण बातें करने वालों से निपटने का आप में भरोसा नहीं आ जाता, जिनसे जीवन में आपका सामना होगा। पूरे होशोहवास में यह निर्णय लीजिए कि सकारात्मक और ऊंचा उठाने वाले लोगों के बीच ही रहेंगे, जो आपको वहां जाने के लिए प्रोत्साहित करें, जहां आप जाना चाहते हैं और उनके बीच, जो लक्ष्य पर पहुंचने के बाद आपकी सराहना करें।

पेड़ पर बैठे किसी पक्षी को डाल के टूटने का भय कभी नहीं होता, क्योंकि उसे डाल पर नहीं, अपने पंखों पर भरोसा है।

सारांश

अच्छी आदतें आपको सकारात्मक परिणाम देंगी। वहीं, बुरी आदतें ज़िंदगी में जो मिल रहा है, उससे और अधिक नकारात्मक। विचारों के चयन तथा आदतों पर हमेशा आपका तक़रीबन पूरा नियंत्रण होता है।

सरल शब्दों में कहें तो सफल लोगों की आदतों की नक़ल आपको उस सफलता की ओर ले जा सकती है, जो आप चाहते हैं। वहीं ग़ैर-उत्पादक आदतें आपके लिए गले में लटके वज़नदार पत्थरों के समान हैं, जो आपको आगे बढ़ने से रोकती हैं। किसी व्यवसाय में अंततः आपका सफल होना -या ना होना- आपके स्वाभाविक विचारों तथा दृष्टिकोण से नियंत्रित होगा।

एक बार में किसी एक गैर-उत्पादक आदत को किसी सकारात्मक आदत से बदल देने की योजना बनाइए। ख़ुद से एक समझौता कीजिए कि फिर से फ़ास्ट फ़ूड के किसी आउटलेट पर नहीं जाएंगे। यह आप पर खाने-पीने की सेहतमंद चीज़ें तलाशने का दबाव डालेगा, जो हमेशा से उपलब्ध हैं, यदि आप इन्हें तलाशने की स्थिति में आ जाएं तो।

अपने व्यावसायिक जीवन को डायरी के सहारे संचालित करने का फ़ैसला लीजिए और इस डायरी को हर समय अपने पास रखिए। लोगों के नाम कैसे याद रखना है, इस पर लिखी एक किताब ख़रीदिए। यदि आप धूम्रपान करते हैं, शराब पीते हैं या ड्रग्स लेते हैं तो इसे छोड़ने के लिए ज़रूरी क़दम इसी वक़्त उठाएं।

जो लोग आपकी सफलता में बाधा डालते हैं, उनके साथ घूमने-फिरने की आदत छोड़ दें। यदि आप अपने पांच सबसे क़रीबी दोस्तों की जीवनशैली व उपलब्धियों से उत्साहित नहीं हैं तो नए दोस्त तलाशिए। इन्हें तलाशने के लिए ख़ुद से पूछिए कि आपके

नए दोस्त कहां घूमते हैं, वे किस क्लब, संघ, स्कूल या संस्था से नाता रखते हैं? उन संस्थाओं से जुड़ जाइए और उनके समूह से जुड़ने का प्रयास करिए। उसके बाद आप बहुत ही जल्दी वो नए दोस्त जुटा लेंगे, जो पहले से उस मुकाम पर हैं, जहां आप जाना चाहते हैं। यदि आप अपने वर्तमान समूह से ही जुड़े रहते हैं तो आप आगे भी सिर्फ़ उस समूह का औसत हासिल करने की उम्मीद कर सकते हैं। अधिकांश लोग ख़ुद को उन दोस्तों के साथ समय बिताने पर विवश महसूस करते हैं, जिनके साथ वे स्कूल गए थे, किसी समय साथ काम किया था या उनसे रिश्ता है। तो कोई बात नहीं, बशर्ते, जो वे हैं और जो उनके जीवन में है, आप उसका औसत बनने के लिए तैयार रहिए। यदि आप वर्तमान दोस्तों का औसत नहीं बनना चाहते तो फिर नए दोस्त तलाशिए।

आपकी वर्तमान आदतें और दृष्टिकोण बाल्टी में भरे उस पानी की तरह हैं, जिसकी अधिकांश मात्रा आपके पलकों, शिक्षकों, दोस्तों, समाज तथा मीडिया ने भरी है। हर एक नई युक्ति तथा दृष्टिकोण, जो आपने इस किताब से सीखा है, वह एक कप रेत की तरह है, जो अंततः अधिकांश बुरी आदतों को विस्थापित कर देगा। फिर आपकी बाल्टी पूरी तरह उन सकारात्मक युक्तियों, दृष्टिकोणों तथा आदतों से भर जाएगी, जो आपको वहां ले जाएंगी, जहां आप जाना चाहते हैं। हर सप्ताह एक युक्ति को चुनिए और तब तक उसका अभ्यास कीजिए, जब तक वह आप के व्यक्तित्व का हिस्सा ना बन जाए। किसी नई आदत को अपनाने और स्थायी बनाने के लिए उसे 30 दिन दोहराना पड़ता है। नकारात्मक स्थायी व्यवहार को नई सकारात्मक आदतों से बदलने की शुरुआत अभी से करें। आप इसे वैसे ही हासिल कर सकते हैं, जैसे सर्कस के हाथी को ट्रेंड किया गया था - रिपिटेटिव लर्निंग से यानी बार-बार अभ्यास के ज़रिए।

सकारात्मक कार्यों का लगातार अभ्यास करें, जब तक कि वे 'कर सकते हैं' वाली आदतें नहीं बन जाएं।

शेष जीवन के लिए रोज़ाना के लक्ष्य तय करने और उन्हें हासिल करने की आदत बनाइए। उन चीज़ों पर ध्यान केंद्रित कीजिए जो आप चाहते हैं, ना कि उन पर जो आप नहीं चाहते।

10

आंकड़ों का खेल खेलिए

एक अकाउंटेंट विमान में बैठने को लेकर नर्वस था तो उसने सांख्यिकी ब्यूरो को फ़ोन लगाया और पूछा कि 'लंदन से सिडनी जा रहे किसी विमान में बम होने की आशंका कितनी रहती है?' ब्यूरो से जवाब मिला कि 20 लाख में से एक मामले में ऐसा होता है। अकाउंटेंट ने मांग रखी कि 'मुझे और ज़्यादा आशंका बताइए!' तो ब्यूरो ने कम्प्यूटर से और बेहतर आंकड़े तलाशने के लिए कहा।

उन्होंने कहा कि 'हम आपको विमान में बम लेकर सवार होने की सलाह देते हैं क्योंकि एक विमान में दो बम होने की आशंका केवल 1.5 करोड़ में एक है।'

अधिकांश लोग यह शिकायत करते हैं कि वे बेहद व्यस्त हैं, चाहे वह उनका जॉब हो, परिवार हो या फिर जीवन को व्यवस्थित रखने से जुड़े काम। फिर भी यहां ऐसे भी लोग हैं, जिनके पास उतनी ही मात्रा में समय है, लेकिन उन्होंने उल्लेखनीय काम किए हैं। अधिकांश लोगों को यह भी लगता है कि सफल लोगों ने शायद अधिक मेहनत की होगी, क़िस्मत वाले रहे होंगे या सही समय पर सही जगह पर मौजूद रहे होंगे, इसलिए आगे पहुंचे हैं। किंतु सच्चाई यह नहीं है। तो फिर बड़ी उपलब्धि हासिल करने वालों ने यह सब किया कैसे?

आपके द्वारा जीवन में की जाने वाली प्रत्येक गतिविधि से गणितीय सिद्धांतों, नियमों तथा अनुपातों का एक सेट जुड़ा होता है। 'जवाब' उन अंकों तथा अनुपातों का पता लगाने के लिए है, जो किसी घटना पर लागू होते हैं। यह अध्याय आपको बेहद महत्त्वपूर्ण संख्यात्मक नियम बताएगा, जो आपके लिए जानना ज़रूरी हैं।

औसत का नियम

यह नियम जीवन की प्रत्येक गतिविधि को संचालित करता है। इसका अर्थ यह है कि यदि आप एक ही चीज़ बार-बार, एक-सी ही परिस्थितियों में करते हैं तो आप परिणामों का जो सेट पाएंगे वह एक जैसा ही रहेगा। यह नियम उनमें से एक है, जिसका खुलासा हमने अपनी बेस्टसेलिंग बुक *क्वेश्चन्स आर द आंसर्स* में किया था।

औसत का नियम कैसे काम करता है, यह समझने के लिए मान लीजिए कि किसी पोकर मशीन का पैसा देने का औसत 10:1 है। इसका अर्थ है कि किसी 1 डॉलर पोकर मशीन में औसतन 10 बार आप 1 डॉलर डालेंगे और पहिया घुमाएंगे तो आप 60 सेंट से लेकर 20 डॉलर तक जीत सकते हैं। संख्या के लिहाज़ से 20 डॉलर से 100 डॉलर की जीत हासिल करने के मौक़े, हालांकि 118:1 ही हैं।

इसमें हुनर का कोई सवाल नहीं है, क्योंकि मशीनों को एक निर्धारित अनुपात में भुगतान के लिए प्रोग्राम किया गया है। जिस तरह इन मशीनों को सांख्यिकीय औसत के आधार पर प्रोग्राम किया गया है, वैसे ही सांख्यिकीय औसत आपकी अन्य सभी गतिविधियों पर भी लागू हैं। ये वो संख्याएं हैं, जिन्हें आपके लिए जानना बेहद ज़रूरी है।

जब मैं लोगों को बीमा पॉलिसी बेचता था, मैंने 1:56 का आंकड़ा खोजा था। इसका अर्थ है कि यदि आप सड़क पर सभी के पास जाते हैं और पूछते हैं कि *'क्या आप कोई बीमा पॉलिसी लेना पसंद करेंगे?'* तो 56 लोगों में से एक ही का जबाव 'हां' होगा। इसका अर्थ यह है कि दिनभर में यदि मैं यही सवाल 168 बार पूछता तो तीन पॉलिसी बेच देता और बीमा पॉलिसी बेचने वाले सभी सेल्सपीपल के बीच शीर्ष पांच प्रतिशत में होता!

यदि आप किसी सड़क के एक छोर पर खड़े होकर राहगीरों से अपने विचार को लागू करने में मदद मांगते हो तो शायद 50 में से एक आपकी मदद के लिए राज़ी हो, हो सकता है - इससे ज़्यादा भी तैयार हो जाएं या कम भी।

जब मैं 11 साल का था, मैंने 20 सेंट में रबर के स्पंज घर-घर जाकर बेचे। मेरा औसत 10:7:4:2 था। इसका अर्थ यह था कि स्कूल से आने के बाद 4 बजे से छह बजे के बीच प्रत्येक 10 घरों के दरवाज़े खटखटाने पर औसत 7 लोग बाहर आते थे। इनमें से 4 मेरा रटा हुआ प्रज़ेंटेशन सुनते थे और दो लोग स्पंज ख़रीद लेते थे; मतलब मैंने 40 सेंट कमाए। किंतु आमतौर पर मैं एक घंटे में 30 घरों के दरवाज़े खटखटा सकता था तो 2 घंटे में 12 स्पंज बेच देता था और 2.40 डॉलर कमा लेता था। 1962 में किसी 11 साल के ऑस्ट्रेलियाई बच्चे के लिए यह राशि बहुत बड़ी होती थी। मेरे पिता जीवन बीमा पॉलिसी के सेल्समैन थे। उन्होंने ही मुझे औसत का नियम सिखाया था। तो स्कूल के बाद जब मैं बीमा बेचने निकलता था तो मुझे पता रहता था कि प्रत्येक 10 दरवाज़े खटखटाने पर मैं 40 सेंट कमाऊंगा। मैंने कभी उन 10 में से तीन दरवाज़ों की चिंता नहीं की, जो नहीं खुले या फिर उन तीन लोगों की, जिन्होंने मुझे नहीं सुना या फिर जिसने मुझे चले जाने के लिए कह दिया। यहां तक कि उन दो लोगों की भी जिन्होंने 'ना' कह दिया। मैं तो सिर्फ़ इतना जानता था कि मैंने 10 दरवाज़े खटखटाए तो 40 सेंट कमा लूंगा। अर्थात जब भी मेरी अंगुलियों ने कोई नया दरवाज़ा खटखटाया, मैंने 4 सेंट कमा लिए, इस बात की परवाह किए बिना कि बाद में क्या हुआ।

यह मेरे लिए एक शक्तिशाली प्रेरणा थी कि - 10 दरवाज़े खटखटाओ और 40 सेंट कमाओ! तो सफलता सिर्फ़ इस बात पर निर्भर करती थी कि मैं कितनी जल्दी 10 दरवाज़े खटखटा और अपनी प्रस्तुति दे सकता था।

अधिकांश लोग औसत के नियम के बारे में नहीं जानते, इसलिए वे इस बात से प्रभावित होते हैं कि बाद में उनके साथ क्या हुआ। वैसे, आंकड़े बताते हैं कि आप किसी चीज़ को हासिल करने के प्रयास में जो भी करते हैं, उसका 80 फ़ीसदी कोई परिणाम नहीं देता। जहां, मेरे 10:7:4:2 के अनुपात ने मुझे दो ग्राहक दिए और मैंने 40 सेंट कमाए, तब भी मेरी सारी गतिविधियों के 80 फ़ीसदी का कोई नतीज़ा नहीं निकला। किंतु मैं यह जानता हूं कि यदि किसी पोकर मशीन की तरह मैंने पहिए को 10 बार घुमाया तो मुझे 40 सेंट मिलेंगे, भले ही मेरे अधिकांश प्रयास ख़ाली क्यों नहीं चले जाएं। इसीलिए आपको अपने विचार, योजना तथा लक्ष्य की चर्चा सभी से करनी चाहिए और उनसे इसमें मदद, सलाह या भागीदारी के लिए कहना चाहिए। आंकड़ों के इस खेल को खेलिए। अंकों की दृष्टि से देखें तो वो पांच लोग, जो आपको जानते हैं, उनमें से कम से कम एक आपकी मदद करना चाह रहा होगा। गुप्त इच्छा रखना अच्छा विचार है, लेकिन आपको उन लोगों से पूछना चाहिए, जो ऐसा करने में मदद कर सकते हों।

क्या आपकी कोई गुप्त इच्छा या लक्ष्य है? है तो आप इसे आख़िर कितने समय तक गुप्त रखेंगे?

आपका लक्ष्य जो भी हो, एक अनुपात -अंकों का एक सेट- उससे हमेशा जुड़ा होता है, जो तय करता है कि आप उसके लिए कितनी बार प्रयास करते हैं और कितनी बार सफल होंगे। आपको सिर्फ़ उन अंकों को खोजना है। लक्ष्य हासिल करने का प्रयास कर रहे लोगों के हताश होने की वजह यही है कि वे इस पहले नियम को नहीं समझते। वे उससे प्रभावित रहते हैं, जो बाद में होता है। किंतु जैसा कि हमने बताया है, अधिकांश चीज़ें जो बाद में होती हैं, कोई परिणाम नहीं देतीं। सफल सेल्सपीपल इस नियम को समझते हैं और यह उस हर एक गतिविधि पर लागू होता है, जो आप करते हैं। आपको सिर्फ़ आपके व्यक्तिगत अंकों का पता लगाने की ज़रूरत है।

किशोरावस्था में स्कूल से आने के बाद मैं जॉब करता था; रेफ़्रेंस के जरिए तथा अचानक फ़ोन लगाकर गमले, तवा, लिनेन तथा कम्बल बेचा करता था। तब मैंने फिर औसत के नियम का इस्तेमाल किया। तीस दिन बाद मैंने अपने अनुपात की गणना की जो 5:3:2:1 निकला।

इसका अर्थ यह था कि प्रत्येक पांच संभावित ग्राहक, जिन्हें मैं फ़ोन करता था, उनमें से तीन मुझसे मिलने के लिए राज़ी हो जाते थे। मैं इनमें से दो को ही प्रज़ेंटेशन दे पाता था, क्योंकि तीसरा शख़्स या तो मुझे खड़े रहने का कहकर भूल जाता, अपॉइंटमेंट रद्द कर देता, सुनता नहीं या उसकी आपत्तियां मेरे बस की नहीं होती या वे बेरोज़गार या कंगाल निकलते, दूसरे कमरे में बहस कर रहे होते, मुझे कुत्ते ने काट लिया होता या मैं जिस इमारत में होता, उस पर बिजली गिर जाती (ऐसा मेरे साथ हक़ीक़त में हुआ था)।

जिन दो संभावित ग्राहकों ने मेरा प्रज़ेंटेशन सुना होता, उनमें से एक मेरा प्रोडक्ट ख़रीद लेता था और मैं 45 डॉलर कमा लेता। इसका अर्थ यह था कि जब भी मैं पांच संभावित ग्राहकों से फ़ोन पर बात करता, मुझे 45 डॉलर कमीशन मिलता। यानी प्रत्येक संभावित ग्राहक से फ़ोन पर बात करने के बदले मैं 9 डॉलर कमा लेता! तो इस बात के कोई मायने नहीं रहे कि वह व्यक्ति मुझसे मिलने के लिए राज़ी था या नहीं, मेरे प्रज़ेंटेशन को लेकर उत्साहित हुआ या नहीं और उसने 'हां' कहा या 'ना।' जितना समय मैं फ़ोन पर अपॉइंटमेंट लेने की कोशिश करता रहा, हर बार किसी के फ़ोन उठा लेने पर 9 डॉलर कमाए। तो मैंने 9 डॉलर लिखा हुआ एक बड़ा-सा चिह्न बनाया और उसे अपने टेलीफ़ोन के पास रख दिया। मैं लंबे समय तक ऑस्ट्रेलिया का नम्बर-1 पॉट तथा पैन सेल्समैन रहा।

मैं 20 साल की उम्र में प्रोफ़ेशनल सेलिंग के सबसे बड़े काम - जीवन बीमा से जुड़ गया। जल्दी ही मैंने 10:5:4:3:1 के रूप में अपना अनुपात खोज लिया।

प्रत्येक 10 संभावित ग्राहक, जिन्हें मैं फ़ोन लगाता था, उनमें से पांच मुझसे मिलने के लिए राज़ी हो जाते थे, हालांकि एक शख़्स अपॉइंटमेंट रद्द कर देता था तो मैं चार लोगों से ही मिल पाता था। मैं तीन को प्रज़ेंटेशन देता और इनमें से एक को बीमा बेच देता और 300 डॉलर कमा लेता। इसका अर्थ यह है कि जब भी मैं फ़ोन पर किसी से बात करता, 30 डॉलर कमा लेता, भले ही वह मुझसे मिलने के लिए राज़ी हुआ, आपत्तियां उठाईं या मुझसे ख़रीदा या नहीं। मेरा ध्यान कभी भी ख़रीदारों को तलाशने में नहीं रहा - मेरी प्राथमिकता रोज़ाना 10 संभावित ग्राहकों को फ़ोन लगाने की थी और मेरे लिए यह बिलकुल स्पष्ट था। दरअसल, उत्पाद बेचने से अधिक महत्त्वपूर्ण क़दम है- अंकों से खेलना।

सेल्सपीपल उन संभावित ग्राहकों के कारण नाकाम नहीं होते, जिन्हें वे उत्पाद नहीं बेच पाए। वे उन संभावित ग्राहकों की वजह से नाकाम होते हैं, जिन्हें वे देख नहीं पाए।

21 वर्ष की उम्र तक मैंने मर्सिडीज़-बेंज़ चला ली थी, ख़ुद का घर ख़रीद लिया था, एक शानदार जीवनशैली जी रहा था और अमेरिका में मिलियन डॉलर राउंड टेबल संगठन में शामिल होने वाला अब तक का सबसे युवा ऑस्ट्रेलियाई था।

24 साल की उम्र में मैंने ऑस्ट्रेलिया की सबसे बड़ी बीमा कंपनियों में से एक के लिए काम करते हुए 20 सर्वश्रेष्ठ अंतरराष्ट्रीय सेल्समैन्स में जगह बना ली थी। 28 साल की उम्र में मैंने ऑस्ट्रेलिया के सबसे अमीर शख़्स केरी पैकर तथा क्रिकेट के दिग्गज टोनी ग्रेग से पार्टनरशिप कर ली। हमने टेलीविज़न के जरिए ग्राहकों को आकर्षित कर ऑस्ट्रेलिया की सबसे बड़ी स्वतंत्र बीमा दलाल कंपनी खड़ी की। इस पूरी सफलता की वजह यह समझना था कि अंक तथा अनुपात कैसे काम करते हैं।

80/20 का सिद्धांत

ऐसा ज़बरदस्त सांख्यिकीय नियम आपने पहले शायद ही कभी सीखा होगा और सबसे अच्छी बात यह है कि इसके इस्तेमाल के लिए आपका अंकों का विद्वान होना ज़रूरी नहीं है।

यह 80/20 सिद्धांत 'परीटो सिद्धांत' भी कहलाता है। यह नाम इटली के अर्थशास्त्री विलफ़्रेडो परीटो के नाम पर पड़ा, जिन्होंने जाना था कि इटली की 80 फ़ीसदी आय 20 फ़ीसदी आबादी से आती है। यह सिद्धांत बताता है कि हर परिस्थिति में अधिक परिणाम, कम संख्या वाले प्रयासों से ही तय होते हैं।

इन आंकड़ों का अर्थ है कि आपका 80 फ़ीसदी परिणाम आपके 20 फ़ीसदी प्रयासों से निकलकर आता है। समझने वाली महत्त्वपूर्ण बात यह है कि जीवन में आप ऐसी कुछ ही गतिविधियां करते हैं (आपका 20 फ़ीसदी), जो आपकी अधिकांश ख़ुशियों, परिणामों तथा उत्पादन (80 फ़ीसदी) का कारण बनती हैं। इसलिए यदि आप किसी सप्ताह की विभिन्न गतिविधियों पर ख़र्च समय का विश्लेषण करते तो पाते कि जो होता है, उस पर अधिकांश गतिविधियों का प्रभाव बेहद कम है।

दुनिया की 80 फ़ीसदी से अधिक संपत्ति दुनिया की 20 फ़ीसदी से भी कम आबादी के पास है।

80/20 के सिद्धांत को आप लगभग हर चीज़ पर लागू कर सकते हैं। उदाहरण के लिए, किसी व्यवसाय में सूची की 20 फ़ीसदी चीज़ें गोदाम में 80 फ़ीसदी से ज़्यादा जगह घेर लेती हैं। इसी तरह सूची के 80 फ़ीसदी आइटम सिर्फ़ 20 फ़ीसदी वेंडर्स से मंगवाए जाते हैं। कंपनी की 80 फ़ीसदी आय उसके 20 फ़ीसदी सेल्स स्टाफ़ की मेहनत का परिणाम होती है। 20 फ़ीसदी कर्मचारी कंपनी के 80 फ़ीसदी उत्पादन के लिए ज़िम्मेदार होते हैं या 20 फ़ीसदी ग्राहक आपकी 80 फ़ीसदी आय का ज़रिया। 20 फ़ीसदी कर्मचारी कंपनी की 80 फ़ीसदी समस्याओं का कारण बनते हैं, जबकि अन्य 20 फ़ीसदी लोग 80 फ़ीसदी उत्पादन करते हैं।

इसी तरह उत्पाद में 20 फ़ीसदी गड़बड़ी 80 फ़ीसदी उत्पाद में समस्या पैदा करती है। अधिकांश प्रोजेक्ट मैनेज़र जानते हैं कि 20 फ़ीसदी काम में (आमतौर पर शुरुआती 10 प्रतिशत और आख़िरी 10 प्रतिशत में) उपलब्ध समय और संसाधनों में से 80 फ़ीसदी की खपत हो जाती है। वहीं अधिकांश लोगों के लिए हर सप्ताह की सिर्फ़ कुछ मुट्ठीभर गतिविधियां ही आमदनी का ज़रिया होती हैं। दूसरे शब्दों में कहें तो उनकी 20 फ़ीसदी गतिविधि से उनके वित्तीय परिणाम का 80 फ़ीसदी उत्पन्न होता है।

जब आप दुनियाभर में संपत्ति तथा संसाधनों के बंटवारे का विश्लेषण करेंगे तो पाएंगे कि बेहद कम फ़ीसदी आबादी के नियंत्रण में इसका बड़ा हिस्सा है, जो कि 80/20 के नियम को स्पष्ट रूप से प्रदर्शित करता है। आप 80/20 के नियम को अधिकांश परिस्थितियों में अपनी संपूर्ण ख़ुशी तथा संतोष पर भी लागू कर सकते हैं।

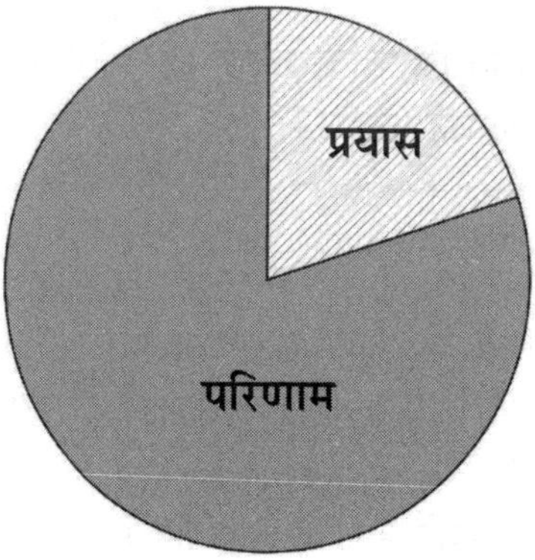

अ.

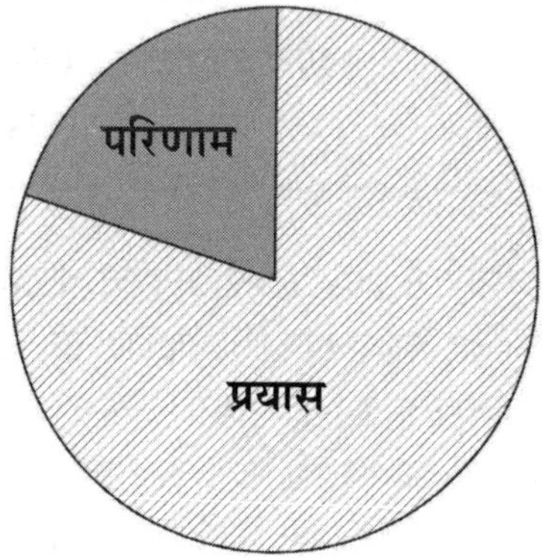

ब.

अ. सफल लोग 80/20 के सिद्धांत का इस्तेमाल इस तरह करते हैं।
ब. ज़्यादातर लोग 80/20 के सिद्धांत का इस्तेमाल इस तरह करते हैं।

80/20 का सिद्धांत लगातार यही बताता है कि आप जो अधिकांश चीज़ें करते हैं, उनमें 80 फ़ीसदी परिणाम आपके 20 फ़ीसदी प्रयासों से आता है। इसका अर्थ यह भी है कि अधिकांश लोगों के लिए 20 फ़ीसदी परिणाम उनके 80 फ़ीसदी प्रयासों का नतीज़ा है। हालांकि यह किसी अटल सत्य की तरह नहीं है। ना ही हर गतिविधि हमेशा बराबर 80/20 होगी, लेकिन जब आप अधिकांश चीज़ों में महत्त्वपूर्ण कारकों को देखते हैं तो आमतौर पर वहां अल्प संख्या ही बहुमत का निर्माण करती नज़र आती है।

अपनी रोज़मर्रा की गतिविधियों को दर्ज करके तथा उनका विश्लेषण करके आप ऐसे कई उदाहरण तलाश सकते हैं, जहां 80/20 का नियम आप पर लागू होता है। जितने लोगों के फ़ोन नम्बर आपके पास हैं, उनमें से आप शायद बहुत कम को अधिकांश फ़ोन करते होंगे। आप जितने लोगों को जानते हैं, उनमें से कुछ के साथ ही अधिकांश समय बिताते होंगे। आप अपना ज़्यादातर पैसा कुछ ही चीज़ों पर ख़र्च करते होंगे - किराये, लोन की किस्तें तथा खाने पर।

अधिकांश लोग यह पाएंगे कि उनका ज़्यादातर समय टाल-मटोल या कम क्षमता से काम करते हुए या ऐसी गतिविधियों में बीता है, जिनका बहुत कम लाभ हुआ है। अधिकांश लोग अपना 80 फ़ीसदी समय ऐसा जॉब करते हुए बिताते हैं, जिसे पैसा कमाने और शेष 20 फ़ीसदी समय का आनंद लेने के लिहाज़ से बुरा मानते हैं।

प्रोकैफ़ीनेटिंग - (संज्ञा) कॉफ़ी पिए बिना किसी भी काम की शुरुआत नहीं करने की प्रवृत्ति।

व्यवसाय में 80/20 का अनुपात तलाशना आपके प्रदर्शन को उच्चतम स्तर तक ले जाने के लिए आवश्यक है। आपको उन उत्पादों, सेवाओं या कार्यों की पहचान करने की आवश्यकता है, जो सबसे अधिक आय देते हैं -20 फ़ीसदी को- और बाक़ी को छोड़ दीजिए -80 फ़ीसदी को- जो न्यूनतम परिणाम देते हैं। उन चीज़ों पर काम करने में समय बिताएं, जिन्हें आप अपने मूल गुणों से बेहतर बना सकते हैं और फिर शेष 80 फ़ीसदी को दूसरे लोगों के लिए छोड़ दीजिए।

उन चीज़ों पर ज़्यादा मेहनत कीजिए, जो आपको बेहतर परिणाम देती हैं। सर्वश्रेष्ठ कर्मचारियों को इनाम दीजिए और ख़राब को बाहर कीजिए। बुरे ग्राहकों को छोड़ दीजिए और श्रेष्ठ ग्राहकों को दी जा रही सेवाओं की बिक्री बढ़ाने और उसे सुधारने पर ध्यान दीजिए।

80/20 का सिद्धांत निरंतर यही याद दिलाता है कि आप दिनभर में जो सारे काम करते हैं, उनमें से केवल 20 फ़ीसदी ही वास्तव में मायने रखते हैं। उन्हीं से 80 फ़ीसदी परिणाम मिलने की उम्मीद है, इसलिए विशेष रूप से उन्हीं पर ध्यान केंद्रित कीजिए।

यदि आप रोज़मर्रा की समस्याओं में उलझ रहे हैं तो याद रखिए आपको महत्त्वपूर्ण 20 फ़ीसदी काम पर ध्यान देने की ज़रूरत है।

यदि आप अपनी गतिविधि को उन कर्मों की दिशा में ले जा सकते हैं, जो वाकई में मायने रखते हैं तो आप एक ख़ूबसूरत जीवन जी सकते हैं। अपने कुल कठोर परिश्रम में से 80 फ़ीसदी हटाकर आप 20 फ़ीसदी रख सकते हैं और बेहतरीन परिणाम पा सकते हैं। अत्यधिक सफल लोग यही करते हैं।

जैसा कि हमने अध्याय 2 और 3 में बताया कि सबसे पहले आपको यह तय करना है कि आपमें किस चीज़ के प्रति जुनून है। एक 80/20 जीवन जीने के लिए आपको इसी वक़्त अपनी ऊर्जाओं को अपने जुनून पर केंद्रित करना होगा। यदि आपको लगता है कि आपका जीवन दिशाहीन है या आप निराश महसूस करते हैं तो आपने अपने जुनून को स्पष्ट रूप से नहीं पहचाना है। एक बार आपने ऐसा कर लिया तो आप 80/20 के नियम को अपने जीवन में तत्काल लागू करना शुरू कर सकते हैं। कई लोग फुल टाइम ज़ॉब करते हैं और उसके बाद का समय व्यवसाय, शौक़ या फिर अपनी रचनात्मक

प्रतिभा में लगाते हैं। यदि ऐसा आपके साथ भी है तो आपका अनुपात 80/20 नहीं है; वह शायद 20/80 से अधिक मेल खाता होगा। आप शायद उस जॉब पर ज़्यादा समय ख़र्च कर रहे हैं, जिसे आप पसंद नहीं करते, इसलिए आप उसे बहुत अच्छे से करने के लिए प्रेरित नहीं हैं। आप उन 80/20 'प्रभावी कर्मचारियों' की श्रेणी में नहीं हैं, जैसे कंपनी चाहती है। जब आप रात को घर पहुंचते हैं, तब अपने जुनून को समय दे पाने के लिहाज़ से शायद काफ़ी थके हुए होते हैं, इसलिए महसूस करते हैं, जैसे आप वहीं के वहीं हैं। यह एक ऐसी जीवनशैली है, जहां आपके कार्य उस 80 फ़ीसदी का हिस्सा बन रहे हैं, जिनसे आपकी ख़ुशी का सिर्फ़ 20 फ़ीसदी आता है। वहीं, इस तरह आप अपने जीवन में बहुत कम हासिल कर रहे हैं और वे लोग भी बहुत कम पा रहे हैं, जिनके लिए आप काम कर रहे हैं। सभी नुक़सान उठा रहे हैं।

यदि आप ऐसी किसी चीज़ को करने में 80 फ़ीसदी समय ख़र्च कर रहे हैं, जो आपको पसंद नहीं है, तो उसे छोड़ दीजिए।

अगर आपको लगता है कि आप भी इसी तरह हैं तो आपका अनुपात बदलना शुरू कर दीजिए। उन गतिविधियों पर ख़र्च होने वाला समय घटा दीजिए, जो आपको पसंद नहीं हैं और जिस काम के प्रति जुनून है, उस पर ख़र्च होने वाला समय बढ़ा दीजिए। आप कह सकते हैं कि आप ऐसा नहीं कर पाएंगे, क्योंकि आपको पैसों की ज़रूरत है - लेकिन अधिकांश लोगों को उतने पैसों की आवश्यकता नहीं होती, जितना कि वे महसूस करते हैं। ज़्यादातर लोग पार्ट टाइम जॉब के भरोसे जी सकते हैं, लेकिन वे ज़्यादा काम करने का फ़ैसला करते हैं, क्योंकि वे अधिक से अधिक भौतिकतावादी चीज़ें ख़रीदना चाहते हैं। हमारे कहने का अर्थ यह नहीं है कि आपको ग़रीबी में जीना चाहिए, लेकिन आप जानते हैं कि असल ख़ुशी आपको उन कामों में मिलती है, जिन्हें करने में आपको सबसे ज़्यादा आनंद आता है, ज़्यादा पैसा कमाने में नहीं। जैसे कि परिवार के साथ समय बिताने की ख़ुशी। पैसों की ख़ातिर पैसों के पीछे भागने का कोई मतलब नहीं है।

क्या आप वाकई में जीवन जी रहे हैं या फिर जब तक मर नहीं जाते तब तक सिर्फ़ बिलों का भुगतान कर रहे हैं?

जुनून के पीछे भागना अक्सर आपको बड़ी कमाई की ओर ले जाता है, क्योंकि इससे जो परिणाम निकलकर आते हैं, उनकी गुणवत्ता काफ़ी ऊंची होती है। मूल गुणों को दिए जाने वाले समय में बढ़ोतरी पर अपनी ऊर्जा को केंद्रित कीजिए तो अच्छे परिणाम पीछे-पीछे चले आएंगे। हर हफ़्ते आपके काम के घंटे घटाइए और अपने अगले

व्यवसाय के प्रति अधिक से अधिक ग्राहकों को आकर्षित करने में, लाइव म्यूज़िक कंसर्ट की बुकिंग बढ़ाने में, किताब लिखने में, आविष्कार तथा सॉफ़्टवेयर प्रोग्राम को विकसित करने में या जो आप वास्तव में करना चाहते हैं उसके शेयर ख़रीदने वाले निवेशकों की तलाश में अधिक समय बिताएं। यदि आपको अपने जुनून को आमदनी में तब्दील करने में दिलचस्पी नहीं है तो हमने यहां जो सुझाव दिए हैं, वे भी आपके लिए अच्छे विकल्प हो सकते हैं। उदाहरण के लिए यदि पैसा आपकी प्राथमिकता नहीं है, लेकिन संगीत है तो ज़रूरत से अधिक पैसा कमाने के लिए क्यों काम करना? निश्चित रूप से आपको भविष्य के लिए योजना और संपत्ति बनानी चाहिए, लेकिन इसे अपना पूरा समय तथा ऊर्जा मत लील लेने दीजिए। यह आपकी संगीतप्रेमी आत्मा को संतुष्टि नहीं देगा। आप समुद्र किनारे किसी बंगले के बिना खुश रह सकते हैं, लेकिन यदि आप अपने संगीत को ज़्यादा समय देते हैं तो एलबम की संभावित बिक्री एक दिन आपको ऐसा बंगला दिला सकती है। बेहद ख़राब परिस्थिति में भी आप अधिक खुश रहेंगे, यदि आप पैसों के बजाय अपने जुनून का पीछा करेंगे।

'अधिकांश लोग संगीत को अपने सीने में ही दबाकर मर जाते हैं, क्योंकि वे लाइव होने की हमेशा तैयारी ही करते रहते हैं। जब तक वे यह समझ पाते हैं, समय निकल जाता है।'

—ओलिवर वेंडेल होम्स, यूनाइटेड स्टेट्स सुप्रीम कोर्ट के असोशिएट जस्टिस

यदि वित्तीय स्वतंत्रता आपके लिए महत्त्वपूर्ण है और आपकी योजनाओं का बड़ा हिस्सा है तो फिर अपने जुनून को आय पैदा करने वाले विचारों में तब्दील करना शुरू कर दीजिए। अपने बिज़नेस को ग्राहक दर ग्राहक, एक के बाद एक लाइव म्यूज़िक कंसर्ट कर, एक के बाद एक गाने गाकर या बिक्री दर बिक्री बढ़ाइए। अपने काम/जुनून के बीच के अनुपात में तालमेल बैठाकर रखिए, जब तक कि आपका बिज़नेस आपको सहारा देने लायक़ नहीं हो जाए और आपको जॉब से होने वाली आय की आवश्यकता ना पड़े।

आप जो भी करते हैं, उसमें 80/20 गतिविधियों को तलाशिए और उस काम को छोड़ दीजिए, जिससे परिणाम नहीं निकलते। जो चीज़ वाकई मायने रखती है, उस पर ध्यान केंद्रित कीजिए और जो मायने नहीं रखती, उसे रहने दीजिए।

इस तरह आंकड़ों को खेल खेलते हैं अधिकांश लोग

आंकड़ों से खेलने का सबसे आम तरीक़ा है लॉटरी, लेकिन सांख्यिकी के तौर पर इसमें सफलता के अवसर इतने कम होते हैं कि अमीर लोग इसमें हिस्सा ही नहीं लेते। वैसे भी लॉटरी सिर्फ़ इस भ्रम को बढ़ावा देती है कि जैसे ही आप जीतेंगे, आपकी सारी समस्याएं हल हो जाएंगी और उसके बाद आप हमेशा के लिए खुशहाली भरा जीवन जिएंगे। आंकड़े इसे लेकर कुछ और कहानी बयां करते हैं। उदाहरण के लिए अमेरिका में लॉटरी जीतने वाले 8 में से 7 लोग 7 साल के भीतर ही कंगाल हो जाते हैं। इनमें से आधे 4 साल के भीतर ख़ुद को दिवालिया घोषित कर देते हैं और इनकी आत्महत्या की दर आत्महत्या के राष्ट्रीय औसत का 3 गुना है। तो ऐसा क्यों है?

दरअसल, लॉटरी जीतने वाले अधिकांश लोग श्रमिक वर्ग के होते हैं। देखते ही देखते वे उच्च श्रेणी के पड़ोसी तलाश लेते हैं, बड़ा-सा घर और नई कार ख़रीद लेते हैं। किंतु बदक़िस्मती से अधिकांश लॉटरी विजेताओं के कुछ ही पड़ोसी उन्हें अपने जैसा मानते हैं, इसलिए इन्हें नए दोस्त बनाने में परेशानी आती है। इनके पुराने दोस्त भी इन्हें नकार देते हैं : ये पुराने दोस्तों से फिर कभी बात नहीं कर पाते, क्योंकि पैसा बीच में आ जाता है। तीन साल बाद ये लॉटरी विजेता अपने तबके के लोगों से 30 से 40 फ़ीसदी मोटे हो जाते हैं और जल्दी मरने लगते हैं। वैसे भी वो लोग जो लगभग सभी लॉटरी टिकट ख़रीदते हैं और जिनके पास अधिकांश पैसा जीता हुआ होता है, उन्हें आमतौर पर मोटी रक़म संभालने का अनुभव नहीं होता - इसलिए वे उसे उड़ा देते हैं।

अमेरिका में लॉटरी जीतने वाले 8 में से 7 लोग 7 साल के भीतर ही कंगाल हो जाते हैं, इनमें से आधे 4 साल के भीतर ख़ुद को दिवालिया घोषित कर देते हैं और इनके आत्महत्या की दर आत्महत्या के राष्ट्रीय औसत का 3 गुना है।

इसी तरह के आंकड़े उन लोगों पर भी लागू होते हैं, जिन्हें जायदाद के रूप में या फिर किसी कोर्ट केस के सेटलमेंट में बड़ी संपत्ति मिली है। कई बार लॉटरी विजेता इस तरह अचानक पैसा आ जाने के बाद मीडिया में सुर्खियां बटोरते हैं और फिर उन्हें चैरिटी वालों और झूठे सपने दिखाने वालों की प्रताड़ना से तंग आकर कहीं दूर जाना पड़ जाता है। अध्ययन बताते हैं कि अमेरिका में जिन लोगों ने छोटी लॉटरी जीती है -5 लाख डॉलर तक की- यदि उन्हें सही वित्तीय सलाह मिले तो वे जीवन में सुधार ला सकते हैं और बेहतर कर सकते हैं। हालांकि इनमें से अधिकांश ऐसा नहीं कर पाते। वे आमतौर पर दोस्तों तथा रिश्तेदारों से सलाह लेते हैं, जो ख़ुद आर्थिक तौर पर सफल नहीं हैं- इसलिए पैसा गंवा देते हैं। आंकड़े बताते हैं कि यदि विजेताओं को 1 करोड़ डॉलर या अधिक दे

दिए तो आप उन्हें कंजूसी भरा, बिना दोस्तों वाला, ख़राब सेहत और जल्द मृत्यु वाला जीवन देंगे। वहीं, मोटे तौर पर अमीर तथा बेहद सफल लोगों के लॉटरी टिकट ख़रीदने की संभावनाएं कम होती हैं, क्योंकि उन्हें लगता है कि इसमें जीतने की संभावनाएं बेहद कम हैं और वे अपने आर्थिक परिणामों को संभावनाओं पर छोड़ने के बजाय इसकी ज़िम्मेदारी लेना बेहतर समझते हैं।

जब आप स्पष्ट लक्ष्य निर्धारित कर लेते हैं और आपके पास उसकी कार्ययोजना डेडलाइन के साथ होती है तो आपके सफल होने की संभावनाएं किसी भी लॉटरी या कहीं और से अचानक पैसा आ जाने की तुलना में काफ़ी अधिक होती है। इससे भी महत्त्वपूर्ण बात यह है कि आपके लक्ष्य आपके आर्थिक जीवन की कमान आपके हाथों में दे देते हैं।

मेरे थेरेपिस्ट ने मेरे सामने आधा भरा हुआ पानी का एक गिलास रखा। कहा कि यदि गिलास आधा भरा हुआ है तो मैं एक आशावादी शख़्स हूं, आधा ख़ाली है तो निराशावादी। तब मैंने वह पानी पी लिया और थेरेपिस्ट से कहा कि मैं समस्याओं को हल करने वाला शख़्स हूं।

शीर्ष 3 फ़ीसदी लोग

47 वर्ष की आयु में मुझे पता चला कि मैं प्रोस्टेट कैन्सर से ग्रस्त हूं। भविष्य मेरे लिए मुश्किलों भरा नज़र आने लगा था। सर्जरी के दूसरे दौर के बाद मैं हॉस्पिटल के बेड पर लेटा था, मुझे मॉर्फ़िन का हाई डोज़ दिया गया था और 13 नलियां चीज़ों को मेरे अंदर बाहर पंप कर रही थीं, तभी एक स्पेशलिस्ट अंदर आता है और मुझसे धीरे से कहता है कि आप में 'पॉज़िटिव मार्ज़िन' नज़र आ रहा है। मेडिकल की भाषा में इसका अर्थ है कि 'कैन्सर फैल चुका है और शरीर के किसी और हिस्से में भी जा पहुंचा है।' फिर दूसरा स्पेशलिस्ट अगले प्रस्तावित उपचार को समझाने आता है - जो रेडिएशन था। दरअसल वो मेरे पिछवाड़े को माइक्रोवेव ओवन में पकाना चाहते थे। किंतु हर चीज़ का आंकड़ों का एक सेट होता है, इसलिए मैंने पूछ लिया, 'यदि यह उपचार नहीं लिया तो मेरे लिए क्या संभावनाएं हैं?'

इनमें से एक विशेषज्ञ ने कहा 'आप 3 साल तक जिएंगे,' 'पहले 2 साल आप ठीक-ठाक रहेंगे, लेकिन आख़िरी साल उतना अच्छा नहीं रहेगा...'

मैंने कहा कि वह स्पष्ट रूप से समझाएं कि क्या कहना चाहते हैं।

वह बोले, 'अगर हम आपकी उम्र और आपकी परिस्थिति वाले 100 व्यक्तियों को चुनें तो उनमें से 20 फ़ीसदी 2 साल के अंदर ही मौत के मुंह में समा जाएंगे और तक़रीबन 50 फ़ीसदी 3 साल के भीतर। बचे हुए लोगों में से अधिकांश की भी जल्दी ही मृत्यु हो जाएगी।'

मैंने पूछा, 'क्या कोई बच पाया है?'

वह धीरे से बोले, 'क़रीब 3 फ़ीसदी लोग 80 साल की उम्र के बाद तक जीते हैं और उनकी मौत किसी और वजह से होती है।'

मैंने कहा, 'ठीक है डॉक्टर, मैं 3 फ़ीसदी लोगों के समूह में रहूंगा!'

वह अनोखे ढंग से मेरे चेहरे को देखने लगे। मैंने फिर से दोहराया कि 'मैं उन 3 फ़ीसदी लोगों मैं रहूंगा, जो 80 साल से अधिक जिए। उस समूह में शामिल होने के लिए मुझे क्या करना होगा?'

वह बोले, 'किस समूह में जाना है, इसका चुनाव आप नहीं करते! ये तो सिर्फ़ आपकी उम्र और आप जैसी स्थिति के लोगों के आंकड़े हैं।'

मैंने कहा, 'क्या? क्यों नहीं? अगर किसी ना किसी को 3 फ़ीसदी में शामिल होना है तो वह मैं क्यों नहीं हो सकता?' विशेषज्ञ इस बात से सहमत हो गए कि कोई ना कोई तो 3 फ़ीसदी में होगा, लेकिन इससे सहमत नहीं थे कि यह मेरे हाथ में है कि मैं उन 3 फ़ीसदी का समूह चुन सकूं। फिर मैंने उन्हें समझाया कि वह ग़लत थे, मैं नहीं। स्पष्ट है कि ज़्यादा जी रहे 3 फ़ीसदी लोग कुछ ऐसा कर रहे होंगे, जो शेष 97 फ़ीसदी नहीं कर रहे थे। तो वह आख़िर क्या था?

मैं देख पा रहा था कि विशेषज्ञ ना सिर्फ़ इस बात से अनजान थे कि 3 फ़ीसदी लोग क्या कर रहे थे, बल्कि वे मेरे उस विचार को भी नहीं समझ सके थे कि आप अपना समूह चुन सकते हैं।

मैं जल्दी समझ गया कि डॉक्टर नहीं जानते कि कोई शख़्स कैसे उन शीर्ष 3 फ़ीसदी में शामिल हो सकता है। उन्होंने मेरे सवालों को नज़रअंदाज़ कर दिया, जैसे कि मैं पागल हूं। किंतु मेरे लिए यह स्पष्ट था कि - कुछ लोगों को तो शीर्ष 3 फ़ीसदी में पहुंचना ही है और मैंने उनमें से एक बनने का फ़ैसला किया है। मुझे बस यह जानने की ज़रूरत थी कि मुझे उनमें शामिल होने के लिए क्या करना है।

मैंने मान लिया कि जानलेवा कैन्सर सिर्फ़ एक नई बाधा है, जो उन लक्ष्यों के सामने खड़ी है, जो बारबरा और मैं हासिल करना चाहते हैं। इसके बाद एक साल मैंने उन लोगों की तलाश में बिताया जो इस 3 फ़ीसदी समूह में थे और अध्ययन किया कि वे क्या कर रहे थे और क्यों अब तक जी रहे थे। मैं अपने सामने से उस बाधा को हटाना चाहता था। मैंने ख़ुद को रासायनिक चीज़ों से दूर कर लिया, शराब पीना छोड़ दिया, जैविक सब्ज़ियां खाने लगा और उस प्रत्येक सलाह को जीने लगा, जो इस किताब

में है। यह 16 साल पहले की बात है। जीवन में हर चीज़ का आंकड़ों का एक सेट होता है - आपको सिर्फ़ उसे तलाशने की ज़रूरत है।

सारांश

इससे कोई फ़र्क़ नहीं पड़ता कि आप जीवन में कौन-सी गतिविधि या व्यापार करते हैं, सभी से आंकड़ों का एक तय सेट -एक अनुपात- जुड़ा होता है, चाहे वह सही पार्टनर की तलाश हो या किसी बीमारी को हराना। आपके पास आंकड़ों का एक व्यक्तिगत सेट भी है, जो आपकी सफलता की संभावनाओं को निर्धारित करता है। ये आंकड़े आपको उन क्षेत्रों के बारे में भी बताएंगे, जहां आपको सुधार की ज़रूरत है, ताकि आप जिस भी चीज़ के लिए प्रयास करें, सफलता की संभावनाएं अधिक रहें। अनुपात आपको बताता है कि कहां समय देना अच्छा है और कौन-सी गतिविधियों को नज़रअंदाज़ कर देना चाहिए।

आपको बस अपनी रोज़मर्रा की गतिविधियों को रिकॉर्ड करना है, जैसे किसी चीज़ के लिए आपने कितनी बार प्रयास किया, कितनी बार आप सफल या असफल हुए, किन चीज़ों से परिणाम निकला, किनसे नहीं। जल्द ही अनुपात आपको दिखाई देने लगेगा।

पता लगाइए कि आपमें किस चीज़ों के प्रति वास्तव में जुनून है और स्पष्ट रूप से परिभाषित विवरण के साथ इन्हें नीचे लिख लीजिए। इस समीकरण में से पैसों को बाहर कर दीजिए, ताकि आप आर्थिक नफ़े-नुक़सान की चिंता किए बग़ैर सोच सकें और 80/20 जीवनशैली से जुड़ी गतिविधियों की ओर बढ़ने की योजना बना सकें।

जिन चीज़ों में आप अच्छे हैं, उन्हें उच्चतम स्तर तक ले जाइए। उन गतिविधियों को तलाशिए, जिनसे आपके व्यवसाय तथा व्यक्तिगत जीवन में सबसे ज़्यादा परिणाम आते हैं और अपनी ऊर्जा को वहां लगाइए, जहां बड़े इनाम मिलें।

'तेज़ी से अमीर' बनने की योजना में समय और लॉटरियों पर मेहनत की कमाई बर्बाद मत कीजिए।

जब आप अपने आंकड़ों को समझ जाते हैं तो सफलता का रास्ता साफ़ हो जाता है।

11

तनाव से निपटना

हर जगह सफल लोगों में एक बात समान होती है - उन्होंने नकारात्मक घटनाओं के मज़ेदार पहलुओं को देखना सीख लिया होता है। जीवन में जो भी नकारात्मक चीज़ हो सकती है, उसका एक सकारात्मक, मज़ेदार पक्ष होता ही है - आपको सिर्फ़ उसे तलाशना है। हंसी-मज़ाक़ तथा मानव शरीर पर इसके मनोवैज्ञानिक तथा शारीरिक प्रभावों के अध्ययन को *ज़ेलोटोलॉज़ी* कहा जाता है।

याद कीजिए आख़िरी बार किसी ने कब आपको ऐसा चुटकुला सुनाया था कि हंसते-हंसते आपका पेट दुख आया और आप ख़ुद पर नियंत्रण नहीं रख पा रहे थे। उसके बाद आपने कैसा महसूस किया? आपको सिहरन-सी महसूस हुई थी, सही कहा

ना? दरअसल, मस्तिष्क ने आपकी रक्त प्रणाली में रसायन छोड़ा था, जिसे एंडोर्फ़िन कहा जाता है। यह आपको 'नेचुरल हाई' देता है, यानी बिना ड्रग्स के मदहोशी का अहसास। वास्तव में, जब आप लंबे समय तक और तेज़ हंसते हैं तो कुछ देर के लिए 'धुत' हो जाते हैं। जिन लोगों को जीवन में हंसी-मज़ाक़ से समस्या होती है, वे इस 'धुत' अहसास को पाने के लिए अक्सर ड्रग्स तथा शराब का सहारा लेते हैं। अल्कोहल ऐसे लोगों की रुकावट को हटाता है और इन्हें हंसने देता है, जिससे एंडोर्फ़िन्स निकलते हैं। यही वजह है कि बेहद संतुलित लोग भी ड्रग्स या अल्कोहल के सेवन के बाद अक्सर ज़्यादा हंसते हैं तथा दुखी लोग और भी दुखी या हिंसक तक हो जाते हैं।

हंसी के किसी बड़े से सत्र के अंत में कभी-कभी आप कहते हैं कि 'मैं तब तक हंसा तब तक मेरे आंसू ना निकल आए!' आंसुओं में एन्सफ़ैलिन (एक प्रकार का एंडोर्फ़िन) होता है, शरीर के प्राकृतिक ट्रैंक्विलाइज़र में से एक, जो दर्द से राहत देता है। हम तब रोते हैं, जब दर्दनाक घटना का अनुभव करते हैं और तब एंडोर्फ़िन्स शरीर में सेल्फ़-एनेस्थीसिया यानी दर्द के प्रति संवेदना ख़त्म करने का काम करते हैं।

एक नए अध्ययन के मुताबिक़, जिन महिलाओं की कमर ज़्यादा चौड़ी होती है, वे इसका ज़िक्र करने वाले पुरुषों के मुक़ाबले अधिक जीती हैं।

हंसी का विज्ञान

गोरिल्ला और ओरांगउटान्स सहित अन्य सर्वाधिक विकसित स्तनधारियों यानि प्राइमेट्स के बीच हंसी का मिलता-जुलता होना दर्शाता है कि इनमें हंसी की उत्पत्ति का स्रोत एक ही है। इसकी जैविक उत्पत्ति वैसी ही है, जैसी ख़तरे के टल जाने के बाद नज़र आने वाले राहत के हावभाव की है। हंसी से जुड़े शोध बताते हैं कि मस्तिष्क का प्रीमिटिव लिम्बिक सिस्टम (जो डर, आनंद तथा गुस्से जैसी बुनियादी भावनाओं को नियंत्रित करता है) के कुछ हिस्से हंसी तथा भावनाओं में शामिल रहते हैं और उन आवश्यक बुनियादी कामों में हमारी मदद करते हैं, जो जीने के लिए ज़रूरी हैं। हंसने की आवाज़ एपिग्लॉटिस के कारण होती है, जो लैरिंगक्स यानि कंठनली के ढक्कन के समान होता है और श्वास की आवाज़ का कारण बनता है। यह श्वास लेने का एक संशोधित तरीक़ा है। लिंबिक सिस्टम की दो संरचनाएं, जो हंसने की प्रक्रिया में शामिल हैं, वे हैं - ऐमिग्डाल तथा हिपोकैम्पस।

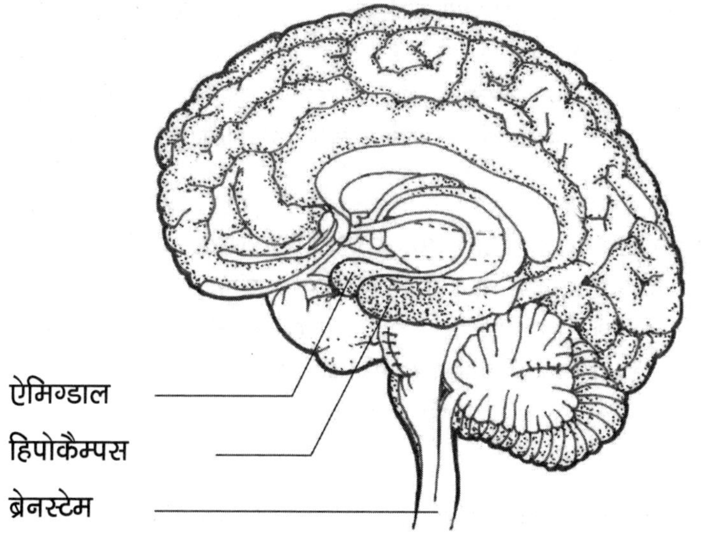

मस्तिष्क में हंसी यहां रहती है।

रक्त वाहिकाओं की गतिविधि तथा हंसी के बीच एक सकारात्मक कड़ी पाई गई है। हंसी रक्त वाहिकाओं की आंतरिक परत एंडोथेलियम को चौड़ा करती या फैला देती है, ताकि रक्त का प्रवाह बढ़ सके। वहीं मस्तिष्क का वेंट्रोमेडियल प्रीफ़्रंटल कॉर्टेक्स नामक हिस्सा एंडोर्फ़िन्स उत्पन्न करता है, जो रक्त प्रवाह में शामिल हो जाते हैं और हंसने पर आपको ख़ुशी का अहसास देते हैं।

चलिए ठीक है, इस तकनीकी चीज़ पर काफ़ी ज़्यादा हो गया, जो बहुत अधिक मज़ेदार भी नहीं है।

मज़ाक़ तथा चुटकुले कैसे काम करते हैं

किसी के साथ कुछ विनाशकारी या दर्दनाक होना ही अधिकांश चुटकुलों का आधार होता है। भले ही हम जानते हैं कि चुटकुले की पंचलाइन वास्तविक घटना नहीं है, लेकिन यह चुटकुला आरएएस से होता हुआ मस्तिष्क में पहुंचता है और जब हम इस पर हंसते हैं तो शरीर सेल्फ़-एनेस्थीसिया के लिए एंडोर्फ़िन्स उत्पन्न करता है। यही प्रक्रिया हंसने के तुरंत बाद आपको गर्म, सिहरन भरा अहसास देती है। रोने की प्रक्रिया भी अक्सर हंसने का ही एक आयाम होती है। यही वजह है कि किसी गंभीर भावनात्मक घटना के समय, जैसे कि मृत्यु पर, कई लोग रोते हैं, लेकिन वह शख़्स जो इसे मानसिक रूप से स्वीकार नहीं कर पाता, हंसना शुरू कर सकता है। हालांकि जब उसे सच्चाई समझ आती है तो

ये हंसी, रोने में बदल जाती है। कुल जमा बात यह है कि हंसी शरीर पर एनेस्थीसिया का प्रभाव छोड़ती है -संवेदना ख़त्म कर देती है- और आपको बीमारियों से बचाने के लिए प्रतिरक्षा प्रणाली को मज़बूत करती है। यह भी साबित हुआ है कि हंसी आपकी सेहत बेहतर बनाती है और उम्र बढ़ाती है। यानी चुटकुले सुनाना आपके लिए अच्छा है।

'हंसना तनाव कम करता है और एक तरह की "मानसिक ऊर्जा" देता है, जो आपकी सेहत के लिए लाभदायक है। इसलिए जब आप परेशान, नाराज़ या दुखी हों तो हंसना, इससे निपटने वाले एक तंत्र की तरह है।'

—सिगमंड फ्रायड

अध्ययन बताते हैं कि दो मिनट की हंसी ब्लड प्रेशर को कम कर सकती है, स्ट्रेस हार्मोन्स का स्तर घटा सकती है और मांसपेशियों का लचीलापन बढ़ा सकती है। यह इंफ़ेक्शन से लड़ने वाली टी-सेल्स (इंटरफ़ेरॉन गामा) तथा बीमारियों को नष्ट करने वाले एंटीबॉडीज़ उत्पन्न करने वाली बी-सेल्स का स्तर बढ़ाकर शरीर की प्रतिरक्षा क्षमता को भी बढ़ाती है।

हम में से अधिकांश ने उस प्रभाव का अनुभव किया है, जो निराशा, मानसिक थकान या तनाव हमारे शरीर पर डाल सकते हैं या फिर किसी बेहद अच्छे दिन का उत्साह, जो हर दर्द को दूर कर देते हैं। हम जानते हैं कि नींद का हमारे दिमाग़ तथा भावनाओं, यहां तक कि हमारी शारीरिक ऊर्जा के स्तर पर भी असर हो सकता है। भावनाएं हमारी सेहत के सभी आयामों से बुनियादी रूप से जुड़ी हैं। हंसी अंदरूनी अंगों का व्यायाम करती है, मस्तिष्क में ऑक्सीज़न का प्रवाह बढ़ाती है, एंडोर्फ़िन्स को बढ़ाती है, प्रतिरक्षा प्रणाली को मज़बूत करती है और मूड तथा जीवन के प्रति हमारे दृष्टिकोण को बेहतर बनाती है।

मानसिक, भावनात्मक तथा शारीरिक सेहत में संबंध उस समय सामने आए जब लुईस हेय अपनी किताब *यू कैन हील योर बॉडी तथा यू कैन हील योर लाइफ़* के ज़रिए जनता के सामने यह अवधारणा लाईं। ये किताबें समग्र तौर पर उपचार का एक नया पैमाना बन गईं। हमारे स्वास्थ्य, बीमारियों और यहां तक कि हमारे शरीर के आकार को भी मानसिक तथा भावनात्मक पैटर्न से जोड़ा गया है, जो समय के साथ हमारे शरीर की वास्तविकता बन जाते हैं।

आगे चलकर 1971 में कैन्सर तथा विचारों के बीच संबंध का पता लगाने में कामयाबी मिली। तब शोधकर्ता आर्थर शमाल तथा हॉवार्ड इकर ने एक अध्ययन में गर्भाशय के कैन्सर को निराशा की भावना से जुड़ा पाया था। फिर 1977 में डॉ. कीथ पेटिगेल ने भड़ास निकाल लेने वाले लोगों में सीरम आईजीए का स्तर घटा हुआ पाया।

सीरम आईजीए नए अंगों में फैलने वाले यानी मेटास्टैटिक स्तन कैन्सर से जुड़ा हुआ है। 1978 में पीडी स्पेन्स, एचएस स्कारबरो तथा ईएच गिन्सबर्ग ने भावनात्मक कारकों को सर्वाइकल कैन्सर से जोड़ने वाला एक शोध पूरा किया। न्यू साउथ वेल्स यूनिवर्सिटी के असोशिएट प्रोफ़ेसर रोज़र बार्ट्रो ने वियोग के दौरान लोगों में टी-सेल्स से जुड़े कार्यों में कमी आना पाया।

इसी कड़ी में आईवीएफ़ के क्षेत्र में काम करने वाले फ़िज़िशियन तथा ज़ैक्स लेकोक स्कूल ऑफ़ माइम से ग्रैजुएट डॉ. शेवाच फ़्राइडलर ने एक अनोखा परीक्षण किया, जिसमें मसख़री व आंदोलनों का उनका अतीत और आईवीएफ़ शामिल थे। इज़राइल के ज़रिफ़िन स्थित असफ़ हरोफ़े मेडिकल सेंटर में चले एक वर्ष के परीक्षण में उन्होंने और उनकी टीम ने ऐसी 219 महिलाओं पर अध्ययन किया, जो हाल ही में आईवीएफ़ से गुज़री थीं। इनमें से आधी महिलाओं के सामने 'मेडिकल क्लाउनिंग' पद्धति के तहत नियमित रूप से करतब, चुटकुले, जादू व कॉमेडी पेश की गई, जबकि शेष के सामने नहीं। परिणाम बताते हैं कि वे 36 फ़ीसदी महिलाएं, जिनका आईवीएफ़ के बाद 20-मिनट कॉमेडी कार्यक्रम के तहत उपचार किया गया था, वे गर्भवती हो गईं। इसके उलट कॉमेडी से वंचित 20 फ़ीसदी महिलाएं ही गर्भवती हो पाईं।

यह अध्ययन दर्शाता है कि वे महिलाएं जो आईवीएफ़ तकनीक से गर्भवती होना चाहती हैं, उनके लिए भ्रूण स्थानांतरण के बाद वाले नाजुक समय में हास्य लाभदायक होता है और यह गर्भधारण की संभावनाएं भी बढ़ा देता है। दरअसल, कॉमेडी तनाव-नाशक के रूप में काम करती है, ख़ासतौर पर उस चिकित्सा प्रक्रिया के दौरान, जो अधिकांश मरीज़ों के लिए तनाव भरी होती है। यह अध्ययन यह भी बताता है कि भ्रूण स्थानांतरण के बाद की नाजुक स्थिति में हास्य किस तरह लाभदायक है। मेडिकल क्लाउन बच्चों के उपचार तथा कैन्सर की देखभाल में शामिल रहे हैं और अब वयस्क मरीज़ों के उपचार में इनकी भूमिका तेज़ी से बढ़ती जा रही है।

यह छोटा-सा जीवन हर समय गंभीर रहने के लिए नहीं है।
तो यदि आप ख़ुद पर नहीं हंस सकते तो मुझे बुलाइए...
मैं आप पर हंसूंगा।

तनाव को कैसे दूर करती है हंसी

अमेरिकन मेडिकल असोसिएशन (एएमए) का आकलन है कि जिन बीमारियों में मरीज़ को डॉक्टर के पास जाना पड़ता है, उनमें से 80 फ़ीसदी से ज़्यादा तनाव से जुड़ी होती हैं। सभी तरह के कैन्सरों तथा अन्य गंभीर बीमारियों में से कम से कम 85 फ़ीसदी को बढ़ावा देने वाली चीज़ तनाव को ही बताया गया है।

हालांकि तनाव इन बीमारियों को बढ़ावा देता है, इनका कारण नहीं है। हंसी-मज़ाक़ को अब 21वीं सदी के तनाव से निपटने का सबसे प्रभावी, रसायन मुक्त, किफ़ायती तरीक़ा मान लिया गया है। हंसी तथा मज़ाक़िया दृष्टिकोण के बिना आप बीमारियों को, जल्द बुढ़ापे को, पेशे में नाकामी को तथा अल्पायु में मृत्यु की आशंकाओं को नाटकीय ढंग से बढ़ाते हैं।

हर किसी का जीवन तनाव से भरा है, जो कि प्रतिरक्षा क्षमता को कमज़ोर बनाता है। हालांकि मानव शरीर इस तनाव की मार से निपटने के लिहाज़ से ढला हुआ है। किसी प्राचीन मनुष्य के पीछे यदि कोई पैने दांतों वाली कैट पड़ गई होती तो उसका शरीर बड़ी मात्रा में तनाव महसूस करता, लेकिन कुछ ही समय के लिए। यदि वह किसी दुश्मन से लड़ता तो यह तनाव एक घंटे तक भी हो सकता था, जब तक कि लड़ाई ख़त्म नहीं हो जाती। यदि वह अपने पड़ोसी को पसंद नहीं करता तो वह उन्हें मारकर उनके द्वारा दिए जा रहे तनाव को ख़त्म कर सकता था और जीवन को सुचारू बनाए रख सकता था। मानव शरीर तनाव से तेज़ी से निपटने और फिर सामान्य हो जाने के लिए बना है। हालांकि आज के मनुष्यों के लिए 21वीं सदी की ज़िंदगी का तनाव पूरी तरह से अलग है और यह कई बार ऐसा होता है, जिससे निपटने के लिए हमारा शरीर नहीं बना। कोई बड़ी संपत्ति गिरवी होने, नौकरी से निकाल दिए जाने का ख़तरा, तलाक़, गंभीर बीमारी या आर्थिक संकट की चिंता दशकों तक बनी रह सकती है। हम इन घटनाओं से और इनके द्वारा अक्सर निर्मित लंबे समय तक के तनाव से निपटने के लिए नहीं बने हैं।

सी3एच माइस

तनाव के कमज़ोर कर देने वाले प्रभावों को सिएटल स्थित यूनिवर्सिटी ऑफ़ वाशिंगटन के वेर्नन राइली ने एक परीक्षण के ज़रिए दर्शाया, जिसमें उन्होंने सी3एच माइस का इस्तेमाल किया था। ये ऐसे चूहे होते हैं, जिन्हें कैन्सर पर शोध के लिए ही पैदा किया जाता है, क्योंकि एक निश्चित उम्र में इनमें से अधिकांश को स्तन कैन्सर हो जाता है। राइली ने पाया कि इन मादा चूहों पर डाले जाने वाले तनाव को कम-ज़्यादा कर, वे इनमें कैन्सर के मामलों में भी 7 से 90 फ़ीसदी के बीच कमी या बढ़ोतरी कर सकते थे। उन्होंने दिखाया कि किस तरह लंबी अवधि का तनाव स्टेरॉयड के उत्पादन को बढ़ा देता है और स्टेरॉयड के ऊंचे स्तर के बीच चूहे के ट्यूमर वायरस की कैन्सर पैदा करने की क्षमता

बढ़ जाती है। स्टेरॉयड के अधिक उत्पादन व प्रतिरक्षा तंत्र बाधित कर देने की वजह से दीर्घकालिक तनाव को मनुष्यों में भी स्तन तथा फेफड़ों के कैन्सर का लक्षण बताया जा चुका है। ऑस्ट्रेलियन कैन्सर अथॉरिटी के प्रोफ़ेसर फ़िलिप स्ट्राइकर ओए ने हमें बताया कि कैन्सर का पता चलने के बाद उनके मरीज़ तक़रीबन हमेशा जीवन की उस बड़ी तनाव भरी घटना को याद कर लेते हैं, जो बीते दो-तीन साल में उनके साथ घटी थी - ख़ासकर बिछड़ने, तलाक़ होने, किसी के चल बसने का वियोग या बेकारी, दुर्घटना, दिवालियापन या गंभीर आर्थिक समस्याएं।

सिडनी की कैन्सर रोग विशेषज्ञ डॉ. जोअन डेल ने हमें बताया कि जो पहला प्रश्न वे कैन्सर के नए मरीज़ों से पूछती हैं, वह है - 'क्या आपका स्वयं का व्यवसाय है या तो आप कोई कॉर्पोरेट एक्ज़ीक्यूटिव हैं?' उन्होंने पाया कि अगर आप ऊंचे इरादे रखते हैं, लेकिन लगातार तनाव में हैं तो आप किसी बड़ी बीमारी के आसान शिकार हैं।

अनेक जगह हुए अध्ययन अब इस नतीज़े पर पहुंचे हैं कि दीर्घकालिक तनाव तथा कोई बड़ी तनावभरी घटना, वे परिस्थितियां हैं, जिनमें कैन्सर तथा अन्य बड़ी बीमारियों आसानी से पैदा हो सकती हैं। हम सभी के लिए ज़िंदगी में थोड़ा-बहुत तनाव ज़रूरी है, जो हमें स्थितियों से निपटने में सक्षम बनाए और आगे बढ़ाता रहे, लेकिन मानव शरीर दीर्घकालिक तनाव से निपटने के लिए नहीं बना है। दूसरे शब्दों में कहें तो यदि आप किसी सीउएच माइस को सीनियर एक्ज़ीक्यूटिव पद पर बैठा देते हैं, उसकी बड़ी संपत्ति गिरवी रख लेते हैं, उसे ख़ुद के व्यवसाय में लगा देते हैं या उसे तलाक़ के मामले में कोर्ट भेज देते हैं या दिवालिया कर देते हैं तो उसके किसी बड़ी बीमारी से मरने की आशंका ऊंचाइयों पर पहुंच जाती है।

क्रोध को मन में रखना ज़हर पीकर दूसरे के मरने की उम्मीद करने के समान है।

सेहत के लिए हंसना

नॉर्मन कज़िन्स हंसी से उपचार यानी लॉफ़्टर थेरेपी के अग्रणी और पैच एडम के शोध को बल देने वाले थे। कज़िन्स का एक असाध्य रोग ऐन्किलूज़िंग स्पॉन्डिलाइटिस से पीड़ित होना पाया गया था, जो शरीर की कोशिकाओं को आपस में जोड़े रखने वाले कोलेज़न फ़ाइबर्स के टूटने का कारण बनती है। इस बीमारी में लगभग पूरी तरह लक़वाग्रस्त हो जाने और डॉक्टरों द्वारा कुछ ही महीनों का जीवन शेष रह जाने की बात कह देने के बाद, कज़िन्स ने अस्पताल से छुट्टी ले ली और एक होटल में कमरा बुक करा लिया। यहां उन्होंने जो मिल सकीं, वे सभी मज़ेदार फ़िल्में देखीं। इनमें *कैन्डिड कैमरा* के टेप्स, मार्क्स

ब्रदर्स का पुराना प्रिंट, *थ्री स्टूज्स* फ़िल्में, सिटकॉम से लेकर सटायर तथा ओवर-द-टॉप कॉमेडीज़ शामिल थीं। होटल में पहली रात कज़िन्स ने पाया कि वे फ़िल्में देखकर इतना ज़ोर-ज़ोर से हंसे कि शरीर में उन रसायनों को उत्तेजित कर पाए, जिनसे उन्हें कई घंटों की दर्द रहित नींद मिली। इसके बाद जब भी दर्द होता वे फिर से कोई कॉमेडी मूवी देखने लगते और हंसी उन्हें फिर अच्छी नींद सुला देती। फिर उन्होंने अपने ब्लड सेडिमेंटेशन रेट में भी परिवर्तन पाया, जो किसी अंग में सूजन तथा रक्त में इन्फ़ेक्शन को दर्शाता है। कज़िन्स ने पाया कि हर बार ऐसी कोई फ़िल्म देखने के बाद उनकी यह दर कम से कम 5 प्वाइंट तक गिर रही है।

इसके बाद उन्होंने इन फ़िल्मों को बार-बार देखा और उतना ज़ोर-ज़ोर से हंसे, जितना हंस सकते थे। छह महीने बाद डॉक्टर यह देखकर हैरान थे कि कज़िन्स की बीमारी पूरी तरह ठीक हो चुकी है - वह अब नहीं रही! इस परिणाम ने कज़िन्स को *एनोटॉमी ऑफ़ एन इलनेस* नामक किताब लिखने के लिए प्रेरित किया और यह किताब एंडोर्फ़िन रसायन की भूमिका पता लगाने वाले शोधों के बड़े पैमाने पर शुरू हो जाने की वजह बनी। जैसा हमने पहले बताया था कि जब हम हंसते हैं तो हमारे मस्तिष्क से एंडोर्फ़िन रसायन निकलते हैं। इनकी संरचना मॉर्फ़िन तथा हेरोइन के समान होती है। इसी को साबित करते हुए कज़िन्स का मामला बताता है कि हंसी किस तरह शरीर को आराम देती है तथा प्रतिरक्षा क्षमता बढ़ाकर बीमारियों से बचाती है। कज़िन्स ने पाया कि 10 मिनट जमकर हंसना उन्हें बिना दवाओं के दो घंटे तक दर्द से राहत देता था। जो अनुभव उन्होंने अपनी किताब में लिखे, उनसे महत्त्वपूर्ण चिकित्सा शोधों के दौरान यह समझाने में मदद मिली कि खुशमिज़ाज लोग कम बीमार क्यों पड़ते हैं, जबकि दुखी और निराश लोग हमेशा बीमार दिखाई देते हैं।

नॉर्मन कज़िन्स के अध्ययन और बाद में उस पर हुए शोधों से पता चलता है कि दस मिनट जमकर हंसना बिना दवा दो घंटे दर्द से राहत दे सकता है।

दिसंबर 1980 में कैलिफ़ोर्निया में पढ़ाते समय कज़िन्स को ख़तरनाक हार्ट अटैक आया। तो उन्होंने पहले की तरह फिर अपने शरीर को प्रयोगशाला बना लिया। मॉर्फ़िन लेने से इनकार कर दिया और तय किया कि ख़ूब आराम करेंगे और ख़ूब हंसेंगे। धीरे-धीरे उनकी सेहत में सुधार आ गया। कज़िन्स ने अपनी इन खोजों को एक नई किताब *द हीलिंग हार्ट* में प्रकाशित किया।

1990 में मृत्यु से पहले तक नॉर्मन कज़िन्स गैर-पारंपरिक तरीक़ों से बाधाओं से लड़ने के लिए सैकड़ों पुरस्कार हासिल कर चुके थे, जिनमें संयुक्त राष्ट्र का शांति पुरस्कार

तथा डॉक्टरेट की 49 मानद उपाधियां भी शामिल थीं। हंसना कारगर है और कहते हैं जो सबसे अंत में हंसता है, ज़्यादा देर तक हंसता है...

तनाव की जांच अभी कीजिए

हमारे जीवन की सभी बड़ी घटनाएं कुछ न कुछ तनाव पैदा करती हैं। किंतु यह आपकी क्षमता या अक्षमता होती है कि आप इन बदलावों के प्रति ख़ुद को ढाल लें और यही क्षमता-अक्षमता बीमार होने या स्वस्थ रहने के बीच का फ़र्क़ पैदा करती है। मनोचिकित्सक थॉमस होम्स और रिचर्ड राहे ने इस बात के अध्ययन का फ़ैसला किया था कि तनाव बीमारियों में योगदान देता है या नहीं। उन्होंने 5 हज़ार से ज़्यादा मरीज़ों का सर्वेक्षण किया और उनसे पूछा कि क्या उन्होंने बीते दो वर्षों में इन 44 घटनाओं में से किसी का अनुभव किया है। नीचे सोशल रीएडज़स्टमेंट रेटिंग स्केल नाम का चार्ट है, जो उन्होंने तैयार किया था। जो जीवन की विभिन्न घटनाओं से जुड़े सापेक्ष तनाव को दर्शाता है। यह परीक्षण आपको बता सकता है कि क्या आप तनाव के कारण बीमारी के जोखिम से घिरे हैं। इसे अभी करिए और देखिए कि आपको कितने अंक मिलते हैं।

घटना	अंक
जीवनसाथी या साथी की मृत्यु	100
मृत्यु का ख़तरा	100
तलाक़	73
अलगाव	65
जेल	63
परिवार के सदस्य की मृत्यु	63
निजी चोट या बीमारी	53
विवाह	50
काम से निकाला जाना	47
वैवाहिक पुनर्मिलाप	45
रिटायरमेंट	45
परिवार के सदस्य की सेहत में बदलाव	44
गर्भावस्था	40
यौन समस्या	39
परिवार में नया सदस्य आना	39
बिज़नेस फिर से शुरू करना	39

आर्थिक स्थिति में बदलाव	38
क़रीबी दोस्त की मौत	37
नए तरह का काम शुरू करना	36
घरेलू विवादों का बढ़ना	36
बड़ा ऋण होना (राष्ट्रीय औसत से ऊपर)	31
क़र्ज़ ना चुका पाना	30
जॉब से जुड़ी ज़िम्मेदारियों में परिवर्तन	29
बेटे या बेटी का घर छोड़ना	29
ससुराल वालों से अनबन	29
बड़ी व्यक्तिगत उपलब्धि	28
पति या पत्नी द्वारा कोई काम शुरू या बंद करना	26
स्कूल शुरू करना या ख़त्म करना	26
जीवन स्तर में परिवर्तन	25
व्यक्तिगत आदतों में सुधार	24
बॉस से परेशानी	23
काम की समयावधि या स्थितियों में परिवर्तन	20
रहने की जगह में परिवर्तन	20
स्कूल में परिवर्तन	20
मनोरंजन की आदतों में बदलाव	19
पूजा-पाठ की गतिविधियों में बदलाव	19
सामाजिक गतिविधियों में बदलाव	18
अत्यधिक ऋण (राष्ट्रीय औसत के आसपास)	17
सोने की आदतों में बदलाव	16
पारिवारिक समारोहों की संख्या बढ़ना	15
खान-पान की आदतों में बदलाव	15
छुट्टियां	13
त्योहार का मौसम	12
क़ानून के उल्लंघन का कोई छोटा-सा मामला	11

आपका स्कोर = ______

निकट भविष्य में आपके बीमार पड़ने की आशंका का स्कोर

11-150	कम से लेकर मध्यम आशंका
150-299	मध्यम से लेकर ज़्यादा
300-600	निकट भविष्य में बीमार होने की ज़्यादा से लेकर बहुत ज़्यादा आशंका।

आप देखेंगे कि शादी व रिटायरमेंट जैसे सकारात्मक अवसर कई नकारात्मक घटनाओं से ज़्यादा तनाव पैदा करते हैं, उतना ही जितना नौकरी से निकाले जाने पर या किसी अच्छे दोस्त की मृत्यु के समय होता है। होम्स तथा राहे ने पाया कि किसी एक ही वर्ष में 300 के स्कोर तक पहुंच जाना बीमारी के विकसित होने की आशंका को 50 फ़ीसदी कर देता है। उन्होंने यह भी पाया कि स्कोर का 200 से कम रहना 10 फ़ीसदी से कम जोखिम पैदा करता है।

कैंडस पर्ट की पेप्टाइड रिपोर्ट

मॉनीटरिंग मशीन से जोड़े जाने पर अपने हाथों का तापमान 5 से 10 डिग्री फ़ारेनहाइट बढ़ाने की क्षमता हर किसी में होती है। अपने शरीर की कार्यप्रणाली को प्रभावित करने की यह प्रक्रिया बायोफ़ीडबैक कहलाती है और यह पूरी तरह आपके विचारों के माध्यम से होता है।

अपनी किताब *मॉलिक्यूल्स ऑफ़ इमोशन : वाई यू फ़ील द वे यू फ़ील* में कैंडस पर्ट ने बताया है कि किस तरह भावनाएं शरीर में वास्तविक, ठोस पदार्थ का रूप ले लेती हैं, जिन्हें पेप्टाइड्स कहा जाता है। उन्होंने पाया कि हंसने से उत्पन्न पेप्टाइड (एंडोर्फ़िन) शरीर में बहता है और शारीरिक तंत्रों पर उसका सीधा, सकारात्मक असर होता है, जिनमें प्रतिरक्षा तंत्र भी शामिल है। यह बताता है कि भावनाओं से हमारा स्वास्थ्य किस तरह प्रभावित होता है। चिकित्सा की दृष्टि से ये पेप्टाइड्स हमारी भावनाओं का भौतिक प्रमाण हैं, जो लगातार हमारे प्रतिरक्षा तंत्र, अंतःस्रावी तंत्र और तंत्रिका तंत्र के संपर्क में आते रहते हैं।

दरअसल, हमारी भावनात्मक स्थिति (खुशी, दुख, क्रोध आदि) के अनुरूप मस्तिष्क से विभिन्न प्रकार के पेप्टाइड्स निकलते हैं। इनसे संदेश भी शरीर में अलग-अलग तरह के जाते हैं। उदाहरण के लिए आनंद तथा रिश्तों की भावनाओं के दौरान शरीर के संचार मार्ग में एंडोर्फ़िन बहता है। वहीं स्वार्थ की भावना के साथ वीआईपी (वासोएक्टिव इंटेस्टाइनल पेप्टाइड) रिलीज़ होता है। यानी प्रत्येक पेप्टाइड का अपना भावनात्मक लहज़ा या मूड होता है, जिसे आप अनुभव कर सकते हैं।

जैसे-जैसे आपकी भावनाएं बदलती हैं, वैसे-वैसे पेप्टाइड्स भी अलग-अलग तरह के रिलीज़ होते हैं और शरीर में अलग-अलग तरह के संदेश भेजते हैं।

हम जब तनाव में होते हैं, तब हमारा ध्यान किसी समस्या पर केंद्रित होता है और हम असहज या आत्मसम्मान की कमी महसूस कर सकते हैं। ऐसे में हंसना पेप्टाइड के पूल में अलग तरह के रसायन भेज सकता है। इससे पेप्टाइड का प्रवाह परिवर्तित होता है और यह दूसरों के प्रति जुड़ाव, स्मृतियां, आत्मबोध तथा भावनाओं को बल देता है। इसी वजह से सकारात्मक सोच तथा हंसी-मज़ाक़ वाली सोच बेहद महत्त्वपूर्ण है।

नकारात्मक चीज़ों का मज़ेदार पक्ष देखना तनाव घटाने, बीमारियों को दूर रखने, सफलता की दर तथा उम्र बढ़ाने में एक प्रभावशाली रणनीति साबित हुआ है। चीज़ों के मज़ेदार पक्ष को देखने का फ़ैसला एक ऐसा चयन है, जिसे आरएएस के माध्यम से प्रोग्राम किया जा सकता है।

हंसी वाला कमरा

1980 में अमेरिका के कई अस्पताल 'लॉफ़्टर रूम' का कन्सेप्ट लेकर आए थे। यह नॉर्मस कज़िन्स के अनुभवों पर आधारित था। यह कमरा चुटकुलों की किताबों, कॉमेडी फ़िल्मों तथा अन्य हास्य सामग्रियों से भरा था, जहां हास्य कलाकार तथा जोकर भी आया करते थे। इससे मरीज़ों के स्वास्थ्य तथा प्रतिरक्षा तंत्र में सुधार देखने को मिला और इसने अस्पताल में भर्ती रहने के उनके औसत समय में भी कमी ला दी। हंसने के बाद मरीज़ की नब्ज़ की गति स्थिर हो जाती है, वह गहरी सांसें लेने लगता है और उसकी मांसपेशियों को आराम मिलता है। यह सब मरीज़ को बीमारी से बाहर आने में मदद करता है। इस उपचार पद्धति को आज़माने वाले अस्पतालों ने मरीज़ के भर्ती रहने की समयावधि में कमी के साथ-साथ उनकी दर्द निवारक दवाओं की ज़रूरत में भी कमी दर्ज की और पाया कि मरीज़ों का बर्ताव भी उनके लिए सरल हो गया है।

इसलिए आपको अपनी हंसी को गंभीरता से लेने की ज़रूरत है, बजाय इसके अधिकांश लोग ख़ुद को ज़्यादा गंभीरता से लेते हैं। वे जीवन से जुड़ी सभी चीज़ों के बीच ख़ुद को बेहद महत्त्वपूर्ण मानते हैं - समुदाय के लिए महत्त्वपूर्ण, संबंधों के लिए अहम और जॉब में अतिआवश्यक। वैसे ख़ुद को अतिआवश्यक मानने के तनाव के परिणाम में

बदक़िस्मती से आंतों में छाले, बवासीर, हाई ब्लड प्रेशर, दिल की बीमारियां और अन्य गंभीर बीमारियां शामिल हैं।

यह समझने के लिए कि यदि आप जॉब, पड़ोसियों या किसी सामाजिक समूह को छोड़ते हैं तो कोई आपकी कितनी कमी महसूस करेगा : एक बाल्टी लीजिए और उसे पानी से भर दीजिए। आपके हाथ को कोहनी तब उसमें डुबोइए और फिर जितनी तेज़ी से हो सके उसे बाहर निकाल लीजिए। अब बाल्टी में देखिए, आपके हाथ बाहर निकालने के बाद जो गड्ढा पानी में रह गया है, वही जगह आपके चले जाने के बाद भी छूटी रहेगी।

सत्य कथा - हंटर कैम्पबेल

कई प्रियजनों की मृत्यु सहित जीवन में कई कष्टदायक परिस्थितियों का अनुभव करने के बाद हंटर कैम्पबेल अवसाद में चले गए, उनके मन में बार-बार आत्महत्या का विचार आने लगा और अंततः उन्हें मनोरोगियों के अस्पताल में भर्ती कर दिया गया। अस्पताल से छुट्टी के बाद उन्होंने एक मेडिकल स्कूल में नामांकन करवाया।

मेडिकल स्कूल में रहते हुए वे मरीज़ों से मिलने जाते, उन्हें मज़ेदार ट्रिक्स दिखाते और हंसाते। इसी दौरान उन्होंने इस बात पर भी ग़ौर किया कि रोज़ाना हंसने की वजह से उनके कितने ही मरीज़ों की सेहत में नाटकीय ढंग से सुधार आया है। कैम्पबेल ने मेडिकल स्कूल पूरा किया और नए नाम पैच एडम्स के साथ डॉक्टर बन गए। उन्होंने अपने पूरे करियर में हास्य तथा आनंद को मरीज़ों पर एक उपचार पद्धति के तौर पर अपनाना जारी रखा।

हास्य के प्रभावों को उपचार के तरीक़ों में शामिल रखने के साथ-साथ उन्होंने द गेसुंदहेत इंस्टीट्यूट नामक एक अस्पताल की स्थापना भी की। यहां डॉक्टर बेहद कम पैसों में काम करते थे और मरीज़ों से सेवाओं के लिए कोई पैसा नहीं लिया जाता था। 1980 के बाद से एडम्स लॉफ़्टर थेरेपी के अपने इस ब्रैंड को 50 से ज़्यादा देशों में ले आए हैं, इनमें युद्ध से जूझने वाले बोस्निया तथा अफ़ग़ानिस्तान जैसे देश भी शामिल हैं। हर साल एडम्स सेवा कार्य करने वाले जोकरों के दल को रूस ले जाते हैं, जहां वे अस्पतालों में, अनाथालयों में तथा आश्रमों में उम्मीद की किरण और आनंद लेकर आते हैं।

चटकीले, रंग-बिरंगे कपड़े पहने, नीले लंबे बालों को पोनीटेल की तरह बांधे हुए एडम्स नियमित रूप से कैन्सर के युवा मरीज़ों के सामने पहुंचते हैं। उनके साथ होती है स्वयंसेवकों की सेना और एक मुर्गेनुमा गुब्बारा। मॉस्को के बाल कैन्सर चिकित्सा संस्थान के डॉक्टर कहते हैं कि यहां जोकरों के दौरों का प्रभाव मरीज़ों पर स्पष्ट रूप से नज़र आता है। डॉ. येवजीनिया मोइसेयेंको बताती हैं कि पैच एडम्स की उपचार पद्धति ने बच्चों को अपनी बीमारी से लड़ने की ताक़त दी है और इनकी सेहत में उल्लेखनीय सुधार आया है।

पैच एडम्स औपचारिक रूप से यह पता लगाने वाले पहले डॉक्टर थे कि ख़ुश व्यक्ति की प्रतिरक्षा प्रणाली किसी नाख़ुश व्यक्तिकी तुलना में मज़बूत होती है और रोगों तथा तनाव के लक्षणों के प्रति कम संवेदनशील होती है। उनकी इन खोजों को अवॉर्ड विजेता फ़िल्म पैच एडम्स में भी दर्शाया गया, जिसमें रॉबिन विलियम्स ने मुख्य किरदार निभाया है।

'हंसी-मज़ाक़ व अच्छे मूड का बीमारी के ठीक होने से संबंध अब असंख्य अध्ययनों में सामने आ चुका है...जो लोग नहीं हंसते वे अक्सर या आमतौर पर ख़राब मूड में रहते हैं, वो जिसे आइसेंक नाम के मनोवैज्ञानिक "बीमारियों को न्यौता देने वाला व्यक्तित्व" कहते हैं- यानि जिनके बीमार होने का आशंका अपने आशावादी साथियों से ज़्यादा हो और बीमारी हो तो स्वस्थ होने की उम्मीद कम हो। इसका ठीक उल्टा भी सही है... अपनी बीमारी के प्रति व्यक्ति का दृष्टिकोण उसके ठीक होने की संभावनाओं तथा उसकी सेहत में सुधार होने की दर पर असर डालता है।'

—पैच एडम्स

भावनाओं का चयन

क्रोध, ईर्ष्या तथा पश्चाताप जैसी कई भावनाएं मनुष्य के जीवित रहने के लिए उपयोगी हैं। उदाहरण के लिए ईर्ष्या हममें इसलिए रची-बसी नज़र आती है, ताकि हम प्रतियोगिता करने वालों को हमारे साथियों से दूर रखें और पश्चाताप, अफ़सोसजनक परिस्थितियों में दूसरों से रिश्ते मज़बूत करता है। हालांकि चार भावनाएं ऐसी भी हैं, जो आपकी ख़ुशियों के लिए विनाशकारी हैं - दोष, संकोच, शर्मिंदगी तथा अपमान।

बच्चे कभी दोष, संकोच, शर्मिंदगी तथा अपमान का भाव महसूस नहीं करते। ये सभी भाव हमने वयस्कों के तौर पर ही सीखे हैं। संकोच का अर्थ है कि आपने उन विचारों को ज़्यादा महत्त्व दे दिया, जो दूसरे आपके प्रति रखते हैं, बजाय उनके, जो आप अपने लिए रखते हैं। उदाहरण के लिए यदि आप सिर्फ़ अंडरवियर पहने हुए अपने घर के बाहर आ जाएं और आपके पड़ोसी आपको देख लें। आप तभी संकोच महसूस करेंगे, जब उनका विचार यह होगा कि आप अंडरवियर में बाहर क्यों आ गए - वे सोचेंगे कि आप कुछ अजीब हो और यह शायद आपके ख़ुद के विचार से ज़्यादा महत्त्वपूर्ण होगा कि असल में हुआ क्या था।

दूसरे आपके बारे में जो सोचते हैं, वह आपके विचार से ज़्यादा महत्त्वपूर्ण होगा तभी आप संकोच महसूस कर सकते हैं। इसी तरह दोष का भाव तथा शर्मिंदगी का अस्तित्व तभी हो सकता है, जब आप ख़ुद का आकलन दूसरों की राय, उम्मीदों तथा नियमों के अनुसार होने देंगे। दोष तथा शर्मिंदगी ऐसे दो मुख्य भाव हैं, जिनका इस्तेमाल धर्म में अनुयायियों की पसंद तथा घटनाओं पर उनकी प्रतिक्रियाओं को निर्धारित करने के लिए किया जाता है, ताकि वे नियंत्रित रहें। नियम तोड़े तो आप वह करते हुए शर्मिंदा होंगे, जो नेता या शक्तिहीन अधिकारी आपसे कराना चाहते हैं।

दोष, संकोच, शर्मिंदगी तथा अपमान वे भाव हैं, जो सीखे जाते हैं और जीवन में आपकी सफलता के लिए नुक़सानदायक होते हैं।

अपमानित होना भी एक पसंद है। दूसरे आपको आपमानित नहीं कर सकते - अपमानित होना सिर्फ़ आप ही चुन सकते हैं। अपमानित होने की वजह वह कृत्य नहीं है, जो कोई आपके साथ करता है; यह एक दृष्टिकोण है, जो आप चुनते हैं। अपमानित होने का चयन दुनिया को बताता है कि आप जीवन की समस्याओं से उबरने में असमर्थ हैं। शांत तथा सफल लोग अपमानित होने का चयन नहीं करते। वे इस विचार पर अटल रहते हैं कि कोई कुछ भी सोचे यह उसकी राय है, बस।

ये चार भाव असल में हमारे चयन से जुड़े हैं और इन्हें चुनना आपके लिए किसी मतलब का नहीं है, क्योंकि ये आपकी सफलता के लिए उपयोगी कम और नुक़सानदायक अधिक हैं। इन चार में से किसी एक को चुनना यह बताता है कि या तो आप अपनी ही भावनाओं के नियंत्रण में नहीं हैं या फिर आपमें आत्मसम्मान की कमी हो सकती है।

कुछ लोगों को ऐसी बीमारी भी होती है कि वे इन चार नकारात्मक भावों को महसूस नहीं करते। इनमें एडीएचडी, ऑटिज़्म तथा एस्परगर सिंड्रोम से पीड़ित लोग शामिल हैं। इसके परिणाम स्वरूप उन्हें लोगों की भावनाओं को समझने में परेशानी आती है और वे नहीं जानते कि दूसरे कैसा महसूस कर रहे होंगे। मगर यह उनकी पसंद के कारण नहीं, बल्कि उनकी समस्या के कारण है। ये लोग शारीरिक संकेतों को भी नहीं समझ पाते, जो कि किसी की भावना समझने का मुख्य ज़रिया होते हैं। इसी कारण अक्सर लोग इन्हें परवाह नहीं करने वाला या असंवेदनशील मान लेते हैं।

हंसाने वाले प्रदर्शनों का ख़ज़ाना तैयार कीजिए

यह सोचिए कि आप जीवन में आने वाली हर परिस्थिति के लिए हास्य सामग्री का ख़ज़ाना कैसे विकसित कर सकते हैं। ऐसी कोई भी परिस्थिति नहीं है, जिसका मज़ेदार पहलू नहीं हो, मृत्यु का भी। आपको सिर्फ़ उसे देखने की ज़रूरत है।

बार्ब तथा मैं 11 वर्ष तक इंग्लैंड में रहे और स्थानीय लोग नियमित रूप से हमें ऑस्ट्रेलियाई चुटकुले सुनाया करते थे। उदाहरण के लिए :

'ऑस्ट्रेलिया तथा दही में क्या अंतर है?'

'दही में थोड़ा कल्चर होता है।' (दही में कल्चर से तात्पर्य जीवाणुओं की वृद्धि से है।)

'ऑस्ट्रेलियाई बेहद संतुलित होते हैं। क्योंकि उनके दोनों कंधों पर चिप (पपड़ी) होती है।'

'ऑस्ट्रेलियाई मुसीबतों से निपटना जानते हैं, वे मुंह के दोनों ओर से लपक सकते हैं।

'आप एक ऑस्ट्रेलियाई से कह सकते हैं – लेकिन ज़्यादा नहीं कह सकते!'

'ऑस्ट्रेलियाई अपने दिमाग़ को हवा देने के लिए शॉट्र्स पहनते हैं।'

इस तरह चुटकियों पर अपमानित होना हम आसानी से चुन सकते थे, लेकिन हमने इनका मज़ेदार पहलू देखने का फ़ैसला किया और स्थानीय लोगों के साथ ख़ूब हंसे। अपमानित होना –नहीं होना– हमेशा आपकी पसंद की बात है।

जब मैं प्रोस्टेट कैन्सर का उपचार ले रहा था, मैंने अनजान आदमी द्वारा अंधेरे वाली जगह पर अंगुलियां डालने के तनाव से निपटने के लिए हास्य पंक्तियों की एक शृंखला तैयार की थी। मैंने इन पंक्तियों को प्रोस्टेट कैन्सर के दूसरे मरीज़ों को भी सुनाया और हंसी-मज़ाक़ वाला समय बिताया। इनमें ये पंक्तियां शामिल थीं :

'क्या इसका मतलब है कि हमारी सगाई हो गई है, डॉक्टर? हो गई होगी, क्योंकि आपने मेरी रिंग को अपनी अंगुलियों में पहन लिया है!'

'यह एक स्टारशिप इंटरप्राइजेस की तरह है, डॉक्टर। आप बेहिचक वहां जा रहे हैं, जहां पहले कोई इंसान नहीं गया!'

'क्या अब आपको मेरी आवाज़ सुनाई दे रही है, डॉक्टर?'

'आप जानते हो, डॉक्टर, न्यू ज़ीलैंड के क़ानून के लिहाज़ से अब हम शादीशुदा हैं!'

'अब पता चला कि केर्मिट द फ्रॉग कैसा महसूस करता होगा!'

'हाय, डॉक्टर, क्या आप मेरी पत्नी के लिए एक नोट लिख सकते हैं और कह सकते हैं कि मेरा सिर ऊपर नहीं है!'

इन पंक्तियों ने सभी को हंसाया, रक्त में एंडोर्फ़िन का संचार किया, डॉक्टरों का मनोरंजन किया और हमें असहज परिस्थिति से निपटने में मदद की।

सारांश

जीवन में होने वाली हर घटना का एक मज़ेदार पहलू भी होता है। आपको सिर्फ़ उसे तलाशने का मन बनाना है। और बात जितनी गंभीर होगी, आप उसे उतना मज़ेदार बना सकते हैं।

ट्रैफ़िक थम जाने पर आप गुस्सा करने का चयन कर सकते हैं, लेकिन इससे ट्रैफ़िक व्यवस्था बहाल नहीं हो जाती - ये सिर्फ़ आपके तनाव के स्तर को बढ़ाएगा। यदि आप - आपने आरएएस के माध्यम से - शांत बने रहना चुनते हैं, ट्रैफ़िक जाम की समस्या को लेकर विश्लेषणात्मक दृष्टिकोण अपनाते हैं तो आपको ऐसा कोई जवाब मिल सकता है, जो बेहतर महसूस करने में मदद करे।

यह साबित हो चुका है कि सेन्स ऑफ़ ह्यूमर तथा जीवन पर हंसने की कला सेहत में सुधार लाने, तनाव घटाने, दूसरों से रिश्ते बनाने और बड़ी सफलता पाने में मदद करते हैं।

नॉर्मन कज़िन्स की कहानी ने नए तरीक़ों से सोचने के राह दिखाई, जिसने लॉफ़्टर क्लब्स, कॉमेडी स्टोर्स तथा अस्पतालों में लॉफ़्टर रूम्स की संख्या के बढ़ने में योगदान दिया। आख़िरकार, हंसी मनुष्य के उत्साह को दर्शाती है और इसके ज़रिए हम फिर से बेहतर सेहत की राह पा सकते हैं।

हम अपने चेतन मन के इस्तेमाल से अपनी शारीरिक अवस्था को बदलने की शक्ति रखते हैं। हास्य को समझने के लिए हम अपने इसी चेतन मन का इस्तेमाल करते हैं, लेकिन इसी समय हास्य पर हमारी जो वास्तविक शारीरिक प्रतिक्रिया होती है, वह शरीर के अंदर कुछ तत्वों में परिवर्तन कर देती है, जो हमारे लिए फ़ायदेमंद होता है। इसके लिए आरएएस को धन्यवाद।

आधिकांश प्राकृतिक उपचारों की तरह, हास्य भी 100 फ़ीसदी इलाज़ नहीं है। किंतु यह बीमारियों की एक लंबी फ़ेहरिस्त के लिए प्रभावशाली चिकित्सा उपकरण साबित हुआ है और यह दर्द तथा तनाव कम करने में सहायक है। तो अगली बार जब आप घर पर हों और जुकाम हो गया हो तो चिकन सूप तथा कफ़ सिरप भूल जाइएगा - एक दिन की छुट्टी लीजिएगा और कुछ पसंदीदा कॉमेडीज़ वाली हास्य उपचार पद्धति आज़माइएगा। ख़ुद को ज़्यादा गंभीरता से लेना आपकी सेहत के लिए हानिकारक है।

इस सच्चाई को हमेशा याद रखिए कि आपकी शवयात्रा का आकार मौसम पर निर्भर करेगा।

अभी तय कीजिए कि चीज़ों के हंसाने वाले पक्ष को देखेंगे, ख़ासतौर पर नकारात्मक चीज़ों के। आप अपमानित महसूस करने का फ़ैसला कर सकते हैं, क्योंकि कोई ऐसा जोक सुनाता है, जो आपके पेशे से जुड़े लोगों या आपके देश के लोगों को मूर्ख बताता है। किंतु इसका अर्थ यह नहीं है कि वे मूर्ख हैं, भले ही आप सहमत हों कि वे मूर्ख हो सकते हैं। गालियां देकर हंसी उड़ाने वाले को समझदार नहीं बनाया जा सकता।

आप इस बात से निराश हो सकते हैं कि आपके जन्मदिन की पार्टी के मौक़े पर बारिश हो रही है, लेकिन बारिश को इससे कोई फ़र्क़ नहीं पड़ता - वो बरसती रहती है।

फ़ैसला कीजिए कि फिर कभी दोष, संकोच, शर्मिंदगी तथा अपमान के भाव का चयन नहीं करेंगे और उन चीज़ों पर क्रोध नहीं करेंगे, जिन्हें बदला नहीं जा सकता।

द्वेष पाले रखना बिना किराये किसी को अपने दिमाग़ में रहने देने के समान है।

जीवन में आप जो करते हैं, उसे गंभीरता से लीजिए। मगर ख़ुद को ज़्यादा गंभीरता से कभी मत लीजिए। यह आपकी सेहत के लिए बुरा है और ऐसा करेंगे तो दूसरे आपको खाने के लिए भी न्योता नहीं देंगे।

जब भी हंस सकते हैं हंसें।
यह दवाओं से सस्ता है।

12

भय तथा चिंता से उबरना

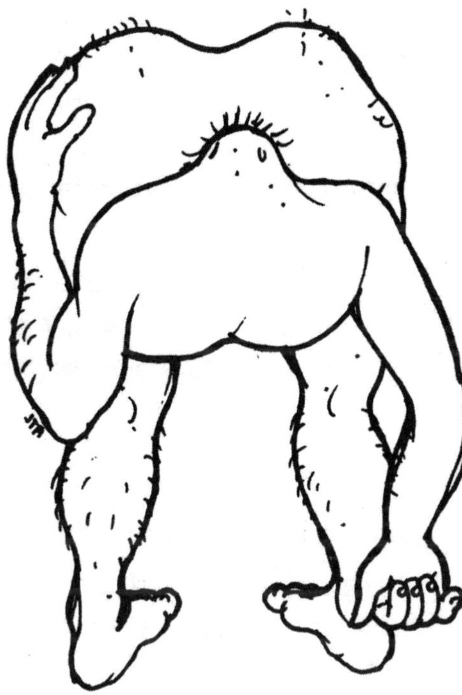

जीवन की परेशानियों से निपटने का जॉन का तरीक़ा कभी परिणाम देता नहीं दिखा।

एक दिन एक किसान का गधा कुएं में गिर गया। गधा घंटों तक बिलखता रहा, क्योंकि किसान यह सोचने में लगा था कि करना क्या है। आख़िर, उसने तय किया कि गधा तो बूढ़ा हो चुका है और कुएं को भी बंद करना ही है; ऐसे में गधे को बचाने का प्रयास बेमतलब है। उसने अपने तमाम पड़ोसियों को बुलाया और मदद करने के लिए कहा।

इन सभी ने फावड़ा उठाया और कुएं में मिट्टी डालना शुरू कर दी। गधे को जब समझ आया कि उसके साथ क्या हो रहा है तो वह डर से रोने लगा, लेकिन फिर अचानक चुप हो गया।

कुछ और फावड़े भरकर मिट्टी डाल देने के बाद किसान ने कुएं के अंदर झांककर देखा। उसने जो देखा, उससे वह भौंचक्का रह गया। हर एक फावड़ा मिट्टी डालने पर गधा कुछ आश्चर्यजनक कर रहा था। वह खुद को झटककर मिट्टी गिरा लेता और उस पर चढ़ जाता। तो किसान के पड़ोसी गधे पर फावड़े से मिट्टी डालते रहे और वह मिट्टी झटककर एक-एक पड़ाव ऊपर आता रहा। जल्द ही सभी यह देखकर हैरान रह गए कि गधा कुएं की मुंडेर तक आ गया और भाग निकला!

***कहानी की सबक़:** जीवन आप पर हर तरह की मिट्टी डालने वाला है, भले ही आपको पसंद आए या नहीं आए। बाहर आने का तरीक़ा यह है कि मिट्टी को खुद पर से गिराते जाइए और एक-एक पायदान ऊपर चढ़ते जाइए। आपकी हर एक परेशानी असल में सीढ़ी के एक पत्थर की तरह है। हम गहरे से गहरे कुएं से बाहर निकल सकते हैं, यदि रुकें नहीं और हार नहीं मानें! तो मिट्टी को झटकिए और एक पायदान ऊपर चढ़िए।*

अगले दिन, गधा वापस आया और उन लोगों की जमकर धुनाई की, जो उसे दफ़नाने का प्रयास कर रहे थे। हमेशा याद रखें कि यदि आप सोचते हैं कि अपने गधे को दफ़नाना समस्या से बचने का आसान तरीक़ा है तो वह हमेशा आपको काटने के लिए वापस आएगा।

सफलता, खुशी, संतुष्टि तथा मन की शांति पाने में दो सबसे बड़ी बाधाएं हैं - भय और चिंता। ये दो प्रतिक्रियाएं असल में हमारी 'लड़ो या भागो' वाली प्रतिक्रिया से जुड़ी हैं, जिसका संबंध हमारे प्राचीन अतीत से है और जो हमारी मृत्यु की आशंका कम करने के लिए विकसित हुई है। भय तथा चिंता के भाव कई प्रकार के होते हैं, जिन्हें शरीर के कई अंगों को नुक़सान पहुंचाते देखा गया है। दरअसल, क्रोध लिवर को कमज़ोर कर देता है, चिंता पेट को, तनाव हृदय को, संताप फेफड़ों को और भय किडनियों को कमज़ोर कर देता है। भय उस परिणाम की कल्पना पर दी गई शारीरिक प्रतिक्रिया से बढ़कर कुछ नहीं है, जो आप नहीं चाहते हैं। यह मस्तिष्क में एक विद्युत ऊर्जा पैदा करता है, जो भौतिक शरीर को भेजी जाती है।

मुख्य तौर पर भय के सभी प्रकार तनाव से जुड़े हैं और प्रतिरक्षा प्रणाली को कमज़ोर करते हैं। यही वजह है कि जो लोग भयभीत होकर जीते हैं, वे बार-बार बीमार होते हैं और कमज़ोर कर देने वाली तमाम बीमारियों का शिकार होते हैं।

एक सफल जीवन निर्माण का मंत्र जीतने वाली मानसिकता विकसित करना सीखना तथा यह सीखना है कि चिंता व भय को कैसे नियंत्रित किया जाए, बजाय इसके कि वे आपको नियंत्रित करें।

चिंता उस चीज़ के लिए प्रार्थना करने के समान है,
जो आप नहीं चाहते।

भय का विज्ञान

भय तथा चिंता के भाव आपके केंद्रीय तंत्रिका तंत्र से निकलते हैं। ये ऐसी यादें हैं, जो मस्तिष्क के किसी विशिष्ट हिस्से में संग्रहीत रहती हैं और आपके रोज़मर्रा के जीवन में किसी भी समय कम या ज़्यादा उत्तेजना से जाग सकती हैं। हम अपने अनुभवों या धारणा, तथ्य या विवरण के तौर पर अक्सर उन यादों को ज़हन में लाते हैं, जिन्हें हम जब चाहे याद कर सकते हैं। लेकिन तंत्रिका विज्ञानियों ने पाया है कि हममें कई प्रकार की स्मृतियां होती हैं और सभी मस्तिष्क के अलग-अलग तंत्रिका मार्ग से गुज़रती हैं।

न्यू यॉर्क यूनिवर्सिटी में मनोविज्ञान तथा तंत्रिका विज्ञान की प्रोफ़ेसर डॉ. एलिज़ाबेथ फ़ेल्प्स ने अपना जीवन इस बात का पता लगाने में समर्पित किया है कि यह तंत्रिका प्रणाली कैसे काम करती है। उन्होंने भावनाओं तथा स्मृतियों के बीच संबंधों का पता लगाने के लिए संज्ञानात्मक तंत्रिकाविज्ञान का सहारा लिया। डॉ. फ़ेल्प्स ने पाया कि स्मृतियां मूल रूप से दो प्रकार की होती हैं - स्पष्ट स्मृति तथा निहित स्मृति।

स्पष्ट स्मृति - वह है, जब आप तथ्य, विवरण या अनुभव को याद करते हैं। यह वह स्मृति है, जब आप मेन्यू पढ़ते हैं और आपके मुंह में पानी आ जाता है या फिर किसी गाने को सुनकर आप भावुक हो जाते हैं या रो पड़ते हैं। मस्तिष्क का हिपोकैम्पस इस स्मृति के संग्रहण तथा इसे फिर से पाने की ज़िम्मेदारी संभालता है और ये वो स्मृतियां हैं, जिन्हें याद रखने, ना रखने का चयन हमारे हाथ में है। दूसरी है - अंतर्निहित स्मृति, जो सीखी जाती है। अतीत में घटी भावनात्मक घटनाओं तथा अनुभवों से संग्रहीत प्रतिक्रियाएं ही उन शारीरिक प्रतिक्रियाओं की वजह हैं, जो हमसे अपने आप होती हैं। ख़तरे को महसूस करने वाला मस्तिष्क का केंद्र - ऐमिग्डाल - अंतर्निहित स्मृतियों को अवचेतन स्थिति में संग्रहीत करता है। उदाहरण के लिए भय भी एक अंतर्निहित स्मृति है, क्योंकि ज़रूरत पड़ने पर जान बचाने के लिए यह हमें तुरंत प्रतिक्रिया देने में मदद करता है।

अब वैज्ञानिकों का मानना है कि मनुष्यों के मस्तिष्क में भय किसी ख़तरनाक परिस्थिति में बिना सोचे तत्काल प्रतिक्रिया देने के लिए विकसित हुआ होगा। उदाहरण के

लिए अचानक तेज़ आवाज़ आना आपको तुरंत किसी संभावित ख़तरे पर प्रतिक्रिया देने के लिए कहता है। न्यू यॉर्क यूनिवर्सिटी के प्रोफ़ेसर जोसेफ़ लड्यू दिमाग़ के अलग-अलग लंबाई वाले दो रास्तों के बारे में बताते हैं, जिन पर भय के संकेत चलते हैं। उनके प्रयोग बताते हैं कि हमारे संवेदी अंग थैलेमस को संकेत भेजते हैं, जहां ये संकेत विभाजित हो जाते हैं और फिर दो विभिन्न मार्गों से गुज़रते हुए ख़तरा बताने वाले मस्तिष्क के केंद्र ऐमिग्डाल तक पहुंचते हैं।

एक संकेत छोटे रास्ते पर चलते हुए भय की चेतावनी देता है, हमें स्थिति की सही जानकारी पता लगने से भी पहले। वहीं दूसरा संकेत सेकेंड के ज़रा से हिस्से जितने समय बाद कॉर्टेक्स तक पहुंचता है और संभावित ख़तरे की ज़्यादा स्पष्ट तसवीर पेश करता है। यह दूसरा संकेत या तो भय पर दी गई प्रतिक्रिया को मज़बूत कर सकता है या फिर भय की चेतावनी को झूठा घोषित कर सकता है।

उदाहरण के लिए सड़क पर एक व्यक्ति आपकी ओर दौड़ता हुआ आता है और आपको लूट लेता है। तो अगली बार आप जब भी किसी को दौड़कर अपनी तरफ़ आते देखेंगे तो पूर्वानुमान लगाते हुए आप भय वाली प्रतिक्रिया फिर से दोहरा सकते हैं। भय पर इस तरह की प्रतिक्रिया देना व्यक्ति एक प्रक्रिया के तहत सीखता है, जिसे क्लासिक कंडिशनिंग कहते हैं। इसमें ऐमिग्डाल मध्यस्थता करता है।

भय पर पुराने परीक्षण

ये दो स्मृतियां किस तरह काम करती हैं, यह पहली बार 1911 में तब दस्तावेज़ों में दर्ज हुआ था, जब स्विट्ज़रलैंड के मनोवैज्ञानिक इडुआर्ड क्लैपारेड ने ब्रेन डैमेज के शिकार उस मरीज़ पर एक परीक्षण किया, जिसका नई बातें याद रख पाना मुश्किल लग रहा था। जब भी क्लैपारेड ने इस महिला मरीज़ का इंटरव्यू लिया, उसे याद भी नहीं रहता कि उसने क्लैपारेड को पहले कभी देखा है। तो जब-जब वे मरीज़ से मिलते, उन्हें फिर से अपना परिचय देना पड़ता और वे मरीज़ से फिर हाथ मिलाते। उन्हें एक आइडिया आया : उन्होंने मरीज़ से हाथ मिलाया, लेकिन इस बार उसके हाथ में एक कांटा चुभो दिया। स्वाभाविक रूप से मरीज़ ने कांटा चुभने पर अपना हाथ पीछे खींच लिया। दोबारा जब वे मिले तो मरीज़ फिर क्लैपारेड को पहचान नहीं पाई, लेकिन उसने हाथ मिलाने से इनकार कर दिया, लेकिन उसने ऐसा क्यों किया इसका उसके पास कोई जवाब नहीं था।

क्लैपारेड के इस परीक्षण ने बताया कि डर पर प्रतिक्रिया चेतना के बगैर भी सीखी जा सकती है। यह बताता है कि क्यों हम कारण जाने बगैर भी भयभीत महसूस कर सकते हैं।

कई बार कुछ स्मृतियां स्पष्ट तथा अंतर्निहित दोनों तरह के कोष में संग्रहीत हो जाती हैं। उदाहरण के लिए, जब आप किसी डेन्टिस्ट के पास जाते हैं, तब इससे पहले

कि सचेत रूप से जान पाएं, आपकी अंतर्निहित स्मृति एंटीसेप्टिक की गंध पर प्रतिक्रिया देने लगती है। यह आपकी स्पष्ट स्मृति को सुई का ख़याल मन में लेने के लिए प्रेरित कर सकता है। जब आप डेन्टिस्ट द्वारा किसी के दांत में ड्रिल करने की आवाज़ सुनते हैं तो आपकी स्पष्ट स्मृति आपको इसकी कल्पना में डुबो सकती है।

'जीवन एक रोलर कोस्टर के समान है। या तो आप प्रत्येक उतार-चढ़ाव पर चीख़ना - चिल्लाना कर सकते हैं या फिर बांहें फैलाकर सवारी का लुत्फ़ उठा सकते हैं।'
— अज्ञात

हमारी भय प्रणाली द्वारा निकलने वाला स्ट्रेस हार्मोन मस्तिष्क में याददाश्त के मार्ग को मज़बूत करता है, जिससे हमें भावुक अनुभवों को आसानी से याद करने में मदद मिलती है। इन्हें 'फ़्लैश बल्ब मैमोरीज़' कहा जाता है। उदाहरण के लिए अधिकांश बैबी बूमर्स (1945 से लेकर 1961 के बीच पैदा हुए लोग) आसानी से याद कर सकते हैं कि जब ज़ॉन एफ़ केनेडी को गोली मारी गई, तब वे क्या कर रहे थे और जनरेशन एक्स (1960 से 1970 के दशक में पैदा हुए लोग) आसानी से याद कर सकते हैं कि, जब उन्होंने प्रिंसेस डायना की मौत की ख़बर सुनी थी, तब वे कहां थे। शोधकर्ताओं ने भी पाया है कि यदि कोई भावुक घटना बहुत पीड़ादायक होती है तो वह याददाश्त को नकारात्मक तरीक़े से भी प्रभावित कर सकती है। भले ही लोग फ़्लैश बल्ब मैमोरी से जुड़े ज्वलंत संस्मरण सुनाते रहते हों, लेकिन अक्सर वे ऐसे विवरण को दावे से बताते हैं, जो वास्तव में ग़लत होते हैं।

डर हमारे लिए क्यों ज़रूरी है

विकास-क्रम के लिहाज़ से देखें तो 'निर्भीक' जानवरों के जीवित रहने की संभावना कम रही है, क्योंकि वे ख़तरनाक परिस्थितियों में पीछे नहीं हटते। यही वजह है कि भय मनुष्यों के लिए एक ज़रूरी प्रतिक्रिया है। हालांकि 21वीं सदी के मनुष्यों के लिए यह भय उन्हें शर्मीला, आत्मविश्वास की कमी वाला, दुश्चिंताओं वाला, विफलता के डर और जहां खड़े हैं, वहां से आगे बढ़ने के डर वाला दिखा सकता है।

ख़तरनाक तथा शारीरिक रूप से जोखिम भरी परिस्थितियों से हमें बाहर निकालने के प्राथमिक कार्य के अलावा कई लोकप्रिय मनोरंजक गतिविधियां भय के प्रति हमारे आकर्षण पर भी आधारित हैं। उदाहरण के लिए डरावनी फ़िल्में देखना, बंजी-जम्पिंग, हॉरर हाउस जाना, एक्सट्रीम स्पोर्ट्स में हिस्सा लेना तथा रोलर कोस्टर की सवारी। रोमांच

पसंद जांबाज इन भययुक्त गतिविधियों से आनंद प्राप्त करते हैं, क्योंकि इस दौरान उनमें सूचना को लाने-ले जाने वाले रसायन डोपामाइन का स्तर नाटकीय रूप से बढ़ जाता है। वे ख़ुशी तथा आनंद के अहसास का अनुभव करते हैं - वैसा अहसास जो ड्रग्स की लत के ग्रस्त किसी शख़्स को होता है।

असल में हमारा दिमाग़ डर के सच्चे अनुभवों तथा हमें जानबूझकर डराने के लिए बनाई गई परिस्थितियों के बीच अंतर नहीं कर पाता। इस तरह डरावनी गतिविधियां हमें वास्तविक शारीरिक जोखिम में डाले बिना भय का अनुभव लेने देती हैं। उदाहरण के लिए जब आप कोई डरावनी फ़िल्म देखते हैं तो आपके फ़ियर हॉर्मोन्स नाटकीय ढंग से बढ़ जाते हैं, कुछ इस तरह जैसे ड्रग का डोज़ हो।

हमारी नज़र में अब तक बनीं पांच सबसे ख़ौफ़नाक फ़िल्में हैं :

1. *द एक्सॉर्सिस्ट*
2. *द शाइनिंग*
3. *साइको*
4. *द साइलेंस ऑफ़ द लैम्ब्स*
5. *जॉस*

डर सकारात्मक तथा नकारात्मक दोनों हो सकता है

भय का उचित स्तर आपकी सुरक्षा के लिए अच्छा है, लेकिन यह दुश्चिंता में भी तब्दील हो सकता है - जैसे किसी दर्दनाक घटना के बाद तनाव की समस्या में, घबराहट में, सामाजिक दुश्चिंता या मनोग्रसित-बाध्यता विकार आदि में। दुश्चिंताएं मस्तिष्क के भय को नियंत्रित करने वाले हिस्सों में पीछे हटा जाने या भाग लेने वाली गतिविधियों का होना दर्शाती हैं।

इन समस्याओं के भावनात्मक व भौतिक लक्षण दिखाई देते हैं, जो कष्टप्रद हो सकते हैं तथा कमज़ोर कर देने वाले हो सकते हैं। ये समस्याएं सभी उम्र के लोगों को प्रभावित करती हैं, महिला-पुरुष दोनों को। उदाहरण के लिए, अमेरिका में हर साल 4 करोड़ से अधिक नागरिक -18 फ़ीसदी से ज़्यादा अमेरिकी- किसी न किसी दुश्चिंता के शिकार हो जाते हैं।

जिस गुफा में प्रवेश से आप सबसे ज़्यादा डरते हैं,
उसी में सबसे ज़्यादा ख़ज़ाना होता है।
—ब्रायन ट्रेसी

सबसे आम भय सामाजिक भय है : उन परिस्थितियों का भय, जिनमें लोग आपका आकलन कर सकते हैं। उदाहरण के लिए, जनता के सामने भाषण देने का डर 50 फ़ीसदी लोगों को गंभीर रूप से प्रभावित करता है। किसी समूह के सामने बोलते समय अधिकांश लोग घबरा जाते हैं और लाखों लोग तो अनजान व्यक्तियों से भरे कमरे में प्रवेश करने में भी कांपते हैं।

जनता के सामने बोलना अधिकांश लोगों की भय की सूची में शीर्ष पर दिखाई दिया है। मृत्यु का भय औसतन सातवें स्थान पर आता है। तो क्या इसका अर्थ यह है कि किसी शोक सभा में प्रशंसा भाषण पढ़ने से बेहतर ताबूत के अंदर होना है।

भले ही पोडियम के पीछे खड़े रहना किसी भूखे शेर के पीछे पड़ जाने के समान नहीं है, लेकिन हमारे शरीर के अंदर दोनों की प्रतिक्रिया एक-सी रहती है। वैज्ञानिकों का मानना है कि सामाजिक भय हमारे लिए अस्तित्व की चिंता से जुड़ा है, क्योंकि समूह हमें जीवित रहने में मदद करते हैं और हम उन परिस्थितियों से डरते हैं, जो हमारे लिए समूह से बाहर होने का कारण बन सकती हैं।

डर का सकारात्मक पहलू

दीर्घकालीन भय तथा चिंता आपकी स्व-उपचार तथा रक्षा प्रणालियों को अपर्याप्त बनाकर आपकी सेहत को नुक़सान पहुंचाते हैं। आप इन भावनाओं का जितने लंबे समय तक अनुभव करते हैं, आपकी संपूर्ण सेहत उतनी ही ख़राब होती चली जाती है। आपकी ताज़ा यादें मस्तिष्क का निर्माण करने वाली तंत्रिका कोशिकाओं की अरबों परतों के बीच की विद्युतीय तथा रासायनिक कड़ियां हैं। वैसे दीर्घकालीन भय तथा चिंता का कारण बनने वाली परिस्थितियां कभी आपके जीवन के लिए गंभीर ख़तरा नहीं पैदा करतीं। इस झूठे डर व चिंता की प्रतिक्रियाओं से उबरने के लिए आपको उन स्मृतियों के निर्माण की ज़रूरत है, जो आपकी केंद्रीय तंत्रिका प्रणाली में संशोधन कर सके।

उपायः अगर आप ख़ुद को ऐसे परिणामों के बारे में सोचते हुए पाते हैं, जो आप नहीं चाहते तो तसवीर बदलने का फ़ैसला लीजिए और सिर्फ़ उन परिणामों के बारे में सोचिए, जो आप चाहते हैं। इतनी-सी बात।

अस्वीकृति का भय

अस्वीकृति के बारे में जो पहली चीज़ जानना ज़रूरी है, वह है कि यदि आप आगे बढ़ रहे हैं तो यह आपके साथ लगातार होगी। कोई भी शख़्स, जिसने कभी सफलता का कोई अहम मुकाम हासिल किया है, वह उन अस्वीकृतियों से निपटना सीख लेता है, जो रास्ते में मिलती हैं। हम सभी लगातार अस्वीकृत होते हैं – जैसे आपने किसी के सामने शादी का प्रस्ताव रखा था और उसने 'ना' कहा, आपका वेतन बढ़ाने का प्रस्ताव नकार दिया गया, यूनिवर्सिटी में प्रवेश का आपका आवेदन ख़ारिज हो गया, किसी क्लाइंट ने आपसे सौदा नहीं किया, किसी ने आपके साथ अपॉइंटमेंट रद्द कर दिया या आपका बेहतरीन आइडिया किसी को पसंद नहीं आया।

मगर अस्वीकार कर दिए जाने का मतलब यह नहीं है कि परिस्थितियां बदतर हो गई हैं। उदाहरण के लिए यदि आपने पुलिस फ़ोर्स ज्वॉइन करने के लिए आवेदन किया और उन्होंने आपको इसलिए अस्वीकार कर दिया कि आप किसी ज़रूरी मापदंड को पूरा नहीं कर पा रहे थे तो आपने कुछ गंवा नहीं दिया – इस आवेदन से पहले आप पुलिस फ़ोर्स में नहीं थे और इस अस्वीकृति के बाद भी नहीं हैं। यदि आपने किसी को अपने साथ डेट पर चलने के लिए कहा और उसने 'ना' कह दिया तो भी कुछ नहीं बदला। आप अब भी उसके साथ डेट पर नहीं गए हैं। यदि आपने बॉस के सामने कोई डिज़ाइन पेश किया है और वे इसे अस्वीकार कर देते हैं तो आप अब भी उससे ख़राब स्थिति में नहीं हैं, जिसमें डिज़ाइन पेश करने से पहले थे। वास्तव में अस्वीकृति के बाद आप बेहतर स्थिति में हैं, क्योंकि अब आप जानते हैं कि अगली बार बेहतर साबित होने के लिए आपको आइडिया या प्रयास में क्या सुधार करना है।

'अधिकांश लोगों ने अपनी सबसे बड़ी सफलता उस पड़ाव से एक क़दम आगे पाई है, जिसे उनकी सबसे बड़ी विफलता के तौर पर देख जा रहा था।'

—ब्रायन ट्रेसी

वैज्ञानिक साक्ष्य बताते हैं कि अस्वीकृति पर हमारी प्रतिक्रिया मस्तिष्क में किसी स्थायी अंग की तरह बसी हो सकती है, इसलिए कि प्राचीन समय में अपने समुदाय से निकाला जाना अक्सर आपके जीने की संभावनाओं को कम कर देता था। यही वजह है कि अधिकांश लोग समूह द्वारा, प्रेमी/प्रेमिका द्वारा, यहां तक की नौकरी के आवेदन के अस्वीकार कर दिए जाने पर घबराहट तथा भय का अनुभव करने लगते हैं। भले ही स्थिति उतनी ख़राब ना हो, जितनी पूर्वजों के समय में रही होगी – आपके पास हमेशा कोई दूसरा जॉब, नया साथी या सामाजिक समूह पाने का अच्छा अवसर हो सकता है – लेकिन मस्तिष्क

व शरीर ऐसे प्रतिक्रिया देता है, जैसे जान का ख़तरा हो।

यदि आप उस समय के बारे में सोचते हैं, जब आपने शारीरिक पीड़ा का अनुभव किया था, जैसे जलना या ऐड़ी की मोच तो आप दर्द होने की बात याद कर सकते हैं, लेकिन इसे याद करते हुए आपको फिर से दर्द महसूस नहीं होता। किंतु जब आप अस्वीकार कर दिए जाने की बात याद करते हैं तो वैसी पीड़ा का अनुभव कर सकते हैं, जैसे यह सब आपके साथ इसी वक़्त हो रहा हो। अस्वीकार कर दिए जाने की याद किसी शारीरिक पीड़ा की याद से ज़्यादा शक्तिशाली होती है। वैसे हमारे मस्तिष्कों में इस प्रक्रिया से जूझने वाली भी एक प्रणाली होती है, जो अस्वीकृति के अनुभव के बाद 'ओपिऑइड्स' उत्पन्न करती है। यह वैसी ही प्रणाली है, जो शारीरिक पीड़ा के समय काम करती है। ओपिऑइड्स तत्काल इसका इलाज़ कर देते हैं - अस्वीकृति के अहसास को 'कम' कर देते हैं। वैसे इस प्रतिक्रिया के साइड इफ़ैक्ट्स में आईक्यू का अस्थायी तौर पर कम होना शामिल है, जो हमारी निर्णय लेने की क्षमता को प्रभावित करता है और आक्रामकता का स्तर बढ़ा देता है।

साथी पर ख़तरनाक शारीरिक हमलों और स्कूलों में गोलीबारी का भी यही मुख्य कारण है। जब आप अस्वीकृति के ग्रहण करने वाले छोर पर हों तो इससे निपटने के ये कुछ तरीक़े हो सकते हैं :

1. इसे व्यक्तिगत रूप से नहीं लें

इस बात को समझिए कि आप भावनात्मक पीड़ा के अनुभव के लिए बने हैं और बुरा लगने के अहसास को नज़रअंदाज़ कर पाना आपके लिए नामुमकिन है।

2. बुरा लगने दें

जब आपको अस्वीकार कर दिया जाता है तो इस अस्वीकृति का अहसास होने दीजिए।

3. इसकी समय सीमा तय कर लीजिए

सोच-समझकर फ़ैसला कीजिए कि एक निर्धारित समय के बाद अस्वीकृति के बारे में नहीं सोचेंगे। उदाहरण के लिए, फ़ैसला कीजिए कि आज रात आठ बजे तक या कल दोपहर तक आप इस बारे में सोचना बंद कर देंगे। इसके बाद सिर्फ़ ये सोचना पसंद करेंगे कि आप क्या होने की उम्मीद रखते हैं या फिर आप क्या कर सकते हैं। दूसरे शब्दों में कहें तो उस जगह से आगे बढ़िए, ठहरिए मत। यदि आप समय सीमा तय नहीं करते हैं तो आप दीर्घकालीन निराशा में डूब सकते हैं और प्रोज़ैक (अवसाद की दवा) के भरोसे जीने पर मज़बूर हो सकते हैं - या फिर और बुरी स्थिति में।

यदि आप अस्वीकृत करने वाले छोर पर हैं तो ऐसा करने के ये कुछ दर्दरहित, लेकिन प्रभावशाली तरीक़े हो सकते हैं :

1. धन्यवाद दीजिए

'इस पद की ख़ातिर आवेदन करने के लिए आपका धन्यवाद।'
'मुझे डेट पर चलने का प्रस्ताव देने के लिए धन्यवाद।'
'आइडिया देने के लिए आपका धन्यवाद।'

2. उन्हें समझाइए कि आपने उन्हें क्यों अस्वीकार किया

'हमें ऐसे उम्मीदवार की ज़रूरत है, जो ज़्यादा अनुभवी हो/कुशल हो/यात्राएं कर सके।'
'फ़िलहाल मैं किसी और से रिश्तों में बंधा/बंधी हूं, इसलिए डिनर का आपका प्रस्ताव स्वीकार नहीं कर सकता/सकती।'
'हमें पहले बड़ी संख्या में विचारों का अध्ययन करना चाहिए।'

3. उनके गुणों की प्रशंसा कीजिए

'आपके पास कई बेहतरीन कौशल/विशेषता/गुण हैं, जो आपको अच्छा पद दिला सकते हैं।'
'बहुत से महिला/पुरुष हैं, जो आपको "हां" कहना चाहेंगे।'
'ऐसे कई व्यवसाय हैं, जो आपके इस आइडिया से ऊंचाइयां छू सकते हैं।'

भय से निपटने के तीन सरल तरीक़े

1. ब्रेक लीजिए

यदि आप किसी स्थिति से संकट या डर महसूस करते हैं तो सबसे पहले एक ब्रेक लीजिए, ताकि आप शारीरिक रूप से शांत हो सकें। तेज़ धड़कता दिल, हथेलियों में पसीना और असहाय तथा असमंजस महसूस करना एड्रीनेलिन के परिणाम हैं। कम से कम 15 मिनट का ब्रेक लीजिए और टहलने निकल जाइए, स्नान कर लीजिए या फिर एक कप चाय या कॉफ़ी बनाइए। क्योंकि जब आप गुस्से या चिंता से भरे होते हैं, तब स्पष्ट तौर पर सोच नहीं सकते।

2. यथार्थवादी बनें

कई लोग ख़ुद से यह अभिपुष्टि करते हैं कि वे किसी चीज़ में नाकाम होने जा रहे हैं, क्योंकि अतीत में किसी और चीज़ में नाकाम हुए थे। लेकिन उनका भय अक्सर

वास्तविकता से कहीं अधिक बदतर होता है। उदाहरण के लिए शार्क देखे जाने के समय जो लोग बीच पर थे, वे हर बीच पर शार्क की कल्पना करना शुरू कर देते हैं। वे लोग जो किसी हमले का शिकार हो चुके हैं, सोचने लगते हैं कि अंधेरी गली में गए तो उनके साथ ऐसा फिर से हो सकता है। ख़ुद को उन अवसरों की याद दिलाइए, जब आपने बाधाओं को दूर किया था। आप पहले ऐसा कर चुके हैं और फिर से कर सकते हैं।

3. बुनियादी बातों पर फिर से गौर कीजिए

अधिकांश लोग अपनी चिंता का इलाज़ ख़ुद करने के लिए ड्रग्स या अल्कोहल का इस्तेमाल करते हैं, सोचते हैं कि इससे उन्हें अच्छा महसूस होने लगेगा। किंतु ये चीज़ें भय को सिर्फ़ बढ़ाती हैं। अच्छी नींद, आनंददायक भोजन या टहलना अक्सर चिंता तथा तनाव के अच्छे इलाज़ साबित हुए हैं।

ये कुछ और बेहतर विकल्प हैं :

- अच्छा खाइए; आप शारीरिक तथा मानसिक रूप से अच्छा महसूस करेंगे।
- कुछ प्रेरणादायक पढ़िए, देखिए या सुनिए।
- ऐसे दोस्त को फ़ोन लगाइए, जिसमें चीज़ों पर गहराई से बात करने की क्षमता हो और जो आपको अच्छा महसूस करा सके।
- यूट्यूब.कॉम प्रेरणादायक कहानियों से भरा पड़ा है, जिन्हें आप मुफ़्त में तुरंत देख सकते हैं।
- एंथोनी रॉबिंस, ब्रायन ट्रेसी तथा ऐलन पीज़ के प्रेरक व्याख्यान देखिए।

सारांश

भय मनुष्य के मस्तिष्क का एक अभिन्न और महत्त्वपूर्ण तत्व है। अपने जीवन के प्रति भयभीत तथा चिंतित महसूस करना एक सामान्य मानवीय स्वभाव है। किसी भी प्रजाति के निर्भीक प्राणी आमतौर पर लंबे समय तक नहीं जी पाते, निडर प्रजातियां विलुप्त हो जाती हैं।

चिंता तथा भय अक्सर किसी कमी की भावना के परिणाम होते हैं। यह भावना तब आती है, जब हम ख़ुद की तुलना उन लोगों से करते हैं, जिन्हें बेहतर मानते हैं। दूसरों से ख़ुद की तुलना सिर्फ़ उसी समय स्वस्थ तुलना कहलाएगी, जब वे आपसे आगे हों और आप उन्हें अपने प्रेरणास्रोत के रूप में इस्तेमाल करते हों।

साहस, डर पर नियंत्रण को कहते हैं, ना कि उसे नज़रअंदाज़ करने को। साहस का मतलब है डर को महसूस करना और उसी स्थिति में कार्रवाई करना।

कई लोग अपनी विफलताओं की यादों के साथ जीते हैं - ख़राब रिश्ते, दिवालियापन, नौकरी से निकाले जाने या कोई महत्त्वपूर्ण चीज़ खो देने की यादों के साथ। वे इन घटनाओं को अब भी जीते रहते हैं, इनके बारे में फ़िज़ूल की बातें कर सभी का समय बर्बाद करते हैं और इस बात पर ध्यान नहीं देते कि दूसरों ने सामाजिक आयोजनों में उन्हें बुलाना बंद कर दिया है।

जब कोई चीज़ ना रहे, तय कीजिए कि वह ख़त्म हो चुकी है - एक डेडलाइन निर्धारित कीजिए कि आप उसके बारे में बातें करना या सोचना कब बंद करेंगे। यह आसान नहीं है, लेकिन इतना स्पष्ट है। आपको ड्रग्स लेने की भी ज़रूरत नहीं है। सकारात्मक विचार शरीर में सेरोटोनिन तथा डोपामाइन जैसे फ़ील-गुड हार्मोन्स की मात्रा बढ़ा देते हैं, फ़ार्मास्युटिकल ड्रग्स इन्हीं की तो जगह लेने का प्रयास करते हैं।

याद रखिए कि कई बार हमारे जीवन में होने वाली बुरी चीज़ें हमें सीधे उन रास्तों पर ले आती हैं, जहां हमारे साथ जीवन की सर्वश्रेष्ठ चीज़ें होंगी।

अध्ययन बताते हैं कि जीवन की वे सभी चीज़ें, जिन्हें लेकर हम चिंतित रहते हैं, उनमें से अधिकांश नहीं होंगी और जो थोड़ी-बहुत होंगी, उन पर या तो हमारा थोड़ा ही नियंत्रण होगा या बिलकुल नहीं। देखिए हमारी आशंकाओं को लेकर क्या सामने आया है :

87 फ़ीसदी कभी नहीं होती।
7 फ़ीसदी वास्तव में होती हैं।
6 फ़ीसदी का ही आप पर कुछ प्रभाव होगा।

तो जिन चीज़ों से आपको डर लगता है, उनके बारे में चिंता से कुछ हासिल होने वाला नहीं है। आपकी अधिकांश चिंताएं कभी हक़ीक़त नहीं बनेंगी और अधिकांश भय सही दिखाई देने वाले झूठे सबूतों से बढ़कर कुछ नहीं है।

अंततः, स्वयं से यह प्रश्न पूछिए : *बुरे से बुरा क्या हो सकता है?*

जब आप किसी चीज़ को लेकर चिंतित या भयभीत होते हैं, सोचिए कि इसमें बुरे से बुरा परिणाम क्या आ सकता है। भले ही वह कोई व्याख्यान हो, फ़ोन कॉल हो, बातचीत हो या रिश्ते हों जो बुरी तरह से बिगड़े हुए हैं, इन सबके बावजूद अगली सुबह सूरज निकलेगा और जीवन चलता रहेगा। अपने भय की तुलना करना हो तो किसी ऐसे शख़्स

की मदद का तरीक़ा खोजिए जो ज़रूरतमंद हो या बदक़िस्मत हो। आपको पता चलेगा कि आप कितने भाग्यशाली हैं और आपको स्वयं की समस्याएं कम चुनौतीपूर्ण नज़र आएंगी।

'यदि आप निराशा में डूबे हैं तो आप अतीत में जी रहे हैं।
यदि आप चिंता में डूबे हैं तो भविष्य में जी रहे हैं।
और यदि आप शांत हैं तो वर्तमान में जी रहे हैं।'
—लाओ त्सू

भय के दो अर्थ हैं :

सब कुछ भूल जाओ और भागो
हर परिस्थिति का सामना करो और बढ़ो।

चयन आपको करना है।

भय मरने से नहीं रोकता। यह जीने से रोकता है।

13

कभी हार मत मानिए

भरोसे की छलांग

विजेता वे लोग नहीं हैं, जो कभी नहीं हारते,
बल्कि वे लोग हैं, जो कभी हार नहीं मानते।

हर इंसान जो किसी भी तरह से सफल रहा है, वह हज़ारों बार अस्वीकृति से गुज़रा है। इनमें परिणाम नहीं आना, पैसों का अभाव, तरक्की नहीं होना, पीड़ा, आलोचना, तुच्छ मूल्यांकन, हताशा, शिकायतें और अकेलापन भी शामिल हो सकते हैं। हालांकि अस्वीकृति इस बात का महत्त्वपूर्ण संकेत है कि आपको कहां सुधार करना है और

अधिक प्रशंसा, ख़ुशी, पैसा, तरक्की और बेहतर परिणाम के लिए क्या करना है। जैसा कि हमने बताया कि अस्वीकृति आपके प्रयास को लेकर दूसरों की नकारात्मक प्रतिक्रिया के अलावा कुछ नहीं है, जो बताती है कि आपको क्या नहीं करना है। बल्कि, अस्वीकृति से मिली नकारात्मक प्रतिक्रिया इतनी महत्त्वपूर्ण है कि आपको इसका स्वागत करना चाहिए, क्योंकि यही आपको वो सही रास्ता दिखाएगी, जहां आप जाना चाहते हैं। इतिहास ऐसे उदाहरणों से भरा पड़ा है, जिनमें लोग अपने विज़न को लेकर आश्वस्त थे और उन्होंने आगे बढ़ने के लिए दूसरों से मिली नकारात्मक प्रतिक्रियाओं का इस्तेमाल किया।

वॉल्ट डिज़्नी को एक अख़बार से यह कहकर निकाल दिया गया था कि उनमें *'कल्पना की कमी है और मौलिक विचार नहीं हैं।'* डिज़्नी का थीम पार्क का कन्सेप्ट डिज़्नीलैंड में बदलने से पहले बैंकों, परिषदों, फ़ाइनेंसर्स और स्थानीय अधिकारियों द्वारा 300 से अधिक बार अस्वीकृत हुआ था। 30 साल की उम्र में स्टीव ज़ॉब्स उसी एपल कम्प्यूटर्स के बोर्ड द्वारा निर्दयता से बाहर कर दिए गए थे, जिसकी स्थापना उन्होंने ही की थी। ओप्रा विनफ़्रे को न्यूज़ एंकर की ज़िम्मेदारी से यह कहकर हटा दिया गया था कि वे *'टेलीविज़न के लिए फ़िट नहीं हैं।'* बीटल्स को डेका स्टूडियो ने यह कहकर अस्वीकृत कर दिया था कि - *'हमें उनकी आवाज़ पसंद नहीं आई। शो बिज़नेस में उनका कोई भविष्य नहीं है।'* अल्बर्ट आइंस्टीन की स्कूल रिपोर्ट में कहा गया था कि 'वे कभी सफल नहीं हो पाएंगे।'

ये लोग दूसरे अधिकांश लोगों से इस मामले में अलग थे कि ये अपने लक्ष्य पर अडिग रहे, इस बात की परवाह किए बिना कि दूसरों ने क्या कहा, सोचा और किया।

यदि आप हार मान लेते हैं तो यह कभी नहीं जान पाएंगे कि आप क्या खो रहे हैं। यदि आपको अपने किसी आइडिया या कन्सेप्ट में भरोसा है और लगता है कि यह दूसरों को फ़ायदा पहुंचा सकता है तो उसके साथ बने रहिए। जल्दी मैदान मत छोड़िए। जैसे ही आप लक्ष्य की ओर बढ़ेंगे, कुछ लोग आप पर आलोचना रूपी पत्थर बरसाने लगेंगे, लेकिन यह आपको तय करना है कि इन पत्थरों से आप दीवार बनाते हैं या फिर पुल।

वे 97 फ़ीसदी लोग, जो बहुत जल्दी हार मान लेते हैं,
उन 3 फ़ीसदी लोगों के लिए काम करते हैं,
जिन्होंने कभी हार नहीं मानी।

विशेषज्ञों से पूछिए

ऐसे लोगों को तलाशें, जो उस काम को कर चुके हैं, जिसे आप करने की योजना बना रहे हैं। कैन्सर को हराना, माउंट एवरेस्ट पर चढ़ना, घुड़सवारी करना, दूसरी भाषा सीखना, धन इकट्ठा करना, वज़न घटाना या बढ़ाना, ऑर्गेनिक फ़ूड उगाना, ऐसा करने वाले तमाम लोग हैं। कुछ लोग इस बारे में किताब तक लिख चुके हैं, कई लोग इससे जुड़े कोर्स करवाते हैं, वीडियोज़ व नियमावली बनाते हैं, इनमें से ज़्यादातर आपको यूट्यूब पर मिल जाएंगे। इंटरनेट पर खंगालिए कि ऐसे लोग कौन हैं और उनके बारे में कहां खोजा जा सकता है। विशेषज्ञों को खाने या चाय पर बुलाने का प्रयास कीजिए और उनसे मार्गदर्शन मांगिए। यदि वे आपके शुरुआती आग्रह को अस्वीकार कर देते हैं, तो दोबारा पूछिए। यदि वे तब भी ना कहें, तो एक बार फिर पूछिए। दरअसल, उन्होंने ख़ुद इसी तरह सफलता पाई है। प्रत्येक विशेषज्ञ कभी न कभी नौसिखिया रहा होगा और सही दिशा दिखाने के लिए किसी की मदद की उम्मीद कर रहा होगा।

ये आपको शॉर्टकट्स बता सकते हैं और रास्ते में आने वाले ख़तरे से भी वाक़िफ़ करा सकते हैं। विशेषज्ञ से पूछें कि उन्होंने ये कैसे किया। उनसे ना पूछें, जिन्होंने वह काम ना किया हो, जो आप करना चाहते हैं। वे सिर्फ़ आपको यही बता सकते हैं कि ये काम क्यों नहीं हो सकता। जब आप बच्चे थे, तब किसी चीज़ के लिए तब तक ज़िद करते रहते थे, जब तक कोई आपको वह दे नहीं दे। यदि एक व्यक्ति नहीं देता तो हो सकता है दूसरा दे दे या दूसरा ना सही, तीसरा दे दे। बच्चे माता-पिता से अपनी ज़िद मनवाने में माहिर होते हैं, इसलिए वे मनचाही चीज़ पा लेते हैं। उस चीज़ को बार-बार मांगें, जो आप चाहते हैं। जिससे आप आज कह रहे हैं, वह किसी और दिन किसी दूसरे तरीक़े का अहसास करता है, इसलिए इस बात की संभावना है कि एक दिन वो 'हां' कहने के लिए तैयार होगा। जो आप चाहते हैं, उसे राज़ बनाए नहीं रखें और इस बात का इंतज़ार ना करें कि यह काम कोई और करेगा या आपको लाकर दे देगा। ऐसा नहीं होने वाला।

जो आप चाहते हैं, उसके लिए विशेषज्ञों से पूछना आपको बड़े परिणाम दे सकता है, यह उतना ही सरल है, जितना लगता है। अभी भी अधिकांश लोग पूछने को सबसे कठिन कामों में से एक मानते हैं। उन्हें तरक़्क़ी, दान, डेट, बेहतर सीट, एयरलाइन का बेहतर स्तर, बच्चे के लिए स्कूल में टीचर का बदलना आदि पसंद है, लेकिन यदि जवाब 'ना' में हो तो, वे नहीं पूछेंगे।

पूछने का गोल्डन रूल इसे करते रहना है। लगे रहिए। जो आप चाहते हैं, उसके बारे में लोगों से पूछें। हमारा मतलब यह नहीं है कि आप उनके पीछे पड़ जाएं। हमारे कहने का अर्थ है कि आपको महत्त्वपूर्ण लोगों से सकारात्मक तथा रचनात्मक तरीक़े से वह देने के लिए कहना चाहिए, जो आप चाहते हैं। आंकड़ों के लिहाज़ से देखें तो, संभव

है जवाब 'हां' से ज़्यादा 'ना' में मिले, लेकिन यदि मान लीजिए कि अनुपात 10:1 का है तो आपको आख़िरकार एक 'हां' ज़रूर मिलेगा।

यदि जवाब 'ना' हो तब भी आप उससे बुरी स्थिति में नहीं होंगे, जिसमें आप पूछने से पहले थे। आप ठीक पहले जैसी स्थिति में होते हैं।

जब आप पूछते हैं, तो इसे लेकर स्पष्ट रहिए कि आप क्या पूछ रहे हैं। यदि आप किसी से डेट के लिए पूछने वाले हैं तो यह नहीं कहें कि 'शायद हमें कभी घूमने चलना चाहिए,' बल्कि यह कहें, *'मैं आपको शनिवार रात डिनर पर और उसके बाद मूवी ले जाना चाहता हूं, आपको पिक करने का ठीक समय क्या होगा? 7 बजे या 8 बजे?'*

दूसरों से इस तरह से पेश आएं, जैसे यह सब पहले से तय है और तर्कसंगत है। *'मुझे वेतन में इज़ाफ़ा चाहिए' की जगह यदि आप 'मुझे हर महीने 600 डॉलर का इज़ाफ़ा चाहिए' कहते हैं तो 'हां' की संभावना अधिक होगी।*

'ज़िद्दी' वह शब्द है, जो आलसी लोग अक्सर समर्पित लोगों के लिए इस्तेमाल करते हैं।

अभी तय कीजिए कि दूसरों से अपने लक्ष्य में मदद करने के लिए पूछेंगे। तरक्की, डेट, परिचय, लोन, मार्गदर्शन या लक्ष्य के लिए जो भी ज़रूरी लगे, पूछिए। पूछना कभी मत छोड़िए। आपका विचार जो भी हो, कोई कहीं उस पर 'हां' कहने का इंतज़ार कर रहा है। संभव है कि आपको 10, शायद 20 या हो सकता है 100 से अधिक लोगों से पूछना पड़े, लेकिन कोई आपका इंतज़ार ज़रूर कर रहा है। जैसा कि अब आप जानते हैं कि यह सब आंकड़ों का खेल है। यदि कोई 'ना' कहता है तो हताश या निराश ना हों, बल्कि किसी दूसरे व्यक्ति से पूछने जाइए।

सत्य कथा- बॉडी लैंग्वेज़

1978 में बॉडी लैंग्वेज़ किताब का लेखन पूरा करने के बाद मैंने ऑस्ट्रेलिया के बड़े प्रकाशकों को फ़ोन किया, लेकिन किसी ने मेरी किताब में दिलचस्पी नहीं दिखाई। उन्होंने यह कन्सेप्ट कभी नहीं सुना था, ना ही वे मुझे जानते थे। उन्हें लग रहा था कि मेरा लेखन 'बेहद अमेरिकी' शैली का है और वे मेरे विचार को अस्वीकार कर

रहे थे। तब मैंने इसे स्वयं प्रकाशित करने का फ़ैसला किया।

मैं नहीं जानता था कि यह कैसे किया जाता है, लेकिन मैंने तय कर लिया था कि मैं यह करूंगा और यही मेरे लिए सबसे महत्त्वपूर्ण बात थी। 35वीं अस्वीकृति के बाद मेरे एक दोस्त ने मुझे वह किताब दी, जिसमें बताया गया था कि कैसे स्वयं की किताब प्रकाशित करें।

मुझे इसके लिए 7,000 डॉलर की ज़रूरत थी, इसलिए अगले छह महीने मैंने बॉडी लैंग्वेज़ पर भाषण दिए और सुनने वालों को अपनी आने वाली किताब महज़ 10 डॉलर एडवांस देकर पा लेने का प्रस्ताव दिया और कहा कि इस पर मेरा ऑटोग्राफ़ होगा। इस तरह छह महीने में मैंने प्रकाशन पूर्व बिक्री से 7,000 डॉलर जुटा लिए और किताब प्रकाशित कर दी। फिर मैंने एक छोटे वितरक का पता लगाया, जो कमीशन लेकर इन किताबों को बुक स्टोर्स पर बेचने के लिए तैयार था। मैंने एक प्रेस विज्ञप्ति लिखी (एक दोस्त के नाम से) और इसे सभी बड़े मीडिया संस्थानों को भेजा, यह बताते हुए कि मैं एक हास्य-विनोदी, मनोरंजक तथा विचारोत्तेजक शख़्सियत हूं। दो दिन बाद मुझे ऑस्ट्रेलिया के सबसे बड़े टीवी शो द माइक वॉल्स से कॉल आया। उनका मुख्य अतिथि किसी कारण नहीं आ पा रहा था। उन्होंने पूछा कि क्या मैं तत्काल उस अतिथि की जगह ले सकता हूं। मैं नहाकर, दाढ़ी बनाकर, अच्छी ड्रेस पहनकर, रिकॉर्ड समय में चैनल 9 पहुंच गया। उन्होंने मेरे शो को 18 मिनट का समय दिया और दो ही सप्ताह में बॉडी लैंग्वेज़ ऑस्ट्रेलिया में नंबर-1 हो गई।

एक नदी चट्टान को काट देती है, अपनी ताक़त नहीं, बल्कि ज़िद के कारण।

ऑस्ट्रेलिया में बॉडी लैंग्वेज की सफलता के बाद मैंने कुछ दिन अमेरिकी तथा ब्रिटिश प्रकाशकों के पते जुटाने में बिताए, ताकि उन्हें अपनी किताब प्रकाशित करने का मौक़ा दे सकूं। मैंने शीर्ष 53 प्रकाशकों से संपर्क किया, यह सोचते हुए कि मुझे कहीं से सिर्फ़ एक प्रस्ताव चाहिए।

यहां उन प्रकाशकों की सूची है, जिनसे मैंने संपर्क किया :

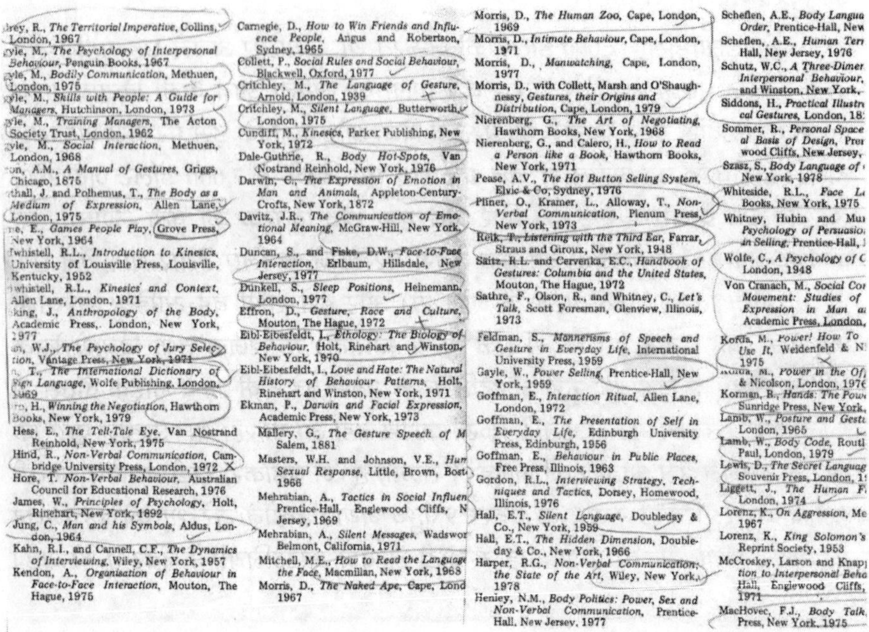

drey, R., *The Territorial Imperative*, Collins, London, 1967
gyle, M., *The Psychology of Interpersonal Behaviour*, Penguin Books, 1967
gyle, M., *Bodily Communication*, Methuen, London, 1975
gyle, M., *Skills with People: A Guide for Managers*, Hutchinson, London, 1973
gyle, M., *Training Managers*, The Acton Society Trust, London, 1962
gyle, M., *Social Interaction*, Methuen, London, 1968
on, A.M., *A Manual of Gestures*, Griggs, Chicago, 1875
thall, J. and Polhemus, T., *The Body as a Medium of Expression*, Allen Lane, London, 1975
ne, E., *Games People Play*, Grove Press, New York, 1964
whistell, R.L., *Introduction to Kinesics*, University of Louisville Press, Louisville, Kentucky, 1952
whistell, R.L., *Kinesics and Context*, Allen Lane, London, 1971
king, J., *Anthropology of the Body*, Academic Press, London, New York, 1977
n, W.J., *The Psychology of Jury Selection*, Vantage Press, New York, 1971
n, T., *The International Dictionary of Sign Language*, Wolfe Publishing, London, 1969
ro, H., *Winning the Negotiation*, Hawthorn Books, New York, 1979
Hess, E., *The Tell-Tale Eye*, Van Nostrand Reinhold, New York, 1975
Hind, R., *Non-Verbal Communication*, Cambridge University Press, London, 1972
Hore, T. *Non-Verbal Behaviour*, Australian Council for Educational Research, 1976
James, W., *Principles of Psychology*, Holt, Rinehart, New York, 1892
Jung, C., *Man and his Symbols*, Aldus, London, 1964
Kahn, R.I., and Cannell, C.F., *The Dynamics of Interviewing*, Wiley, New York, 1957
Kendon, A., *Organisation of Behaviour in Face-to-Face Interaction*, Mouton, The Hague, 1975
Carnegie, D., *How to Win Friends and Influence People*, Angus and Robertson, Sydney, 1965
Collett, P., *Social Rules and Social Behaviour*, Blackwell, Oxford, 1977
Critchley, M., *The Language of Gesture*, Arnold, London, 1939
Critchley, M., *Silent Language*, Butterworth, London, 1975
Cundiff, M., *Kinesics*, Parker Publishing, New York, 1972
Dale-Guthrie, R., *Body Hot-Spots*, Van Nostrand Reinhold, New York, 1976
Darwin, C., *The Expression of Emotion in Man and Animals*, Appleton-Century-Crofts, New York, 1872
Davitz, J.R., *The Communication of Emotional Meaning*, McGraw-Hill, New York, 1964
Duncan, S., and Fiske, D.W., *Face-to-Face Interaction*, Erlbaum, Hillsdale, New Jersey, 1977
Dunkell, S., *Sleep Positions*, Heinemann, London, 1977
Effron, D., *Gesture, Race and Culture*, Mouton, The Hague, 1972
Eibl-Eibesfeldt, I., *Ethology: The Biology of Behaviour*, Holt, Rinehart and Winston, New York, 1970
Eibl-Eibesfeldt, I., *Love and Hate: The Natural History of Behaviour Patterns*, Holt, Rinehart and Winston, New York, 1971
Ekman, P., *Darwin and Facial Expression*, Academic Press, New York, 1973
Mallery, G., *The Gesture Speech of M* Salem, 1881
Masters, W.H. and Johnson, V.E., *Hum Sexual Response*, Little, Brown, Bost 1966
Mehrabian, A., *Tactics in Social Influen* Prentice-Hall, Englewood Cliffs, N Jersey, 1969
Mehrabian, A., *Silent Messages*, Wadswor Belmont, California, 1971
Mitchell, M.E., *How to Read the Languag the Face*, Macmillan, New York, 1968
Morris, D., *The Naked Ape*, Cape, Lond 1967
Morris, D., *The Human Zoo*, Cape, London, 1969
Morris, D., *Intimate Behaviour*, Cape, London, 1971
Morris, D., *Manwatching*, Cape, London, 1977
Morris, D., with Collett, Marsh and O'Shaughnessy, *Gestures, their Origins and Distribution*, Cape, London, 1979
Nierenberg, G., *The Art of Negotiating*, Hawthorn Books, New York, 1968
Nierenberg, G., and Calero, H., *How to Read a Person like a Book*, Hawthorn Books, New York, 1971
Pease, A.V., *The Hot Button Selling System*, Elvic & Co, Sydney, 1976
Pliner, O., Kramer, L., Alloway, T., *Non-Verbal Communication*, Plenum Press, New York, 1973
Reik, T., *Listening with the Third Ear*, Farrar, Straus and Giroux, New York, 1948
Saitz, R.L. and Cervenka, E.C., *Handbook of Gestures: Columbia and the United States*, Mouton, The Hague, 1972
Sathre, F., Olson, R., and Whitney, C., *Let's Talk*, Scott Foresman, Glenview, Illinois, 1973
Feldman, S., *Mannerisms of Speech and Gesture in Everyday Life*, International University Press, 1959
Gayle, W., *Power Selling*, Prentice-Hall, New York, 1959
Goffman, E., *Interaction Ritual*, Allen Lane, London, 1972
Goffman, E., *The Presentation of Self in Everyday Life*, Edinburgh University Press, Edinburgh, 1956
Goffman, E., *Behaviour in Public Places*, Free Press, Illinois, 1963
Gordon, R.L., *Interviewing Strategy, Techniques and Tactics*, Dorsey, Homewood, Illinois, 1976
Hall, E.T., *Silent Language*, Doubleday & Co., New York, 1959
Hall, E.T., *The Hidden Dimension*, Doubleday & Co., New York, 1966
Harper, R.G., *Non-Verbal Communication: the State of the Art*, Wiley, New York, 1978
Henley, N.M., *Body Politics: Power, Sex and Non-Verbal Communication*, Prentice-Hall, New Jersey, 1977
Scheflen, A.E., *Body Langua Order*, Prentice-Hall, New
Scheflen, A.E., *Human Terr* Hall, New Jersey, 1976
Schutz, W.C., *A Three-Dimer Interpersonal Behaviour*, and Winston, New York,
Siddons, H., *Practical Illustr cal Gestures*, London, 18
Sommer, R., *Personal Space al Basis of Design*, Pre wood Cliffs, New Jersey,
Szasz, S., *Body Language of* New York, 1978
Whiteside, R.L., *Face L* Books, New York, 1975
Whitney, Hubin and Mu *Psychology of Persuasio in Selling*, Prentice-Hall,
Wolfe, C., *A Psychology of C* London, 1948
Von Cranach, M., *Social Co Movement: Studies of Expression in Man a* Academic Press, London,
Korda, M., *Power! How To Use It*, Weidenfeld & N 1975
Korda, M., *Power in the Of* & Nicolson, London, 197
Korman, B., *Hands: The Pow* Sunridge Press, New York,
Lamb, W., *Posture and Gest* London, 1965
Lamb, W., *Body Code*, Routl Paul, London, 1979
Lewis, D., *The Secret Languag* Souvenir Press, London, 1
Liggett, J., *The Human F* London, 1974
Lorenz, K., *On Aggression*, Me 1967
Lorenz, K., *King Solomon's* Reprint Society, 1953
McCroskey, Larson and Knap *tion to Interpersonal Beha* Hall, Englewood Cliffs, 1971
MacHovec, F.J., *Body Talk*, Press, New York, 1975

यह वो पत्र है, जो मैंने उन प्रकाशकों को भेजा था :

Prentice Hall Inc.
U.S. Highway
9 Englewood Cliffs
NEW YORK
U.S.A.

Dear Sir

Enclosed is a copy of the book "Body Language ... How To Read Others Thoughts By Their Gestures" published by Allan Pease in Sydney Australia. This book was released on 15th December 1981 in this country and has become an overnight success and is currently in it's fourth printing. The fourth printing takes the total numbers of books in this country to 27,000 which in relation to population is exceptional.

Mr Pease is a very personable Management Consultant from North Sydney who has the unique ability to present this subject in a rather remarkable way. He has appeared on every National network in this country in addition to appearing in practically every newspaper and magazine. (see news articles enclosed)

He plans to come to the United States this year to promote the book and is interested in seeking a publisher with the view to publishing the book there. Could you please contact us at your earliest convenience if you are interested in considering publishing this book in America.

Regards

मैंने मुझे मिले ज़्यादातर जवाबों को सहेज रखा है, उनमें कुछ ये हैं :

जिन 23 प्रकाशकों ने मुझे जवाब भेजे, उनमें से कुछ की प्रतिक्रियाएं ऐसी थीं :

'यह किताब हमारी लिस्ट/एजेंडा के मुताबिक़ नहीं है।'

'यह मनोरंजक है, लेकिन हमें नहीं लगता कि यह अमेरिका में चल पाएगी।'

'हमने इस तरह की किताबें देखी हैं। आपकी किताब में कुछ भी अलग नहीं लगता।'

'धन्यवाद, लेकिन हमें यह स्वीकार नहीं है।'

'शुभकामनाएं, कहीं और के लिए।'

और सबसे यादगार जवाब था : 'बॉडी लैंग्वेज ऑस्ट्रेलियाई लोगों पर लागू होती होगी, लेकिन ब्रिटेनवासियों पर नहीं।'

15 प्रकाशकों ने तो मुझे छपे हुए रिप्लाई कार्ड भेजे, यह कि 'हमें कॉल नहीं करें, हम आपको कॉल करेंगे।' वहीं बाकियों ने कोई जवाब नहीं दिया। मैं निराश तथा हतोत्साहित था, लेकिन अपने इरादों पर अटल था, बिना इसकी परवाह किए कि किसी ने क्या कहा, सोचा और किया। मैंने न्यू यॉर्क की फ़्लाइट पकड़ने और वहां जाकर प्रकाशकों के दरवाज़े खटखटाने का फैसला किया, ताकि उन्हें बॉडी लैंग्वेज ख़रीदने के लिए राज़ी कर सकूं। हालांकि यहां तीन दिन दरवाज़े खटखटाने के बाद भी कोई परिणाम नहीं मिला। अधिकांश प्रकाशक मुझसे मिले ही नहीं और जो मिले उन्होंने थोड़ी ही दिलचस्पी दिखाई। मैं जैसे दीवार पर सिर मार रहा था – 13 ने मुझसे कहा 'यहां से चले जाओ,' 6 मुझसे मिलने के लिए राज़ी हुए, लेकिन सिर्फ़ 3 संपादक ही वाकई में मिले। 29वें प्रयास पर एक छोटे-से प्रकाशक ने मुझसे हमदर्दी जताते हुए कहा कि आप प्रकाशकों से डील करने वाला एक एजेंट नियुक्त कर लीजिए। उसने कहा कि अमेरिका में आपको एजेंट की ज़रूरत पड़ेगी और पांच नामों की एक सूची मेरे हाथ में थमा दी। सबसे निचले स्तर पर पहुंचने के बाद, मुझे कम से कम इस बात की सांत्वना थी कि मैं आंकड़ों का खेल खेल रहा था – मैं प्रार्थना कर रहा था कि इसका जल्दी कोई परिणाम मिले।

किंतु इनमें दो एजेंट्स ने 'ना' कह दिया और दो अपॉइंटमेंट देने के बाद भी सामने ही नहीं आए। हालांकि आख़िरी एक एजेंट, जिसे ऐरन प्रीस्ट नाम से जाना जाता था, उसने मुझे और किताब के लिए मैंने जो उत्सुकता दिखाई, उसे पसंद किया। उसने कहा कि वह देखेगा कि क्या कर सकता है। सातवें प्रयास के बाद उसे एक प्रकाशक मिल गया, जो डील के लिए तैयार था। उसने दुनिया के सबसे बड़े प्रकाशकों में से एक बैंटम बुक्स के साथ 10 हज़ार अमेरिकी डॉलर का करार किया।

सिर्फ़ इसलिए लक्ष्य से पीछे हट जाना कि आपको असफलता मिली है; वैसा ही है, जैसा एक टायर पंक्चर हो जाने पर बाक़ी तीन को भी निकाल देना।

बॉडी लैंग्वेज़ की 70 लाख से अधिक प्रतियां बिकीं। इसका 51 भाषाओं में अनुवाद हुआ। बीबीसी के विज्ञान आधारित नौ कार्यक्रमों तथा ब्रिटिश चैनल-4 की नौ भागों वाली की एक टीवी सीरीज़ (जिसे बार्ब और मैंने होस्ट किया था) का यह विषय बनी। यह नेशनल ज़ियोग्राफ़िक तथा डिस्कवरी जैसे चैनल्स के विशेष टीवी शो का विषय भी रही और हर जगह यूनिवर्सिटी, कॉलेज़ और सेल ऐंड मैनेजमेंट की कक्षाओं का कोर्स बनी (अब भी है।) बॉडी लैंग्वेज़ विषय पर मेरी जो टॉप रेटिंग टीवी सीरीज़ थीं, उन्हें मैंने अपने लिए आरक्षित कर लिया, इन्हें लिखा और होस्ट भी किया। आख़िरकार, मुझे और बार्ब को नए रूस के शीर्ष 300 राजनेताओं को संबोधित करने के लिए क्रेमलिन बुलाया गया। 33 साल का होते-होते मैं बॉडी लैंग्वेज़ के साथ 35 देशों के टीवी चैनल्स पर नज़र आ चुका था। मैं ब्रिटेन, यूरोप तथा अमेरिका के 26 राज्य घूम चुका था। 20 साल बाद मेरे पास एक ट्रक भरकर अवॉर्ड्स थे। साथ ही तीन अंतरराष्ट्रीय यूनिवर्सिटी मुझे प्रोफ़ेसर की मानद उपाधि दे चुकी थीं। मुद्दे की बात यह है कि यदि मैं पहले, पांचवें या पंद्रहवें प्रयास में ही हार मान लेता -जैसे अधिकांश लोग करते हैं- तो बॉडी लैंग्वेज़ और उसके बाद जो हुआ, नहीं होता। मैं जानता था कि सफलता ज़रूर मिलेगी, सवाल सिर्फ़ कब मिलेगी का था। इसलिए कभी जल्दी हार नहीं मानें।

'जीवन में नाकाम लोगों में से अधिकांश वे होते हैं, जिन्हें पता नहीं चला कि जब उन्होंने हार मानी, तब वे सफलता के कितने नज़दीक थे।'

—थॉमस एडिसन

क्या भाग्य कोई भूमिका निभाता है?

आपको लग सकता है कि यह उन अचानक मिले अवसरों की कहानी है, जिसने एक शख़्स को नंबर-1 बेस्टसेलर बना दिया, लेकिन ऐसा नहीं है। मैं तय कर चुका था कि ख़ुद *बॉडी लैंग्वेज़* को प्रकाशित करूंगा, इस बात की परवाह किए बिना कि किसी ने क्या कहा, सोचा या किया। तब मेरे आरएएस ने आकर्षण के सिद्धांत को हरकत में ला दिया। यदि ये ख़ास परिस्थितियां नहीं बनी होतीं तो दूसरी होतीं। मुझे सफलता मिली, क्योंकि मैंने यह सोचकर शुरुआत की थी कि मैं क्या करूंगा, ना कि यह सोचकर कि कैसे करूंगा। मैंने एक लिखित प्लान बनाया और डेडलाइन तय करने के बाद पहला क़दम बढ़ाया। ख़ास बात यह रही कि यदि मैं उनकी सुनता, जो इसे ख़राब आइडिया बता रहे थे या उनकी जिन्होंने कहा कि आप लेखन या प्रकाशन के बारे में कुछ नहीं जानते या पुस्तक बाज़ार बड़ा मुश्किलों भरा है या अपनी 7 हज़ार डॉलर की राशि मुझे अच्छी छुट्टियां मनाने, बच्चों की पढ़ाई या नई कार पर ख़र्च करनी चाहिए या फिर मैं वह करूं, जो मैं जानता हूं; तो *बॉडी लैंग्वेज* का होना कभी संभव नहीं था।

मेरे आरएएस ने ऐसे लोगों की तलाश की, जो सफल लेखक और प्रकाशक थे। मैंने उसने पूछा कि मुझे क्या करना चाहिए और उन्होंने यह सब कैसे किया। मैंने आलोचना करने वाले अपने दोस्त तथा रिश्तेदारों को उनकी चिंता तथा दिलचस्पी के लिए शुक्रिया कहा और अपनी योजना पर आगे बढ़ चला।

'यह नहीं हो सकता कहने वाले लोगों को उसके काम में रुकावटें पैदा नहीं करनी चाहिए, जो यह कर रहा है।'

—चीनी कहावत

---

25 साल बाद, आठ और नंबर-1 बेस्टसेलर लिखने के बाद मैंने तथा बारबरा ने द *डेफ़िनिटिव बुक ऑफ़ बॉडी लैंग्वेज़* लिखी। इसके बावजूद कि 'विशेषज्ञ' इसे पुराने ढर्रे की और चलन से बाहर बता रहे थे, यह फिर से बेस्टसेलर की सूची में शामिल हुई। यह अब भी बिकती, बिकती और बिकती जा रही है।

सारांश

अधिकांश लोग जो जीवन में सफलता के लिए संघर्ष ही करते रहते हैं, वे या तो उस बारे में नहीं पूछते, जो वे चाहते हैं या फिर जल्दी हार मान लेते हैं। जब आपको यक़ीन हो कि आपके पास एक कामयाब आइडिया है, तो इसे तब तक नहीं छोड़ें, जब तक आप

इसे सफल बनाने के लिए हर संभव प्रयास नहीं कर लेते। सभी को अपने विचार तथा योजना के बारे में बताइए और उनसे मदद के लिए कहिए।

हार ना मानें। शुरुआत हमेशा सबसे मुश्किल हिस्सा होती है। जब आपके मन में पीछे हट जाने का विचार आए तो अपने लक्ष्यों की सूची को एक बार फिर पढ़ लीजिए और सिर्फ़ उस बारे में सोचिए, जिसे आप परिणाम के रूप में चाहते हैं। बाधाओं को कभी भी आपको उस चीज़ से दूर मत करने दीजिए, जो आपको लगता है कि आप करने के लिए बने हैं।

वहां तक जाइए, जहां तक रास्ता दिखाई दे रहा है, जब आप वहां पहुंच जाएंगे तो आपको आगे का रास्ता नज़र आने लगेगा, जिसे आप शुरुआत में नहीं देख सकते थे। दूसरों से थोड़ा अधिक दूरी तक जाइए, वहां आपको कभी भीड़ नहीं मिलेगी।

कुछ लोग इसलिए सफल होते हैं, क्योंकि सफलता उनकी क़िस्मत में थी, लेकिन ज़्यादातर लोग इसलिए सफल होते हैं, क्योंकि उनके इरादे मज़बूत थे।

आपने जीवन में जो भी व्यवसाय या कोर्स करने का फ़ैसला लिया हो, उसके बारे में सिर्फ़ उन्हीं से सलाह लें, जिन्होंने आपकी परिस्थितियों को अनुभव किया हो; जो वहां पर हो, जहां आप जाना चाहते हैं या फिर आप जो करना चाहते हैं, उसमें उन्हें महारत हासिल हो। जब बात आपके लक्ष्य की हो तो उन्हीं से सलाह लीजिए, जो पहले वह काम कर चुके हों या कर रहे हों, जो आप करने का इरादा रखते हैं। दूसरे लोगों की सलाह सिर्फ़ सलाह होती है और अक्सर विनाशकारी या अनुपयोगी होती है।

- उसके पीछे भागिए, जो आप चाहते हैं, अन्यथा वह आपको कभी नहीं मिलेगा।
- पूछिए, पूछिए, पूछिए - अन्यथा जवाब हमेशा 'ना' ही होगा।
- आगे बढ़िए, वरना हमेशा वहीं रहेंगे, जहां हैं।
- असफलता कभी धराशायी होने की वजह से नहीं मिलती, बल्कि यह उठकर खड़े ना होने से मिलती है।

कभी हार ना मानें - कभी नहीं, कभी नहीं, कभी नहीं, कभी नहीं, किसी महान या छोटे, बड़े या तुच्छ के सामने नहीं। सम्मान और बुद्धिमानी भरे निर्णय के दृढ़ विश्वास वाली स्थिति को छोड़कर कभी हार ना मानें। दबाव के आगे समर्पण ना करें। कभी दुश्मन के भारी बल के आगे समर्पण ना करें।'

— विंस्टन चर्चिल

14

छोटे कमरों वाले घर से आलीशान घर तक

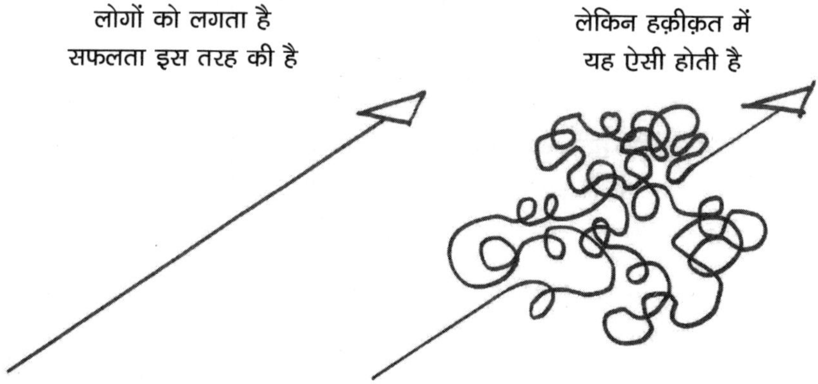

बारबरा और मेरे बीच इस बात को लेकर काफ़ी बहस हुई कि इन अगले दो अध्यायों को किताब में शामिल किया जाए या नहीं। ये हम दोनों के लिए आत्मकथात्मक और निजी हैं, लेकिन हमने ऐसा करने का फ़ैसला किया, क्योंकि ये इस बात को दर्शाते हैं कि इस पुस्तक में दिए गए सिद्धांतों को हमने किस तरह स्वयं के जीवन में लागू किया है।

बॉडी लैंग्वेज़ किताबों की श्रंखला, फिर टीवी सीरीज़ व डॉक्यूमेंटरीज़ के ज़रिए मिली वैश्विक सफलता के 15 वर्षों बाद ज़िंदगी बेहद खुशहाल थी। हमने महंगी कारें, एक बड़ा-सा ओशन क्रूज़र, पानी पर तैरता एक ख़ूबसूरत घर और एक कंट्री रिट्रीट

रिसोर्ट ख़रीदा था; हमने आकर्षक जगहों की यात्रा की और हमारे पास अच्छी-ख़ासी ख्याति तथा यश था।

किंतु 1994 में बारबरा तथा मैं एक ग़लत निर्णय का शिकार हो गए - हमारा स्वयं का ग़लत निर्णय। हमने सब कुछ खो दिया - अपना घर, निवेश, नक़दी और आत्मसम्मान भी। वर्षों की बड़ी भारी सफलता के बाद सबकुछ लगभग रातोंरात ग़ायब हो गया। हम लाखों के क़र्ज़दार हो गए। वकील, अकाउंटेंट्स, दुख, अवसाद, क़र्ज़ अदायगी और तनाव के कारण मेरे कैन्सर का शिकार हो जाने में बीते दो और साल बाद हमने फिर नई शुरुआत का फ़ैसला किया। यह हमारे लिए चुनौती भरा वक़्त था, क्योंकि अब तो हमने *बॉडी लैंग्वेज़* किताबों तथा अन्य उत्पादों के लिए बाज़ार भी ख़ाली नहीं छोड़ा था। मेरी उम्र 45 तथा बार्ब की 34 थी, लेकिन हम कंगाल थे। यह सब तब हुआ, जब हमने पहले से ज़्यादा सफल होने का कड़ा फ़ैसला किया था। हम प्लास्टिक कार्ड टेबल के सामने बैठे थे, एक मित्र ने हमें क़र्ज़ दिया और हमने अपने नए लक्ष्य हाथों से लिखे। जो जीवनशैली हमें जीनी थी और जो सफलता पानी थी, उसे हमने विस्तार से लिखा। हम नहीं जानते थे कि यह हम कैसे करेंगे, लेकिन हमने तय कर लिया था कि हम क्या करेंगे और हम जानते थे कि यही सबसे अहम चीज़ है। इसके अलावा कोई दूसरा विकल्प नहीं था - हमें आगे बढ़ना ही था।

अच्छा फ़ैसला, बुरे अनुभवों से आता है और बुरे अनुभवों में से अधिकांश, बुरे फ़ैसलों से आते हैं।

कुछ और माह के आत्मविश्लेषण के बाद हमने तय किया कि हमारी योजना एक नई किताब लिखने की होगी, जिसकी बिक्री करोड़ों में होगी, ना कि हज़ारों या लाखों में, जैसा कि पहले हम कर चुके थे। इस सुस्पष्ट लक्ष्य का अर्थ था कि यदि हमें और ऊंची छलांग लगानी है, तो किताबें लिखने के दूसरे तरीक़ों के बारे में सोचना होगा। हमने तय किया कि सिर्फ़ ऐसी किताबें लिखेंगे, जिन्हें बेचने के लिए लोगों को भरोसे में लेना ज़रूरी ना हो। वे इसे तब भी ख़रीदना चाहें, जबकि हमारे बारे में कुछ नहीं जानते हों।

1970 और 80 के दशक में *बॉडी लैंग्वेज़* को अंतरराष्ट्रीय ख्याति मिलने के बाद हमने ऐसी किताबें लिखीं, जिनकी लोगों को वाकई ज़रूरत थी, जैसे कि मेरी *हाउ टु राइट लेटर्स ऐंड ई-मेल्स देट गेट रिज़ल्ट्स* तथा बारबरा की *हाउ टू रिमेम्बर नेम्स ऐंड फ़ेसेस।* ये किताबें टॉप-10 बेस्टसेलर्स में शामिल थीं और इनकी लाखों प्रतियां बिकीं, लेकिन आर्थिक रूप से हमारी वापसी के लिए ऐसा कोई प्रयास बहुत ही सीमित था। इस बात से हर कोई सहमत होगा कि लोगों के नाम याद रखने की अपनी क्षमता को सुधारना उचित है, लेकिन इसके लिए किताब ख़रीदने का विचार वे कभी मन में नहीं लाएंगे।

इस बात से भी हर कोई सहमत होगा कि लेखन में संवाद स्थापित करने की क्षमता बेहद ज़रूरी है - लेकिन इसे कैसे करना है, इसके लिए वे कोई किताब नहीं तलाशेंगे। आपको उन्हें इसे ख़रीदने का विचार बेचना होगा। लेकिन लोग इस बारे में किताब ज़रूर ख़रीदेंगे कि ज़्यादा पैसा, प्यार, ताक़त और सेक्स कैसे पाएं। इसलिए हमारे के लिए यही जवाब होगा।

हमने ऐसी किताबें लिखी थीं, जिनकी लोगों को वाकई ज़रूरत थी, ना कि जो वे वाकई चाहते थे।

हम अब केवल ऐसे ही विषयों के बारे में किताब लिखेंगे - जिनके बारे में पढ़ने के लिए लोग हमें पैसा चुकाएं। हमें उन्हें प्राथमिकता देना है, ना कि ख़ुद को। अपने नए लक्ष्य को सुस्पष्ट रूप से लिख लेने से हमारा आरएएस सर्च मोड में चला गया था। हमने तुरंत लेखन के नए शीर्षकों और नए तरीक़ों के बारे में देखना शुरू कर दिया, जिनके बारे में पहले कभी नहीं सोचा था।

आरएएस को एक उच्च स्तर पर प्रोग्राम करना, जैसा हमने किया था; नाटकीय था। क्योंकि सिर्फ़ टॉप-10 बेस्टसेलर लिखने का फ़ैसला एक तरह से अड़ियल रवैया ही है। किंतु हमें यह करना ही था, क्योंकि मैं 45 का था और 70 साल की उम्र तक पहुंचने के बाद भी क़र्ज़ चुकाते रहना नहीं चाहता था। यदि हम ऐसी निराशाजनक परिस्थितियों में नहीं होते तो कभी इतने ऊंचे लक्ष्य निर्धारित नहीं करते, वैसे भी अब हमारे पास कोई विकल्प नहीं था। परिणाम के रूप में जो सामने आया, वह दर्शाता है कि यदि आप आरएएस का सही इस्तेमाल करें तो यह कितना शक्तिशाली है।

व्यवसाय के मामले में लेखक बिरले ही अच्छे फ़ैसले लेते हैं, इसलिए हमने तय किया कि भविष्य के सभी फ़ैसले हम व्यवसाय को ध्यान में रखकर लेंगे। इस तरह हमारे फ़ैसले वित्तीय दृष्टि से समझदारी भरे होंगे। दूसरे लेखक अपनी व्यक्तिगत विशेषज्ञता और जुनून के बारे में लिखते हैं, जबकि हमने तय किया कि हम व्यवसायी पहले होंगे - बाक़ी सब इससे कम महत्त्वपूर्ण होगा।

हमारी अगली बड़ी किताब के बारे में...

जब आप कंगाल हों और आपके पास कुछ नहीं बचा हो तो आप यह खोजने के लिए बाध्य हो जाते हैं कि आख़िर आप ज़िंदगी से क्या चाहते हैं। अपने वित्तीय संकट से उबरने की लगभग तीन वर्षों की कोशिशों के बाद बार्ब तथा मेरे रिश्ते गंभीर संकट में थे। यदि आप किसी के साथ लंबे समय तक रिश्ते में रहे हैं तो यह ज़रूर समझ सकते

हैं कि हम किस हालात में थे। *'आप उनके साथ नहीं रह सकते, लेकिन आप उनके बिना भी नहीं रह सकते।'*

हमारे बीच अहम मुद्दे सामान्य तौर पर वे ही थे, जो अधिकांश जोड़ों के बीच होते हैं - महिला व पुरुष के बीच ज़िंदगी को देखने के अंतर। इन मुद्दों का समाधान करने और अलगाव या तलाक़ को टालने के लिए हमने तय किया कि हम एक सूची बनाएंगे, जिसमें एक-दूसरे के बारे में ऐसी चीज़ें लिखेंगे, जो हमें दिक्कत भरी लगती हैं। हमने पाया कि यदि हम इन चीज़ों का समाधान, इन पर समझौता या बातचीत कर सकते हैं तो साथ रहकर खुशहाल ज़िंदगी जी सकते हैं। ज़्यादातर पुरुष 6-8 चीज़ों की सूची बना सकते हैं, जो वे अपने साथी में पसंद नहीं करते - मेरी सूची में भी छह मुद्दे थे। किंतु मुझे बारबरा को सूची लिखने से तब रोकना पड़ा, जब वे पेज चार पर पहुंच गईं! वैसे मेरी शिकायतों की सूची में शामिल था : बार्ब का सड़कों के मानचित्र नहीं पढ़ पाना; मुद्दे पर नहीं आना; जब मुझे शांति की ज़रूरत होती, तब भी बोलते रहना; गप्पें लड़ाना; जब मैं चाहता था, तब अक्सर मेरे साथ सेक्स नहीं करना - ये सभी पुरुषों वाली आम शिकायतें। वहीं उनकी सूची में शामिल था : मेरा दिशा के बारे में नहीं पूछना; उनकी 'परेशानी' हल करने लगना, जबकि वे चाहती हैं कि मैं सिर्फ़ सुनूं; उन्हें बताना कि वे किस तरह से सोचें; बहुत अधिक सेक्स की चाह और टॉयलेट की सीट खुली छोड़ देना। हालांकि हमें उस समय यह अहसास नहीं हुआ था कि ये सूचियां हमारी अगली बेस्टसेलर की बुनियाद बनेंगी, जिसे हमने शुरुआती तौर पर 'रिलेशनशिप रेस्क्यू' नाम दिया था।

महिलाओं के बीच दोस्ती :

एक महिला एक रात घर नहीं आती। अगले दिन वह पति को बताती है कि वह अपनी एक दोस्त के घर रात रुकी थी। पति ने पत्नी की 10 सबसे क़रीबी दोस्तों को फ़ोन किया। किसी को इस बारे में कुछ नहीं पता था।

पुरुषों के बीच दोस्ती :

एक आदमी एक रात घर नहीं आया। अगले दिन उसने पत्नी को बताया कि वह एक दोस्त के घर रात रुका था। पत्नी ने पति के 10 सबसे क़रीबी दोस्तों को फ़ोन किया। इनमें से आठ ने पुष्टि की कि वह रुका था, जबकि दो ने दावा किया कि वह अभी भी उन्हीं के घर पर है।

अपने नए लक्ष्यों तथा योजनाओं को सुस्पष्ट तरीक़े से लिख लेने के बाद हमें महसूस हुआ कि लक्ष्यों तक पहुंचने के लिहाज़ से ऑस्ट्रेलिया हमारे लिए पर्याप्त नहीं है। सर्वाधिक सफल स्तर तक पहुंचने के लिए हमें बड़ा बाज़ार तलाशने की ज़रूरत थी। हमें बड़ी संख्या में किताबें बेचने और विशाल सम्मेलनों में बोलने के लिए बड़ी आबादी वाले देशों में पहुंचने की आवश्यकता थी।

इसके बाद हमने अपनी इस महत्त्वाकांक्षी योजना के सबसे चुनौती भरे हिस्से को पूरा किया - हमने डेडलाइन तय की। हमने तय किया कि अगले 12 महीनों में हम यूरोप में ख़ुद को स्थापित कर लेंगे और वहां से अपनी गतिविधियां चलाएंगे।

दुनिया के 'ऊपर'

हमने 15 डॉलर में विश्व का एक बड़ा-सा नक़्शा ख़रीदा और इसे लिविंग रूम के फ़र्श पर बिछाकर इस पर खड़े हो गए। हमने तय किया कि हमारे लिए सिर्फ़ दो वैश्विक बाज़ार हैं - अमेरिका या यूरोप। यूरोप हमें बेहतर विकल्प लगा, क्योंकि इसकी जनसंख्या अधिक थी। रूस तथा अन्य पूर्वी यूरोपीय देशों को मिलाकर यूरोप की जनसंख्या एक अरब थी, जबकि अमेरिका की 30 करोड़। यूरोप में एक से दूसरे स्थान की यात्रा हमारे लिए अमेरिका की तुलना में आसान थी। साथ ही यह हमारे के लिए रहस्यमय और आकर्षक जगह थी। बर्लिन की दीवार को गिराया जा रहा था और पूर्वी यूरोप में साम्यवाद अपने अंत की ओर था। हमने इस नए बाज़ार की अनजान चुनौतियों से निपटने तथा यहां जानी-पहचानी शख़्सियत बनने का फ़ैसला किया। इसके लिए हमें इंग्लैंड में रहना तर्कसंगत लगा, क्योंकि हम यहां की भाषा जानते थे। हमने तय किया कि हम मध्य में कहीं रहेंगे, मोटर-वे के क़रीब और अंतरराष्ट्रीय एयरपोर्ट के पास, ताकि हमें यात्राएं करने में आसानी हो। हमने एक पिन ली और इसे इंग्लैंड के मैप के मध्य में रख दिया। यह वार्विकशायर में एक छोटा-सा कस्बा था, जो हेनले-इन-आर्डेन कहलाता था।

सबसे अंधेरे कमरे में ही अक्सर सबसे बड़ा
ख़ज़ाना छिपा होता है।

हमने हेनले-इन-आर्डेन के बारे में कभी नहीं सुना था, हम इसके बारे में कुछ नहीं जानते थे और ना ही वहां रहने वाले किसी व्यक्ति को। हम बिलकुल नहीं जानते थे कि यह सब कैसे होगा, हम तो सिर्फ़ यह जानते थे कि हम क्या करना चाहते हैं और यह कि हेनले-इन-आर्डेन नाम का कस्बा इंग्लैंड के लगभग मध्य में है। हमने तय किया कि 'क्या'

करना है और इसे अपने आरएएस को भेज दिया – हमें यक़ीन था कि 'कैसे' जल्दी ही ख़ुद-ब-ख़ुद सामने आ जाएगा।

अनजान जगह प्रवेश

सिर्फ़ एकमात्र लक्ष्य और सृष्टि में आस्था लिए ब्रिटेन जाना हमें भयभीत भी कर रहा था और उत्साहित भी। हम इस बात से सहमत थे कि बार्ब हमारी आमदनी के लिए प्रेरणा शक्ति का काम करेंगी, वे बड़ी कंपनियों को फ़ोन करेंगी और वक्ता के तौर मुझे सम्मेलनों में बुलाए जाने का करार करेंगी। दोबारा सोचने पर यह लगभग असंभव लगता है कि हम वह कर सकते थे, जो हमने किया, लेकिन हमारे पास कोई अन्य विकल्प नहीं था। जब आपके पीछे दीवार हो, हाथ में तलवार और कोई विकल्प बाक़ी नहीं हो तो आप सिर्फ़ आगे ही बढ़ सकते हैं। हमने तो सफलता के अलावा कुछ और सोचने से भी इनकार कर दिया था। हम इस सफलता को पहले से भी अधिक बड़ा बनाने वाले थे। बात ख़त्म। हमने तय किया था कि हम सिर्फ़ अपनी योजना के पीछे चलेंगे, इस बात की परवाह किए बिना कि किसी ने क्या कहा, सोचा या किया।

आगे का हमारा रास्ता ऐसे स्वरूप लेता है

हांगकांग में दो साल पहले हुई एक कॉन्फ्रेंस में हम जॉन फ़ेंटन नाम के एक स्पीकर से मिले थे। वो वार्विकशायर में रहते थे। उन्होंने हमसे कहा था, 'यदि आप कभी वार्विकशायर आएं, तो मेरे घर ज़रूर आएं और ठहरें।' यह एक ऐसा आमंत्रण था, जो किसी से मिलने और दोस्ताना संबंध होने पर आप उसे दे देते हैं, लेकिन उम्मीद नहीं करते कि ऐसा सच में होगा। हालांकि हमने उनका आमंत्रण स्वीकार करने का फ़ैसला किया, क्योंकि वे हेनले-इन-आर्डेन के पास रहते थे। हमने सोचा पहले फ़ोन कर यह बता देना शिष्टता होगा कि हम आ रहे हैं, इसलिए मैंने उन्हें फ़ोन किया। 'हाय जॉन, हमें पहचाना? हम आपका आमंत्रण स्वीकार करते हैं। चाय की केतली तैयार रखिए, हम अगले सप्ताह आ रहे हैं!'

फ़ोन कुछ देर साइलेंट हो गया। फिर उन्होंने कहा, 'ठीक है... आइए!' जब आपके पास सुस्पष्ट लक्ष्य हो तो दूसरों से मदद के लिए कहिए, कई लोग आपकी मदद करना चाहते हैं। हमने स्पष्ट तौर पर उस चीज़ के लिए पूछा, जो हम चाहते थे और हमें सहमति मिली। हमने महसूस किया कि सीधे पूछ लेना बेहतर रहा, क्योंकि इसने जॉन

को इनकार करने का मौक़ा नहीं दिया - और हमें रुकने के लिए किसी और जगह की ज़रूरत नहीं पड़ी। यदि जॉन ना कहते तो हम प्लान-बी आज़माते, वह जो भी होता!

जब आप सुस्पष्ट लक्ष्य निर्धारित कर लेते हैं तो आप सकारात्मक व सीधे तरीक़े से उस चीज़ पर काम और बात करने लगते हैं, जो आप करना चाहते हैं और करेंगे।

हेनले-इन-आर्डेन में आगमन

एक सप्ताह बाद, 10 मई 1997 को हम सिडनी से विमान में सवार हुए। हमने अपने अंतिम 2 हज़ार डॉलर से ब्रिटेन के लिए दो सबसे सस्ते टिकट ख़रीदे थे। हम सुबह पांच बजे हीथ्रो एयरपोर्ट उतरे, यहां एक कार किराये पर ली और दो घंटे की ड्राइविंग के बाद उस स्थान पर पहुंचे, जो जल्द हमारा ठिकाना बनने जा रहा था, यानी वार्विकशायर में शेक्सपियर का छोटा-सा गांव हेनले-इन-आर्डेन। जॉन फ़ेंटन अब रिटायर हो चुके हैं, हमें लगा कि वे धीमी गति से काम करते होंगे, लेकिन जब हम उनसे मिले तो वे काफ़ी मिलनसार और ऊर्जावान थे। वे कई सेल्स बुक्स लिख चुके थे, उन्होंने स्वयं के मोटिवेशनल सेमिनार आयोजित किए थे और वे एक सफल प्रॉपर्टी डेवलपर भी थे। वे ऊर्जा से भरे रहने वाले एक ऐसे इंसान थे कि यदि आप उनके साथ एक घंटा बिता लें, तो ख़ुद पर से उनके प्रभाव को ख़त्म करने के लिए आपको एक सप्ताह की छुट्टी लेनी पड़े। वे औरों का ख़याल रखने वाले और उदार व्यक्ति भी थे। हम वार्विकशायर स्थित जॉन के घर पहुंचे और डिनर के दौरान उन्हें वह सब कुछ बताया, जो हमारे साथ घटा था और यह भी कि हम वहां क्यों आए हैं। वे हैरान भी थे और प्रभावित भी।

उन्होंने पूछा, 'तो आपने दुनिया के दूसरी तरफ़ -जहां आपको कोई नहीं जानता, ना ही आप किसी को- आने का फ़ैसला इसलिए किया, क्योंकि आप कंगाल हैं, सिर्फ़ बेस्टसेलर ही लिखेंगे और बेहद सफल तथा प्रसिद्ध बनेंगे?'

'क्या यही आप मुझे बता रहे हैं?'

मैं बोला, 'यही पूरा सार है, जॉन।' उन्होंने नीचे देखा, अपने हाथों को अपने चेहरे पर रखा, अपना सिर खुजाते हुए हंसते हुए बोले, 'तब बेहतर होगा कि इसका जश्न मनाने के लिए हमारे पास ड्रिंक हो।'

उन्होंने शैम्पेन की बोतल खोली और मदहोश होने से पहले हम इन सब कामों के अनौचित्य पर हंसते रहे।

हालांकि अगली सुबह जब मैंने और बारबरा ने हेनले-इन-आर्डेन का सूर्योदय देखा, हम उस चीज़ की वास्तविकता और व्यापकता में खो गए, जो हम करने वाले थे।

जॉन ने नाश्ता करते वक़्त पूछा 'तो... कौन-सी किताबें आप लिखने जा रहे हैं और कैसे उन्हें बेचेंगे?' मैंने कहा, 'इसका विवरण थोड़ा मुश्किल है जॉन, लेकिन हम इस दिशा में काम करेंगे कि क्या करना है और उससे बेहतर करेंगे, जितना अब तक कोई कर पाया है। हम तय कर चुके हैं कि क्या करना है और यही बड़ा फ़ैसला है।'

जॉन ने आगे पूछा, 'आप कहां रहेंगे?' मैंने हंसते हुए कहा, 'इसका भी विवरण मुश्किल है जॉन। क्या आपका कोई सुझाव है?'

बड़े लक्ष्य निर्धारित करने और उनके बारे में दूसरों को बताने में उत्साहजनक बात यह है कि कई लोग लक्ष्य पाने में आपकी मदद का प्रयास करना चाहते हैं। जॉन फ़ेंटन भी उस योजना का हिस्सा बनने के लिए उत्साहित थे, जिसे कुछ लोगों ने एक असंभव सपना माना था।

हालांकि सबसे पहले हमें रहने के लिए किसी जगह की ज़रूरत थी, इसलिए जॉन ने हमारी मुलाक़ात टोनी अर्ल से करवाई, जो ट्वीड जैकेट पहनने वाले, 60 साल के रूढ़िवादी शख़्स थे। टोनी एक रियल एस्टेट एजेंसी चलाते थे, जिसे 1920 में उनके पिता ने हेनले-इन-आर्डेन में शुरू किया था। हमने अपना अनुभव टोनी और उनके स्टाफ़ से साझा किया और उन्हें समझाया कि हम उनके ऑफ़िस किस तरह की परिस्थिति में आए हैं। टोनी वहां बैठ गए और उत्सुकता से हमें घूरने लगे, जैसे कोई चिड़ियाघर में चिम्पांज़ी पर अध्ययन कर रहा हो।

उन्होंने पूछा, 'तो आपने मैप पर एक पिन रखी... जो मेरे ऑफ़िस पर आकर रुकी... और अब आप यहां व्यवसाय करने और रहने आए हैं?'

'लेकिन आपके पास पैसे नहीं हैं, रहने के लिए जगह नहीं है और कोई काम भी नहीं है...?'

मैंने कहा, 'हां, सही है! लेकिन टोनी, ये चीज़ें हमारे पास जल्द ही होंगी, इसीलिए हम आपसे मिलने आए हैं। आप किस तरह हमारी मदद कर सकते हैं?' टोनी हंस पड़े। असल में इस मुलाक़ात के दौरान मौजूद सभी लोग हंस पड़े। इसके बाद टोनी ने हमें दोपहर का खाना खिलाया और मज़ाक़ में कहा कि यह हमारा 'लास्ट सपर' साबित हो सकता है।

हालांकि, हंसी-मज़ाक़ के बावजूद हर कोई इस बात को लेकर हमसे प्रभावित था कि हम जिस स्थिति से गुज़रे थे, उसके बावजूद हममें यह करने का दृढ़-संकल्प था और इसलिए भी कि हमारे पास ऐसी महत्त्वाकांक्षी, लगभग मुश्किल-सी योजना थी। दो दिन के भीतर हमने टोनी के साथ अच्छे रिश्ते बना लिए और उन्होंने हमें हेनले-इन-आर्डेन में बिकाऊ तथा किराए पर उपलब्ध संपत्तियां दिखाईं। किराए पर लेने के लिहाज़ से जो

सबसे अच्छी संपत्ति हम तलाश सकते थे, वह 800 पाउंड (2000 ऑस्ट्रेलियाई डॉलर) प्रतिमाह की थी। इसके अलावा इससे पहले कि हम काम शुरू करते, हमें फ़र्नीचर, ऑफ़िस का साजो-सामान, टेलीफ़ोन और जैसे-तैसे एक कार भी ख़रीदनी थी। यह सब लगभग नामुमकिन लगता था, क्योंकि हमारे पास पैसे ही नहीं थे। किंतु जब आप अपने लक्ष्य की ओर बढ़ते हैं और आरएएस का इस्तेमाल करते हैं तो जवाब अपने आप मिलने लगते हैं। हालांकि जब कहीं जाए बिना तीन दिन बीत गए तो टोनी ने अपने हाथ हमारे कंधों पर रखे और चिंतित होकर पिता की तरह पूछा, 'क्या आप आश्वस्त हैं कि आप वास्तव में यही करना चाहते हैं?'

हमने कहा, 'बिलकुल, टोनी! हम तय कर चुके हैं कि हम क्या चाहते हैं... हम सिर्फ़ यह नहीं जानते कि हम इसे करेंगे कैसे।'

हालांकि, मैं इसे लेकर आशावादी था, फिर भी बारबरा और मैं जॉन के घर निराश लौटे, क्योंकि अभी भी हमारे पास रहने के लिए जगह नहीं थी। मैंने बार्ब को दोबारा भरोसा दिलाया, 'जल्दी ही कुछ अच्छा होगा हनी। यह सब तो होता रहता है।'

सितारे कभी अंधेरे के बिना नहीं चमक सकते

यद्यपि बारबरा को काम की योजना बनाने के मेरे दृढ़ संकल्प पर पूरा भरोसा था, फिर भी उन्होंने यह ज़रूर सोचा होगा कि मैं थोड़ा-सा सनकी हूं। हमारे मिलने के बाद उन्होंने ना सिर्फ़ आर्थिक तौर पर अपना सब कुछ गंवा दिया था, बल्कि अब उनके पास दुनिया के दूसरी तरफ़ एक नया व्यवसाय शुरू करने का ज़िम्मा था, जहां उनके पास रहने तक की जगह नहीं थी और एक आदमी था, जिसके पास पैसा नहीं, सिर्फ़ सपने थे। किंतु मुझे यह भी लगा कि जिस तरह का सहयोग मुझे बार्ब से मिला, एक-दूसरे के लिए हमारे बीच जो प्यार है, उससे सफलता मिलनी तय है, इस तरह नहीं तो किसी और तरीक़े से। बुरे-से-बुरा क्या हो सकता था? मुझे पता था कि यदि हमें खलिहान में जानवरों के साथ सोना पड़े तो बारबरा इसके लिए भी तैयार हो जाएंगी। और यदि, अंत में एक-दूसरे के लिए सिर्फ़ हम ही बाक़ी रह जाते हैं तो भी ज़िंदगी वैसी ही रहेगी, जैसी है।

वैसे मैंने पूरी ज़िंदगी लक्ष्य-निर्धारण का सफल इस्तेमाल किया है और लगातार उसकी ओर बढ़ा हूं, जिसका मुझे तजुर्बा नहीं है। हक़ीक़त में यह भी ऐसा ही था - सिर्फ़ कुछ ज़्यादा बड़ा। कुछ लोगों ने इस तरीक़े को आकर्षण का नियम कहा है, तो कुछ ने सृष्टि या भगवान - हम इसे आरएएस के रूप में जानते हैं।

एक दिन सुबह टोनी ने फ़ोन किया और कहा कि वे हमसे मिलना चाहते हैं। जॉन की तरह वे भी 'पीज़ की जुनूनी साहसी यात्रा' में डूब चुके थे और इसका हिस्सा बनने का आनंद ले रहे थे। टोनी ने बताया कि हेनले-इन-आर्डेन के पास ही उन्होंने 17वीं सदी की एक वाटरमिल ख़रीद रखी है, जो फ़िलहाल ख़ाली है। उन्होंने बताया कि वाटरमिल

रहने लायक़ साधनों से लैस है और इसके तलघर को थोड़ा-सा व्यवस्थित कर ऑफ़िस बनाया जा सकता है। उन्होंने कहा कि इसके लिए वे हमसे बहुत ही मामूली किराया 500 पाउंड प्रतिमाह लेंगे, जिसे हम बाद में भी चुका सकते हैं, जब हम ख़ुद पर निर्भर हो जाएं और पैसा आ जाए। अब हम आसमान पर थे! हम शुरुआत कर चुके थे!

इसलिए दूसरों से पूछिए, पूछिए और पूछिए!

जब आप स्पष्ट तरीक़े से जानते हैं कि आप क्या चाहते हैं और लोगों से मदद मांगते हैं तो आपको मदद मिलेगी। उनसे भी, जिनसे आप कभी मिले नहीं हैं।

टोनी और जॉन ने गांव में यह कहानी सभी को सुनाई कि दो जुनूनी ऑस्ट्रेलियाई, जो कंगाल हो गए थे, उन्होंने दुनिया के नक़्शे पर एक पिन रखी, बिना कुछ साथ लिए हेनले-इन-आर्डेन चले आए और अब टोनी की वाटरमिल में रह रहे हैं। जॉन ने हमें बताया कि जल्द ही उनका एक सम्मेलन होने जा रहा है, जिसमें 2000 लोग भाग ले रहे हैं। इसके स्पीकिंग प्रोग्राम में वे मुझे भी शामिल करने वाले हैं। इसके अलावा वे हमें एक कार भी उधार देंगे। सात दिन पहले जब हम सिडनी में विमान पर चढ़े थे, तब ब्रिटेन में जॉन के अलावा किसी को नहीं जानते थे। हमारे पास सिर्फ़ अपने लक्ष्य, समयसीमा, संकल्प, एक-दूसरे का साथ और एक छोटी-सी किराए की कार थी। अब हम पूरी तरह से सुसज्जित घर में रह रहे थे। एक संभावित ऑफ़िस था, दो नए अच्छे दोस्त थे, एक कार थी और एक काम! आरएएस हमेशा काम करता है...

आप सोच सकते हैं कि यह सिर्फ़ भाग्य की बात है कि हमें जॉन और टोनी जैसे दोस्त मिल गए, लेकिन यह सच नहीं है। हमारे पास एक सुस्पष्ट लक्ष्य था और हम सिर्फ़ सफलता के बारे में सोचते थे। यदि हम जॉन और टोनी से नहीं मिले होते तो किसी अन्य शहर में दो अन्य लोगों से मिले होते और कुछ दूसरे 'भाग्यशाली' वाक़ये हमारे साथ हो रहे होते। भाग्य तब भूमिका निभाता है, जब आपके पास स्पष्ट लक्ष्य नहीं हो और आप कुछ भी उम्मीद ना कर रहे हों। हमारे लिए भाग्य कभी योजना का हिस्सा नहीं रहा।

'आप जो भी इच्छा रखते हैं, उसे लेकर सजग रहें। वह अंततः होकर रहेगी।'

— जूलियस सीज़र

हमारे यूरोपीय व्यवसाय की शुरुआत

टोनी की वाटरमिल 186 लोगों वाले एक छोटे-से गांव वूटन वावेन स्थित एक क़ब्रिस्तान के बगल में थी। हेनले-इन-आर्डेन के ठीक बाहर। पीछे एक नहर थी, जिसके तेज़ बहते पानी का इस्तेमाल मिल के पहिए को घुमाने के लिए किया जाता था। टोनी ने हमें तीसरे माले पर बेडरूम के लिए जगह दे दी और तलघर में हमने ऑफ़िस बना लिया, जो 5 बाय 5 मीटर का था। यह ठंडा, पुराने तौर-तरीक़ों से बना एक कमरा था, जिसे 19वीं सदी से इस्तेमाल नहीं किया गया था, लेकिन हमारे लिए यह काफ़ी ख़ूबसूरत था। इसके नम, ठंडे तथा पुराने होने से हमें कोई मतलब नहीं था। हम उत्साहित थे कि घर के नाम पर हमारे पास एक जगह है और अपनी गतिविधियां चलाने के लिए एक ठिकाना, भले ही यहां कितनी भी बदबू क्यों नहीं हो।

हम अपने बचे-खुचे 800 डॉलर लेकर स्टोर पहुंचे और दो टेबल, तीन कुर्सियां तथा फ़ाइल रखने की एक अलमारी का सौदा किया। हमने स्टोर के मालिक को अपनी कहानी सुनाई और उससे पूछा कि वे हमारी मदद के लिए क्या कर सकते हैं। उन्होंने हमें बताया कि वे और उनकी पत्नी भी आर्थिक संकट से उबरे हैं। वे हमारे साहस से इतना

स्ट्रैटफ़ोर्ड-ऑन-एवन के पास वूटन वावेन गांव स्थित पुरानी वाटरमिल।

प्रभावित हुए कि हमें कई डेस्क कैलेंडर, चटाई, ऑफ़िस की अन्य ज़रूरी सामग्री और सारे सामान की निःशुल्क डिलीवरी दे दी। जैसा कि हम लगातार कह रहे हैं कि यदि आपके पास एक सुस्पष्ट लक्ष्य है और आप दूसरों से उसमें मदद के लिए कहते हैं, तो लोग निश्चित तौर पर मदद करना चाहेंगे; वे लोग भी, जिनसे आप कभी मिले तक नहीं हों।

हम ऑस्ट्रेलिया से अपने लैपटॉप साथ लाए थे और जॉन ने हमें एक कार, दो टेलीफ़ोन और एक *यलो पेज़ेस* फ़ोन बुक दी। हम अपने काम के लिए तैयार थे! साथ में यह भी सोच रहे थे कि 10 दिन पहले तक हमने वूटन वावेन के बारे में सुना तक नहीं था। हाथों से लिखी हमारे सुस्पष्ट लक्ष्यों की सूची बारबरा के हैंडबैग में रखी थी और हमारे मन में लगातार बढ़ते रहने का संकल्प था, इस बात की परवाह किए बिना कि कोई क्या कहेगा, करेगा या सोचेगा। उस रात हमने अपने पुराने तहख़ाने में सुपरमार्केट वाइन की बोतल खोली और 'पीज़ इंटरनेशनल यूके' की शुरुआत के नाम जश्न मनाया। मुझे यथार्थ की अनुभूति हुई। हमारे किसी दोस्त या परिवार को नहीं पता था कि हम कहां हैं, क्या कर रहे हैं या यह कि हम दुनिया के दूसरी तरफ़ हैं। ऐसा महसूस हो रहा था जैसे हम किसी दूसरे ग्रह पर हों। अगली सुबह नौ बजे बारबरा अपनी सेकेंड हैंड डेस्क के सामने बैठीं, उन्होंने *यलो पेज़ेस* में -बीमा कंपनियों का पन्ना खोला- फ़ोन उठाया और इन्हें लगाना शुरू कर दिया।

इसमें जुट जाना

शुरू के दो महीने बारबरा लगातार बड़ी बीमा कंपनियों के ट्रेनिंग डायरेक्टरों को फ़ोन करती रहीं, ताकि उनके अगले सम्मेलन के लिए मुख्य वक्ता के रूप में मेरा सौदा कर सकें, जबकि मैं अपनी अगली किताब को तैयार करने में जुटा था।

ख़ुद को दूसरे देश में स्थापित करना, उससे कहीं अधिक मुश्किल साबित हुआ, जितना हमने सोचा था। भले ही कई ऑस्ट्रेलियाई लोग ब्रिटिश विरासत में हिस्सेदारी रखते हों, लेकिन ब्रिटेनवासी, ऑस्ट्रेलियाई लोगों से अलग सोचते हैं और उनका व्यवसाय भी उससे अलग तरीक़े से संचालित होता है, जो तरीक़ा बार्ब और मैं जानते थे। इससे फ़र्क़ नहीं पड़ता था कि आप क्या जानते हैं और किसे जानते हैं – हम तो सिर्फ़ जॉन, टोनी और फ़र्नीचर स्टोर वाले शख़्स को ही जानते थे। यह हमारे लिए शटडाउन के बाद फिर शुरुआत की तरह था।

ब्रिटेन के अलावा यूरोप भी हमारा बड़ा बाज़ार था, इसका मतलब यह था कि या तो हमें नई भाषाएं सीखनी पड़तीं या फिर बहुभाषी स्टाफ़ रखना पड़ता। हमने जर्मन भाषा सीखने के लिए ट्यूशन शुरू की और मैंने फ़्रांसीसी श्रोताओं के सामने फ़्रांसीसी भाषा में ही भाषण देने लायक़ बनने का लक्ष्य तय किया। तीन महीने बाद बारबरा मेरे लिए ब्रिटेन में दो सम्मेलन सुनिश्चित कर चुकी थीं। इसके बाद हम संकल्पों को पूरा करने

और खुले पड़े सिरों को बांधने ऑस्ट्रेलिया लौट आए। यहां हमने पैसा जमा कराने आ रहे एक ग्राहक का इंतज़ार किया, ताकि हमारे पास वापस वूटन वावेन जाने के प्लेन के टिकट ख़रीदने का पर्याप्त पैसा हो।

तीर को तभी निशाने पर लगाया जा सकता है, जब इसे पीछे खींचा जाए। इसलिए यदि ज़िंदगी आपको मुश्किलों में डालकर पीछे खींचती नज़र आ रही हो तो समझिए कि यह आपको कुछ बड़ा करने की दिशा में ले जा रही है।

पहले साल हम वापस लौटे और फिर हमने चार बार ऑस्ट्रेलिया से ब्रिटेन की यात्रा की। धीरे-धीरे एक के बाद एक हमने अपने ब्रिटिश प्रशंसकों और ग्राहकों की सूची तैयार कर ली। इसी दौरान हमारा यूरोपीय व्यवसाय भी आकार लेने लगा था। पहले सम्मेलन में मैंने बीमा कंपनियों, बैंकों और कम्प्यूटर कंपनियों के लिए बोला, क्योंकि *यलो पेज़ेस* की शुरुआत *A, B, C* से होती है। हमने हर किसी को अपनी योजना बताई और उससे मदद के लिए कहा और हमारे शब्द जंगल में लगी आग की तरह फैल गए। सभी जगह से लोग सामने आने लगे। वे या तो हमारे रोलर कोस्टर पर सवार होना चाहते थे या फिर इसे टकराते व जलते देखना चाहते थे।

1980 के दशक के अंतिम वर्षों में मैं कई ब्रिटिश टीवी शो में उन वैज्ञानिकों के साथ पहुंचा, जो नई एमआरआई तकनीक के उपयोग से महिला और पुरुष के दिमाग़ में अंतर बता रहे थे। उस समय मैं सम्मेलनों में इसी विषय पर प्रज़ेंटेशन दे रहा था कि महिलाओं व पुरुषों के सामने विचार अलग-अलग तरह से कैसे पेश किए जाएं। आयोजनों में इस विचार को स्वीकार किया गया, लेकिन यह विवादास्पद भी रहा, क्योंकि कुछ काम करने में महिलाओं को पुरुषों से कम सक्षम कहना राजनीतिक रूप से ग़लत माना गया। बार्ब को लगा कि यह विषय हमारी अगली किताब के लिए उचित होगा, क्योंकि इसकी विषय-वस्तु पर विवाद था। साथ ही हर किसी को इसे समझने की ज़रूरत भी थी। काफ़ी बहस और चर्चा के बाद हमने तय किया कि हमारी अगली किताब महिला, पुरुष और संबंधों का विज्ञान विषय पर ही होगी। इस पर काम करने के लिए हमारे पास अपनी-अपनी सूचियां थीं, जो हमने एक-दूसरे के लिए लिखी थीं - ये हमारी नई किताब के लेखन का आधार बनीं।

'हम सब के सामने कई महान अवसर आते हैं, लेकिन असंभव परिस्थितियों के वेश में होते हैं।'

—चार्ल्स स्विंडॉल, *इनसाइट फ़ॉर लिविंग* के लेखक

हमारी नई किताब का शीर्षक हमें इटली में तब मिला, जब हमें फ़्लाइट पकड़ने के लिए मिलान एयरपोर्ट पहुंचने में देरी हो रही थी। मैं किराए की कार चला रहा था और बार्ब मैप पढ़ रही थीं। ख़ैर, यह कहना कि वे मैप पढ़ रही थीं, एक अतिशयोक्ति ही होगा। वे मैप को दाएं से बाएं और ऊपर से नीचे घुमा रही थीं, ताकि आसपास के भू-दृश्यों से इसे मिलाया जा सके। इसी दौरान वे मुझसे रुककर रास्ता पूछने के लिए भी कहती रहीं। इसका परिणाम बहस के रूप में सामने आया, जो कि सभी कपल जानते हैं। मैंने उनसे कहा कि यदि वे ठीक से मैप पढ़ना सीख लेतीं तो हम हमेशा रास्ते नहीं भटकते। उन्होंने जवाब दिया कि यदि मैं निंदा करने के बजाय सुनना सीख लेता -और रास्ता पूछने के लिए रुक जाता- तो पहली बात तो हम खोते ही नहीं! बहस इस हद तक बढ़ गई कि उन्होंने मुझसे मोटरवे पर रुकने के लिए कहा और एक कैब पकड़कर एयरपोर्ट के लिए निकल गईं। जब मैं अपनी किराए की छोटी-सी फ़िएट से कैब का पीछा कर रहा था, मैंने बार्ब को कैब की पिछली खिड़की से मेरी ओर हाथ लहराते देखा, लेकिन वे अपनी सभी पांचों अंगुलियों का इस्तेमाल नहीं कर रही थीं। अपने इस इतालवी अनुभव के आधार पर हम इस नतीज़े पर पहुंचे कि हमारी किताब का शीर्षक होगा *वाई मैन डोन्ट लिसन ऐंड वुमन कान्ट रीड मैप्स*। हमने तय किया कि हम महिला और पुरुषों के बीच अंतर के बारे में लिखेंगे। इसे वैज्ञानिक साक्ष्यों और सत्य घटनाओं से साबित करेंगे। यह बेहद मज़ेदार भी होगा! हमारा मानना था कि हमसे पहले किसी ने भी इस तरह का कुछ नहीं लिखा होगा।

इटली के पोर्टोफ़िनो में बार्ब तथा मैं, जिस समय *वाई मैन डोन्ट लिसन ऐंड वुमन कान्ट रीड मैप्स* शीर्षक हमारे ज़हन में आया था।

जहां बारबरा *यलो पेज़ेस* की *A, B* और *C* सूची के नंबरों पर फ़ोन लगाकर लगातार मेरा प्रचार रही थीं, वहीं मैं सेमिनारों में बोलता और रात में हम स्वरूप ले रहे अपने लेखन को बार-बार पढ़ते। दो साल बाद 1998 में यह तैयार हो गई। हमने अपनी वाटरमिल में अच्छे भविष्य के नाम शैम्पेन की एक और बोतल खोली।

हम अपनी हस्तलिखित किताब के साथ इंग्लैंड के एम-40 मोटरवे से गुज़र रहे थे, तब मैंने बारबरा से धीरे से कहा, 'अब यह होने को है बेब! यह हमारी वापसी है! हम शीर्ष पर जाने वाले हैं!' हम जानते थे कि हमारे पास एक हिट किताब है।

हमारी कार्ययोजना

हमने ज़्यादा से ज़्यादा मुनाफ़ा कमाने के लिए *'वाई मैन डोन्ट लिसन ऐंड वुमन कान्ट रीड मैप्स'* को ख़ुद प्रकाशित करने का निर्णय लिया। हमने पहले इसे ऑस्ट्रेलिया में रिलीज़ किया, क्योंकि यह बड़ा बाज़ार भले ही नहीं था, लेकिन यहां इसे हम तेज़ी से बेस्टसेलर की सूची में ला सकते थे और यहां की विश्वसनीयता का इस्तेमाल बड़े अंतरराष्ट्रीय पुस्तक बाज़ारों में इसकी बिक्री के लिए कर सकते थे। हमें मीडिया में सुर्खियों की काफ़ी ज़रूरत पड़ने वाली थी और इसके लिए हमारा फ़ॉर्मूला यह था कि हम उनके लिए पत्रकारिता से जुड़ा काम करें। यदि आप एक लेखक हैं तो आपको कभी खोजे जाने का इंतज़ार नहीं करना चाहिए - लेख लिखें और उसे मीडिया को दें। हमने अपने शीर्षक, कहानियां और थीम तय कीं और उन्हें उचित पत्रकारों को दिया। हमारी कहानियां हमेशा विवादास्पद और उत्तेजक -या दोनों- होती थीं और सामान्यतः राजनीतिक रूप से सही सोच के ख़िलाफ़। यह वो दौर था, जब राजनीतिक सत्यता चरम पर थी। वह दौर जब, महिला और पुरुष की समान सोच का दिखावा फ़ैशन बन गया था।

हम ऑस्ट्रेलिया लौटे, अपनी प्रेस विज्ञप्तियां लिखीं और *वाई मैन डोन्ट लिसन ऐंड वुमन कान्ट रीड मैप्स* को लॉन्च कर दिया। हमने प्रेस विज्ञप्तियां इस तरह के शीर्षकों के साथ भेजीं :

महिलाएं आसान रास्तों को भी क्यों नहीं तलाश पातीं?
ऑस्ट्रेलियाई पुरुष क्यों बेपरवाह आशिक होते हैं?
महिलाएं क्यों रिवर्स-पार्क नहीं कर पातीं?
क्यों पुरुष एक समय में एक ही चीज़ कर सकते हैं?
महिलाएं बातूनी क्यों होती हैं?
पुरुष क्यों किसी नारीवादी से शादी नहीं करते?

हम जानते थे कि राजनीतिक रूप से ग़लत होना मीडिया का ध्यान हमारी ओर खींचेगा। और विवादास्पद होना पहचान बनाने के लिए एक महत्त्वपूर्ण रास्ता है। ज़्यादातर लेखक,

संगीतकार, कलाकार और अभिनेता बिग-ब्रेक के लिए किसी फ़ोन कॉल के इंतज़ार में बैठे रहते हैं, जो कि कभी-कभार आता है। अब हम अपने जहाज़ का नियंत्रण अपने हाथ में लेना चाहते थे और इसे वहां ले जाना चाहते थे, जहां हम जाना चाहते हैं। इस बात की परवाह किए बिना कि हवाओं का रुख़ क्या है।

अपनी ज़िम्मेदारी लें। किसी के द्वारा खोजे जाने के इंतज़ार में नहीं बैठे रहें।

जल्द ही हमें लगा कि ऑस्ट्रेलियाई नारीवादी मेरे पीछे बेसबॉल का बैट लेकर दौड़ेंगे और जो कुछ भी मैंने कहा, उसकी कड़ी आलोचना करना चाहेंगे। लेकिन हमने यह भी पाया कि जब बारबरा ने ठीक यही चीज़ कही -ठीक यही चीज़- तो नारीवादी राज़ी थे, यहां तक कि वे इससे प्रभावित भी थे। इसलिए हमने अच्छा शख़्स/बुरा शख़्स वाला रुटीन बनाया, मैं लोगों को उकसाता और बार्ब शांत करतीं। इसने बख़ूबी काम किया, क्योंकि नारीवादियों के हमलों को निजी तौर पर लेने के बजाय, हमने इनका इस्तेमाल *वाई मैन डोन्ट लिसन ऐंड वुमन कान्ट रीड मैप्स* का नाम हर एक की जुबां तक पहुंचाने में किया और जनता ने इसे पसंद किया। एक महीने के भीतर *वाई मैन डोन्ट लिसन ऐंड वुमन कान्ट रीड मैप्स* ऑस्ट्रेलियाई बेस्टसेलर सूची में नंबर-1 हो गई। ये तीन महीने तक नंबर वन रही और इसकी 50 हज़ार से अधिक प्रतियां बिकीं। हम वापसी कर चुके थे!

The Hit List TOP 10 BOOKS

	PREVIOUS WEEK'S POSITION AFTER TITLE		WEEKS IN RELEASE*
1	**Why Men Don't Listen ...** (1)	Allan & Barbara Pease	3
2	**The Sound of One Hand ...** (3)	Richard Flannagan	3
3	**The Color of Water** (7)	James McBride	57
4	**Angela's Ashes** (6)	Frank McCourt	102
5	**Rainbow Six** (2)	Tom Clancy	6
6	**Memoirs of a Geisha** (10)	Arthur Golden	7
7	**Believe and Achieve** (4)	Paul Hanna	4
8	**A Monk Swimming** (5)	Malachy McCourt	12
9	**Point of Origin** (–)	Patricia Cornwell	12
10	**Deja Dead** (–)	Kathy Reichs	3

WEEK ENDING SEPT. 20. *IN CURRENT FORMAT.
SOURCE: DYMOCKS BOOKSELLERS

बाधाओं तथा अवरोधों से निपटना

ऑस्ट्रेलिया में मिली सफलता के बाद, हमने अपनी किताब कई ब्रिटिश प्रकाशकों को दिखाई, लेकिन उन्होंने कोई रुचि नहीं ली। यह हमेशा की कहानी थी - वे हमें नहीं जानते थे, विषय के बारे में भी नहीं जानते थे, यह उनके लिए काफ़ी मुश्किल था। उन्होंने कहा कि हमारा विचार ऑस्ट्रेलिया में चल सकता है, लेकिन ब्रिटेनवासी इसे पसंद नहीं करेंगे। इसलिए हमने लक्ष्य बनाया कि ब्रिटेन में स्वयं का बुक डिस्ट्रिब्यूशन व्यवसाय शुरू करेंगे और अपने बाज़ार का नियंत्रण अपने हाथ में लेंगे। हम अपनी योजना पर चलने के लिए संकल्पित थे, इस बात की परवाह किए बिना कि कोई क्या कहेगा, सोचेगा या करेगा। जल्द ही हमने पाया कि ब्रिटेन में बुक डिस्ट्रिब्यूशन, प्रकाशन के व्यवसाय की ही तरह है - एक बंद दुकान; ऐसे लोगों से भरी, जो एक-दूसरे को जानते थे। एक बार फिर, समस्या वही थी कि कोई हमें जानता नहीं था और ख़ुद ही प्रकाशन करने वाले लेखकों को उतना अच्छा नहीं माना जाता था।

बार्ब ने लक्ष्य बनाया कि वे ब्रिटेन के तीन सबसे बड़े बुक डिस्ट्रिब्यूटर्स की अच्छी दोस्त बनेंगी। वे सप्ताह में एक बार उन्हें फ़ोन करतीं, चिट्ठियां भेजतीं, उनके सामने अपनी योजनाएं रखतीं और उनके साथ इतना समय बितातीं कि वे बार्ब के आसपास होने के आदी हो गए। साथ ही उन्होंने ब्रिटेन के उच्च दर्जे के प्रत्येक पत्रकार को भी फ़ोन किया और *डेली मेल* की एक पत्रकार से दोस्ती कर ली, जिसे हमारी किताब भी पसंद आई। वे अपने प्रभावी अख़बार में हमारी किताब पर एक तीन दिनी सीरीज़ चलाने को राज़ी हो गईं। यहां यह समझना ज़रूरी है कि जब *डेली मेल* हमारी सीरीज़ चलाने को राज़ी हो गया, तब बार्ब के पास उन 18 अन्य अख़बारों तथा मैगज़ीन्स से भी पलटकर जवाब आए, जिनके दरवाज़े बार्ब ने खटखटाए थे। दरअसल, वे आंकड़ों का खेल खेल रही थीं।

अपने प्लान के तहत बारबरा और मैं ब्रिटेन के बड़े बुकस्टोर्स पर रोज़ाना फ़ोन करते और पूछते कि क्या उनके पास पीज़ की नई किताब है? ज़ाहिर है उनके पास नहीं होती थी - उन्होंने इस बारे में कभी सुना भी नहीं होता। लेकिन इस तरह हमने बुकस्टोर्स को डिस्ट्रिब्यूटर्स से हमारी किताब के बारे में पूछने को मज़बूर किया और इसकी मांग पैदा कर दी। धीरे-धीरे बुकस्टोर्स ने 10 प्रतियां, 20 प्रतियां और कभी-कभार 50 प्रतियां मंगवाना शुरू कर दिया। तब बार्ब ही इन किताबों को पैक करतीं और हर दिन पोस्ट ऑफ़िस तक ले जातीं।

अंततः बार्ब ने एक बुक डिस्ट्रिब्यूटर, जिम को हमें वो मौक़ा देने के लिए राज़ी कर लिया, जिसकी ज़रूरत थी। उसने हमारी कहानी कई बुकस्टोर्स से सुनी थी, *डेली मेल* की सीरीज़ भी पढ़ी थी और वह हमें मदद करना चाहता था। बार्ब उसे लगातार छह महीने से कॉल कर रही थीं। साथ ही वह उन बुकस्टोर्स से आ रहे फ़ोन कॉल्स की बाढ़ में भी डूब रहा था, जो निंदनीय शीर्षक वाली यह नई किताब चाहते थे। जिम परखने के

इरादे से 500 किताबें लेने को राज़ी हो गया, लेकिन शर्त थी कि यदि ये नहीं बिकीं, वह इन्हें वापस भेज देगा। बार्ब परेशान थीं। वे पहले से ही इससे अधिक किताबें सीधे तौर पर बुकस्टोर्स को बेच रही थीं!

हालांकि जिम की शुरुआती 500 किताबें पहले ही दिन बिक गईं। इसके बाद उसने 2000 किताबें और लीं, जो एक सप्ताह में बिक गईं। तीन महीने में हम ब्रिटेन में बेस्टसेलिंग लेखक बन चुके थे।

ब्रिटेन में अपने नए घर अंबरस्लैड हॉल पर माता-पिता के साथ बारबरा।

हमारा नया घर

हमें 17वीं सदी के एक परिवर्तित आलीशान घर के ऊपरी माले पर एक ख़ूबसूरत अपार्टमेंट मिला, जिसे 4 लाख ऑस्ट्रेलियाई डॉलर में बेचा जा रहा था। इसके मालिक एक बुजुर्ग दंपति मैसी और एरिक थे। हमने उन्हें 5 फ़ीसदी पैसा जमा कर लेने का प्रस्ताव दिया (जितना वर्तमान में हमारे पास था) और कहा कि बाक़ी पैसा हम 12 महीनों में किताबों की बिक्री से होने वाली आय से चुका देंगे। उन्होंने हमारी कहानी रियल एस्टेट एजेंट टोनी से सुनी थी और अख़बारों में हमारे बारे में पढ़ा था। हमने उनसे मदद मांगी कि हमें पैसा चुकाने के लिए एक साल का समय दे दें और उन्होंने 'हां' कह दिया। वे हमारी योजना से भी उत्साहित थे और 12 महीने बाद ब्रिटेन में हमने अपना पहला घर ख़रीद लिया। हम यहां अगले पांच वर्षों तक रहे और अंततः हम इस

शानदार ऐतिहासिक इमारत के सबसे बड़े हिस्सेदार बन गए। अंबरस्लैड हॉल नाम की यह इमारत हेनले-इन-आर्डेन के ठीक बाहर स्थित थी; ठीक वहीं जहां, तीन साल पहले नक़्शे पर हमने पिन रखी थी।

कभी हार नहीं मानें

कई दिन ऐसे भी बीते जब चीज़ें निराशाजनक दिखाई दीं या हमारे अनुकूल नहीं रहीं। लेकिन जब आपके पास एक सुस्पष्ट लक्ष्य हो, तब आप परिणाम के बारे में सोचकर प्रेरित होते हैं, ना कि बाधाओं को देखकर प्रभावित होते हैं। बिना लक्ष्य वाले लोग उन अवरोधों से प्रभावित हो जाते हैं, जो उन्हें सामने नज़र आते हैं या वह सोचकर, जो उनके साथ प्रयास करने के बाद अक्सर होता है। ज़ाहिर है, आंकड़ों के अनुसार 'बाद' वाली ज़्यादातर चीज़ें परिणाम नहीं देतीं। 80/20 नियम का मतलब है कि जब भी आप नया लक्ष्य तय करते हैं तो शुरुआती 80 फ़ीसदी प्रयास परिणाम नहीं देते।

हमने लगातार बड़े टीवी और रेडियो चैनलों को फ़ोन लगाया और उन्हें प्रेरक और मनोरंजक कार्यक्रम का आइडिया दिया, परिणाम के तौर पर जल्द ही हम ब्रिटिश टेलीविज़न पर नियमित हो गए। इस सफलता ने हमें नौ बड़ी टीवी डॉक्युमेंट्रीज़ और इस किताब पर आधारित हमारी अपनी 10 एपिसोड की सीरीज़ का हिस्सा बना दिया। अब हम एक क़ीमती संपत्ति बन चुके थे! बार्ब ब्रिटेन के एक बड़े प्रकाशक को हमारा डिस्ट्रिब्यूटर बनने के लिए मनाने में सफल रहीं और किताब की सफलता के छह महीने बाद उसने हमें *वाई मैन डोन्ट लिसन ऐंड वुमन कान्ट रीड मैप्स* के फिर से प्रकाशन के लिए 10 लाख ऑस्ट्रेलियाई डॉलर का प्रस्ताव दिया।

हम यह प्रस्ताव पाकर हैरान भी थे और खुश भी, लेकिन हमने सोचा कि यदि यह उस प्रकाशक के लिए लाखों की क़ीमत रखता है, तो हम इसे ख़ुद कर सकते हैं और इससे 10 गुना पा सकते हैं। याद रखिए कि हमारा सबसे बड़ा लक्ष्य दोबारा आर्थिक रूप से आत्मनिर्भर बनना था। यदि हमारा लक्ष्य यह नहीं होता तो हमने पैसा ले लिया होता।

अब हम ब्रिटिश प्रकाशक बन चुके थे।

सीमाओं से परे सोचने के बजाय,
सीमाओं से ही बाहर आ जाएं।

हमारी रोलर-कोस्टर राइड का हिस्सा बनकर *डेली मेल* की पत्रकार भी उत्साहित थीं तथा हमारी और मदद करना चाहती थीं। छह महीने बाद उन्होंने हमें प्रकाशकों के लिए काम करने वाली ब्रिटिश-अमेरिकी एजेंट डोरी सिमन्ड्स से मिलवाया और बताया कि वे हमें

और हमारी किताब विदेशी प्रकाशकों को बेच सकती हैं। पीज़-सिमन्ड्स की साझेदारी ने अगले 10 साल में 2 करोड़ से ज़्यादा किताबें बेच दीं, इनका 54 भाषाओं में अनुवाद हुआ और इसके बाद हम सात और बेस्टसेलर किताबें लाए। अगले एक दशक तक हमने रॉक स्टार्स की तरह दुनियाभर की यात्राएं कीं -हर साल 20 से 30 देशों में गए- और करोड़ों प्रशंसक बनाए। अब हम उस ज़िंदगी को जी रहे थे, जिसकी कल्पना हमने उस दिन की थी, जब हम सिडनी के छोटे-से घर में दुनिया के नक़्शे पर खड़े हुए थे और अपने नए लक्ष्य तय किए थे।

इस असाधारण समय में हमारे नाम यूरोप की एक नंबर-1 बॉक्स ऑफ़िस मूवी भी रही, जिसका नाम *Warum Männer Nicht Zuhären und Frauen Schlecht Einparken* यानी *वाई मैन डोन्ट लिसन ऐंड वुमन कान्ट पार्क कार्स* था। यह समूचे यूरोप में टीवी पर भी दिखाई गई। साथ ही इस पर एक स्टेज़ शो भी बना, जिसका मंचन पेरिस, ल्योन, रोम, प्राग तथा एम्सटर्डम में हुआ।

Woche Rang Titel	Verl.	29.11-05.12 Woche
1 WARUM MÄNNER NICHT ZUHÄREN...	CON	1,542,227
2 AMERICAN GANGSTER	UPI	1,011,695
3 SCHWERTER D. KÄNIGS-DUNGEON S.	FOX	878,900
4 NACH 7 TAGEN - AUSGEFLITTERT	UPI	497,312

हमने एक एडवाइज़ कॉलम भी विकसित किया, जब यह मासिक कॉलम अपने शबाब पर था, तब दुनियाभर में इसके 2 करोड़ से अधिक पाठक थे। 2005 में यूरोप की बेस्टसेलर लिस्ट में हमारे नाम पांच टाइटल थे और हम दुनिया के सबसे ज़्यादा बिकने वाले नॉन-फ़िक्शन लेखक थे तथा वैश्विक रूप से जे.के. रोलिंग की *हैरी पॉटर* के बाद दूसरे। हमने सिडनी के अपने कॉकरोच वाले घर और दिवालियापन से काफ़ी दूर तक का सफ़र तय कर लिया था।

वाई मैन डोन्ट लिसन ऐंड वुमन कान्ट रीड मैप्स की 1.2 करोड़ से ज़्यादा प्रतियां बिकीं, इसके सीक्वल *'वाई मैन डोन्ट हेव अ क्लू ऐंड वुमन नीड मोर शूज़'* की तीस लाख से अधिक प्रतियां बिकीं। *द डेफ़िनिटिव बुक ऑफ़ बॉडी लैंग्वेज़* तथा *क्वेश्चन्स आर द आंसर्स* की क़रीब 20-20 लाख प्रतियां बिकीं। इनमें रूसी, चीनी, भारतीय, इंडोनेशियाई और अन्य भाषाओं में प्रकाशित पायरेटेड किताबें भी शामिल कर लें तो फ़िलहाल पीज़ की क़रीब 6 करोड़ से अधिक किताबें चलन में हैं।

यह समझना ज़रूरी है कि यहां हमने उस भारी सफलता के बारे में लिखा है, जो दुनियाभर में हमें मिली। लेकिन हर एक सफल क़दम के लिए हम अक्सर तीन क़दम पीछे धकेल दिए गए। जिस परिणाम की यहां हमने बात की, वह हमारे शुरुआती 20 फ़ीसदी

हमारी कुछ किताबों को नंबर-1 के पायदान पर पहुंचने में दिक़्क़तें हुईं, क्योंकि हमारी दूसरी किताबें इस मुकाम पर थीं। बार्ब को लीपज़िग में आयोजित जर्मन बुक फ़ेयर में आमंत्रित किया गया और हमारी शुरुआती 10 लाख प्रतियां जर्मन भाषा में बिकने की वजह से सम्मानित किया गया।

प्रयासों से निकला - बाक़ी 80 फ़ीसदी प्रयास जो हमने किए, उनका परिणाम शून्य रहा। हमने आंकड़ों का खेल खेला, हमारे पास हाथ से लिखे, सुस्पष्ट लक्ष्य और डेडलाइन थी। हम लगातार उसे विज़ुअलाइज़ करते रहे, जो परिणाम हम चाहते थे और हमने अभिपुष्टि का प्रतिदिन इस्तेमाल किया। ऐसा करने से, लोगों से मदद मांगने से और इस बात की परवाह किए बगैर आगे बढ़ने के फ़ैसले से कि कोई क्या कहता है, सोचता है या करता है - परिणाम मिलते हैं।

रूस में प्रवेश

सन् 1990 में हमने दुनिया के सबसे अनछुए और अपार क्षमता वाले बाज़ार -रूस- में सेंध लगाने का लक्ष्य लिखा। हमने तय किया कि हम रूस जाएंगे, वहां उच्च दर्जे के लोगों

से जुड़ेंगे और जनता के बीच अपनी पहचान बनाएंगे। पहले इस लक्ष्य को हमने बिना किसी समयसीमा के अपनी 'सी' लिस्ट में रखा था, क्योंकि आपको वहां जाने के लिए वीज़ा नहीं मिल सकता था। जब हमने 1990 में यह लक्ष्य तय किया था, तब सोवियत संघ (यूएसएसआर) कम्युनिस्ट था और 'आयरन कर्टन' उसे यूरोप से अलग करता था। वहां यात्रा करना, हमें अकेले किताब प्रकाशित करने और सम्मेलनों में बोलने देना लगभग असंभव था। हालांकि हमारे लिए यह उत्साहित करने वाला था, क्योंकि पश्चिम के किसी वक्ता या लेखक ने पहले ऐसा नहीं किया था। इसके अलावा रूस के बारे में सोचते ही जासूसों, गुप्तचरों और केज़ीबी की तसवीरें ज़हन में आती थीं -जेम्स बॉण्ड की फ़िल्मों की तरह- इसलिए हमने इसे अपनी 'सी' सूची में रखा था।

जब हमने इस लक्ष्य की चर्चा दूसरों से की तो कई लोगों ने कारण बताए कि यह क्यों अवास्तविक है, बल्कि वहां जाने की कोशिश भी सिर्फ़ ऊर्जा बर्बाद करना होगा। उन्होंने शीत युद्ध, आयरन कर्टन, वहां पश्चिमी देशों के लोगों के रहस्यमयी तरीक़े से ग़ायब हो जाने, माफ़िया राज, केज़ीबी, हमारे साथ लूट, हत्या और किडनी चोरी की घटना की आशंका भी ज़ाहिर की। हमने इस जानकारी के बदले उन्हें धन्यवाद दिया, सच को या राय देने के उनके अधिकार को स्वीकारा और अपने आरएएस को फिर जवाब की तलाश जारी रखने की छूट दे दी।

हालांकि जिस समय हमने रूस को लक्ष्य बनाया था, तभी से हमें रूस से जुड़ी सूचनाएं हर जगह दिखाई देना शुरू हो गई थीं -टीवी पर, अख़बारों तथा मैगज़ीन्स में- हमने बोलने के रूसी अंदाज़ को भी अपने आसपास सुनना शुरू कर दिया था। यदि हमने इस लक्ष्य को अपने आरएएस में प्रोग्राम नहीं किया होता तो हमने रूस के बारे में कभी कुछ नहीं देखा होता, ना सुना होता। जब राष्ट्रपति गोर्बाचेव ने 25 दिसंबर 2001 को सोवियत संघ के विघटन की घोषणा की तो हमें हमारा 'सी' प्लान अचानक हक़ीक़त के क़रीब दिखाई देने लगा। हमने इसे 'बी' सूची में डाल दिया और दो साल में रूस में स्थापित हो जाने की डेडलाइन तय कर ली।

बंदरगाह पर खड़ा जहाज़ सुरक्षित होता है,
लेकिन जहाज़ इसके लिए नहीं बनाए जाते।

जनवरी 1992 में जब हम सिडनी स्थित चैम्बर ऑफ़ कॉमर्स के एक कार्यक्रम में थे, तब बारबरा ने हमारे पीछे किसी को रूसी अंदाज़ में बात करते सुना। इस कार्यक्रम में क़रीब 200 लोग थे, लेकिन चूंकि, रूसी लक्ष्य हमारी सूची में था, इसलिए बारबरा के कानों ने इस आवाज़ को सुन लिया। अन्यथा वे इतने शोर के बीच इसे नहीं सुन पातीं। आरएएस इस तरह काम करता है। हमने रूसी व्यक्ति एलेक्ज़ेंडरी से मुलाक़ात की, जो नए रूस

के लिए योजनाएं तलाशने के उद्देश्य से ऑस्ट्रेलिया में था। बार्ब और मैंने बड़े उत्साह से उसे रूस में *बॉडी लैंग्वेज़* प्रकाशित करने और हमें सेमिनार व मीडिया टूर के लिए रूस ले जाने का विचार बेचा। यह हमारे लिए एक आसान बिक्री थी, क्योंकि हम इस पल की दो साल से भी अधिक समय से मानसिक रिहर्सल कर रहे थे।

दो सप्ताह की चर्चा और भाव ताव के बाद हम एक अनुबंध पर पहुंचे। हमें एलेक्ज़ेंडरी को सिखाना था कि किताब कैसे प्रकाशित की जाए और जनसंपर्क अभियान की मदद से सार्वजनिक कार्यक्रम कैसे किए जाएं। बदले में उसे हमारे प्रोजेक्ट के लिए स्पॉन्सर खोजकर देने थे, जिनसे हम मुनाफ़ा साझा करते। एलेक्ज़ेंडरी की योजना मॉस्को में जनसंपर्क अभियान के साथ हमारा 'रोड शो' करने और सेंट पीटर्सबर्ग में हमारा सेमिनार आयोजित कराने और फिर ट्रेन से हमें गोर्की ले जाने, वापस मॉस्को लाने और अन्य जगह ले जाने की थी। दूसरों ने चेताया कि इससे हमें एक टके का लाभ नहीं मिलेगा, लेकिन हम इसे वाकई करना चाहते थे - तो हम आगे बढ़ गए! उस समय रूसी मुद्रा को एक्सचेंज़ या ट्रांसफ़र नहीं किया जा सकता था, इसलिए एलेक्ज़ेंडरी हमारे मुनाफ़े का हिस्सा वोदका और ब्लैक कैवियर के रूप में चुकाने को राज़ी हो गया। हमने इन्हें ट्रक में भरकर ब्रिटेन भेजा और बेचकर अपना हिस्सा वसूल लिया।

केज़ीबी के साथ मज़ाक़िया लम्हे

जब हमने ऑस्ट्रेलिया से मॉस्को के लिए पहली बार उड़ान भरी थी, तब तक केज़ीबी को भंग किया जा चुका था। अब इसके पूर्व एजेंट सिक्योरिटी गार्ड के रूप में 10 अमेरिकी डॉलर प्रतिदिन के हिसाब से उपलब्ध थे। हमने तीन को भाड़े पर लिया। उनका काम हमारी सुरक्षा करना और हमारी रक्षा व सुरक्षा के लिए प्रत्येक शहर में स्थानीय माफ़िया से बातचीत करना था। हमारे आसपास क़रीब 11 लोगों का घेरा होता था - बॉडीगार्ड्स, टीवी चैनल का सदस्य दल, जनसंपर्क एजेंट, बारबरा, एलेक्ज़ेंडरी, मैं और बारबरा के पिता बिल, जो हमारे छोटे-मोटे 'प्रशासनिक' काम करते थे। सभी रूसी धूम्रपान करते थे, वोदका पीते थे और बंदूक लेकर चलते थे। मैंने मज़ाक़ में एलेक्ज़ेंडरी से कहा कि यहां बारबरा और मैं ही हैं, जिनके हाथ में बंदूक नहीं है। इसे लेकर वह काफ़ी शर्मिंदा हुआ, उसने कहा कि अगले शहर में वह हमारे लिए भी एक ले लेगा! मॉस्को में उसने हमारे लिए बड़े टॉक शो का इंतज़ाम किया और मीडिया संस्थानों से हमारा करार भी करवा दिया। इसके बाद हमने लेनिनग्राद (अब सेंट पीटर्सबर्ग) के लिए ट्रेन पकड़ी। 1992 के पूरे मार्च महीने हमने सेलिब्रिटी की तरह रूस की यात्रा की, भारी भीड़ के बीच सेमिनार किए, हर कहीं टीवी पर और मीडिया में नज़र आते रहे। इन सेमिनार्स को फ़िल्माया गया और बाद में टीवी सीरीज़ के रूप में प्रोड्यूस कर एक साल तक हर शनिवार प्रसारित किया गया। इसे रूसी भाषा के 7 करोड़ से अधिक श्रोताओं ने देखा। *बॉडी लैंग्वेज़* का

हमारा पहला रूसी प्रिंट 10 लाख प्रतियों के साथ आया और यह सिर्फ़ 4 सप्ताह में पूरा बिक गया। तब एलेक्ज़ेंडरी ने तत्काल 10 लाख प्रतियां और छापीं। जल्दी ही हम रूस में जाने-माने लेखक बन गए।

'मुझे क्रेमलिन ले चलो'

साम्यवाद के पतन के बाद हमने उन रूसी राजनेताओं के व्यवहार का अध्ययन किया, जो अंतरराष्ट्रीय टेलीविज़न पर दिखाई दिए थे। इनमें मीडिया की दिलचस्पी की वजह रूस में हो रहे नाटकीय बदलाव थे, लेकिन इनकी किसी तरह की मीडिया ट्रेनिंग ना होने के कारण ये आक्रामक, अनाड़ी और अयोग्य बनकर दुनिया के सामने आए। हमारी योजना इन्हें इस बात के लिए मनाने की थी कि जब वे अन्य विश्वस्तरीय नेताओं से मिलें तो ज़रूरी है कि उनका पहला प्रभाव अच्छा पड़े और इसके लिए उन्हें हमारी मदद की ज़रूरत है। हम चाहते थे कि नए राष्ट्रपति बोरिस येल्तसिन हमारे पहले रूसी छात्र बनें, लेकिन एलेक्ज़ेंडरी का कहना था कि उन्हें समझ पाना बड़ा मुश्किल है और वे बहुत गैर भरोसेमंद हैं। हम अन्य अधिक सहयोगी, बड़े राजनेताओं के लिए मीडिया ट्रेनिंग सम्मेलन आयोजित करें तो बेहतर होगा। ट्रेनिंग के लिए सही राजनेता की तलाश में कई बार असफल प्रयास के बाद एलेक्ज़ेंडरी ने कहा कि उनका एक मित्र है, जो सेंट पीटर्सबर्ग के नए मेयर अनातोली सॉबचक को जानता है। सॉबचक रूस में लोकतांत्रिक तरीक़े से चुने गए पहले नेता थे और काफ़ी प्रगतिशील माने जाते थे। एलेक्ज़ेंडरी ने हमारी योजना बताने के लिए उनसे संपर्क किया और उन्हें यह पसंद आया! यदि आपको पहले इंसान से मदद नहीं मिलती, तो दूसरे से मांगें - और फिर तीसरे से। सॉबचक ने हमारे सम्मेलन में आने के लिए 300 नए राजनेताओं को तैयार कर लिया। क्रेमलिन में होने जा रहे इस सम्मेलन का नाम था - *'हाउ टु बी क्रेडिबल इन द वर्ल्ड मीडिया।'* सिर्फ़ शीर्ष नेताओं और गणमान्यों को इसका हिस्सा बनना था, जिनमें सॉबचक के नए डेप्युटी, पूर्व केज़ीबी अधिकारी व्लादिमीर पुतिन भी शामिल थे।

दो साल पहले हमने अपनी 'सी' सूची में जो एक और 'असंभव' लक्ष्य लिखा था, उसकी वजह से अब हम नए रूस में टीवी सेलिब्रिटी बन चुके थे, अपने साथ स्वयं के केज़ीबी एजेंट लेकर चलते थे और क्रेमलिन में व्लादिमीर पुतिन हमारा इंतज़ार करते थे। यह किसी जेम्स बॉण्ड मूवी से बेहतर था!

हम क्रेमलिन पहुंचे और एक शानदार स्टालिनिस्ट थिएटर गए, जहां सेमिनार होना था। जब व्लादिमीर पुतिन अंदर आए तो वे इतनी बड़ी हस्ती नहीं थे कि हम उन्हें देखने की उम्मीद करते। वे दुबले और गंभीर दिखने वाले व्यक्ति थे, लेकिन उनकी उपस्थिति ने कमरे में बैठे सभी लोगों का ध्यान आकर्षित किया। पुतिन केज़ीबी में वरिष्ठ अधिकारी रहे थे और उनकी ख्याति एक ऐसे व्यक्ति के रूप में थी, जो काम पूरा करने के लिए

गोर्की जाते समय स्लीपर ट्रेन में : बारबरा, उनके पिता बिल, हमारे रूसी एजेंट, ढेर सारी वोदका, बंदूकें और बाहर का माइनस 10 डिग्री सेल्सियस तापमान।

एलेक्ज़ेंडरी, बारबरा, बिल और हमारा रूसी सुरक्षा घेरा। क्या आप बता सकते हैं कि इनमें से किन चार लोगों के पास बंदूक है?

कुछ भी कर सकता था। डेप्युटी मेयर के रूप में उनकी भूमिका राजनीति में उनकी दस्तक और ऊंचे ओहदे पर पहुंचने के लिए बढ़ाया गया क़दम थी। उस दिन हमारा सम्मेलन हमारी बड़ी सफलता थी और रूसियों ने सीखा कि टीवी कैमरे के आगे सकारात्मक रूप से कैसे आएं और बाक़ी दुनिया से स्वीकार्यता कैसे प्राप्त करें। हमें उस समय इसका अहसास नहीं हुआ, लेकिन हम भाग्यशाली थे कि हम रूस, इसके राजनेता और लोगों के ऐतिहासिक बदलाव के गवाह बने। आज हम साल में तीन महीने रूस में बिताते हैं और यह हमारा बड़ा सम्मेलन मार्केट है।

सारांश

आरएएस ऐसा शक्तिशाली माध्यम है, जो आपको हर उस जगह ले जा सकता है, जहां आप जाना चाहते हैं। यह आपका निजी जीपीएस है। आपको तो पहले सिर्फ़ वो लक्ष्य तय करना और लिख लेना है, जिन्हें आप पाना चाहते हैं। फिर इन्हें 'ए' से 'सी' तक सूची में लिख लीजिए और 'ए' सूची के आइटम्स की समय सीमा तय कर लीजिए। जब आपको 'कैसे करना है' के जवाब मिलने लगें तो इन्हें योजना के रूप में विकसित कर लीजिए। इसके बाद इस बात की परवाह किए बिना कि दूसरे क्या सोचेंगे, कहेंगे या करेंगे, आगे बढ़ जाइए। वे नई आदतें डालिए, जो आपके सफ़र को आसान बनाने के लिए आवश्यक हैं। सकारात्मक अभिपुष्टियां करना सीखिए तथा विज़ुअलाइज़ करने की शक्ति का इस्तेमाल कीजिए। और मार्ग में जो कुछ भी घटित हो, आप तो चीज़ों का मज़ाक़िया पक्ष देखिए। यही मैंने तथा बारबरा ने हमेशा किया है, क्योंकि हम जानते हैं कि यह कारगर है। और जैसे ही आप इसके इस्तेमाल का निर्णय लेते हैं, यह आपके लिए भी काम करने लग जाएगा।

A

B

C

15

अपने शरीर को बताएं उसे क्या करना है

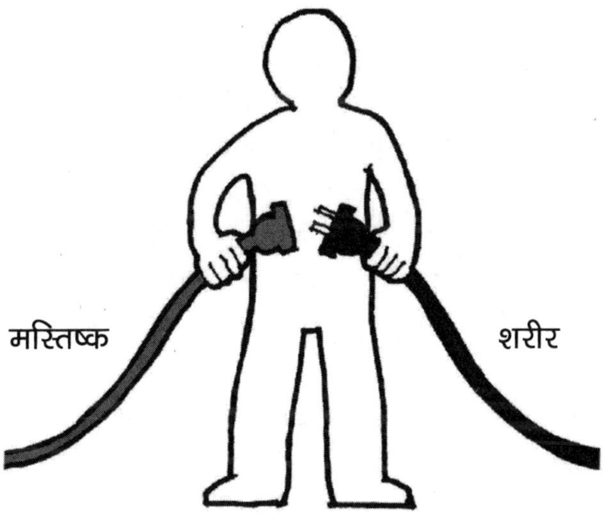

उल्लेखनीय परिणाम हासिल करने के लिए शरीर को निर्देश देने की मस्तिष्क की क्षमता अच्छी तरह से परखी जा चुकी है और दस्तावेज़ों में दर्ज है। अब जो कहानी आप पढ़ने जा रहे हैं वह आरएएस की ताक़त दर्शाती है और इस किताब में कही गई बातों की पुष्टि करती है। ये घटनाएं बारबरा तथा मेरे साथ व्यक्तिगत रूप से हुई थीं और उनसे जो परिणाम मिला, वैसा हमने कभी महसूस नहीं किया था।

मुझे प्रोस्टेट कैन्सर का पता चलने और इलाज़ शुरू होने के दो साल बाद, लगभग असंभव से दौर में बारबरा तथा मैंने बच्चों को जन्म देने का फ़ैसला किया। परिवार के लोग हमारे इस फ़ैसले से हैरान थे और कुछ तो इस बात को पचा नहीं पा रहे थे

कि इस परिस्थिति तथा उम्र में हमने ऐसा लक्ष्य क्यों चुना। मैं 52 वर्ष का था और प्रोस्टेट कैन्सर के रेडिएशन से उपचार की वजह से मेरे शरीर में प्रजनन क्षमता वाले शुक्राणु नहीं थे। वहीं बार्ब 41 साल की थीं, जिसे मेडिकल साइंस गर्भधारण के लिहाज़ से बुढ़ापा मानता है। पिछली शादियों से हमारे संयुक्त रूप से चार बच्चे थे - दो लड़के, दो लड़कियां। फिर भी हम मानते थे कि यह एक आवश्यक निर्णय था, जो नाटकीय ढंग से हमारे जीवन की दिशा को बदल देगा। हमने पिछले 15 साल दुनिया घूमने में बिताए थे, हम कई देशों में बेस्टसेलिंग लेखक थे और युवाओं की मौज मनाती किसी टोली से ज़्यादा मज़े कर रहे थे। हम एक बार फिर आर्थिक तौर पर सफल थे और अनंत भविष्य हमारे सामने था। लेकिन हमने यह भी महसूस किया कि अंत में जब सब ख़त्म हो जाएगा, तब इस बात का कोई प्रत्यक्ष सबूत नहीं होगा कि पति-पत्नी के रूप में हमारा कभी अस्तित्व था भी। कोई सच्ची विरासत नहीं - सिर्फ़ कारें, नक़दी और घर। जब आप पूरी तरह से पैसा कमाने और साम्राज्य खड़ा करने के लिए जीते हैं तो पीछे छोड़ जाने के लिए आपके पास ज़्यादा कुछ नहीं रह जाता। हम एक भावी सबूत चाहते थे, जो बताए कि हमारा अस्तित्व था। अस्पताल तथा लाइब्रेरी पर लिखा नाम, वो चीज़ नहीं था, जो हम चाहते थे। इसी वज़ह से इस विचार में एक बड़ा आकर्षण था कि दोनों की एक संतान हो, इसलिए हमने इसे अपना अगला मुख्य लक्ष्य बना लिया।

हमने इस बारे में भी गहराई से चर्चा की कि यह हमारे परिवार के सदस्यों के बीच आपसी संबंधों पर कैसा असर डालेगा और हम आने वाले किसी भी परिदृश्य से कैसे निपटेंगे। परिवार के कुछ सदस्य इस विचार के बिलकुल ख़िलाफ़ थे और हमारे ज़्यादातर दोस्त आश्चर्यचकित। किंतु एक जोड़े के तौर पर हमारे लिए यह हमारी कई ज़रूरतों का जवाब था।

हमने तय किया कि हम स्वयं की सुनेंगे और यही रास्ता अपनाएंगे चाहे कोई कुछ भी कहे, सोचे या करे। पहली बाधा भले ही यह थी कि यह लगभग असंभव था -आंकड़े बताते हैं- यह हो सकता है। लेकिन हमने तय कर लिया था कि हम 'क्या' चाहते हैं, यह जानते हुए कि 'कैसे' ज़ल्द ही ख़ुद सामने आ जाएगा।

यह उस डायरी का एक नोट है, जो उस समय मैं साथ रखा करता था :

2 दिसंबर 2002, स्पेन

हमने और बच्चों को जन्म देने का फ़ैसला किया है - लक्ष्य के तौर पर यह कैसा है? मैं बिना प्रोस्टेट, मैंने रेडिएशन तथा नसबंदी करवाई थी तथा बार्ब 40 वर्ष से ऊपर! लक्ष्य तय करने की असल परीक्षा तो अब होगी! यह कैसे करना है, हम इस पर काम कर रहे हैं -हमें लगता है कि हमारी दो बेटियां होंगी- रास्ता अभी साफ़ नहीं है। अगर ज़रूरत पड़ी तो हम सरोगेट मदर की मदद लेंगे। परिस्थितियां ख़राब रहीं तो बच्चा गोद

ले लेंगे। यह अगले 40 वर्षों की हमारी ज़िंदगी की नई शुरुआत होगी। अभी हमें नहीं पता कि हम यह कैसे करेंगे, हम सिर्फ़ यह जानते हैं कि हम इसे कैसे भी कर लेंगे और यही ज़्यादा मायने रखता है।

पहला चरण

हमारी सूची में हमने यह सुस्पष्ट लक्ष्य हाथों से लिखा कि - *हमें दो नई स्वस्थ संतानें चाहिए।* हमने इंटरनेट खंगाला, गर्भधारण के बारे में काफ़ी कुछ देखा। फ़र्टिलिटी डॉक्टर्स, गायनेकोलॉज़िस्ट तथा यूरोलॉज़िस्ट से सलाह ली, यह समझने के लिए कि हम शारीरिक तौर पर असंभव लगने वाले इस लक्ष्य को कैसे हासिल करेंगे। हालांकि स्वस्थ, युवा जोड़ियां, जिन्होंने गर्भधारण के प्रयास किए और नाकाम रहे, उनकी कई कहानियां पढ़ना बहुत निराशाजनक भी था। इसके बाद हमने आईवीएफ़ विशेषज्ञों से सलाह ली, जो बड़े ही निराशावादी थे। कहते थे कि आपके सफल होने की उम्मीदें बेहद कम हैं और यदि मैं कोई जीवित शुक्राणु उत्पन्न नहीं कर पाता तो इस विचार को भूल जाना ही बेहतर होगा। हमारे यूरोलॉज़िस्ट ने यह तक कहा, 'ऐलन आप तो कैन्सर से मरने वाले हैं तो फिर आपको बच्चे क्यों चाहिए?' इस टिप्पणी ने चिकित्सा पेशे के प्रति मेरी उस असम्मान की भावना को और बढ़ा दिया, जो बार्ब और मुझमें मेरे कैन्सर के उपचार के दौरान पनपी थी।

हमारे कुछ दोस्तों और रिश्तेदारों ने कहा इस उम्र में संतान के बारे में सोचकर ही हम गैरज़िम्मेदार तरह से पेश आ रहे हैं, खासकर मेरे कैन्सर के रिकॉर्ड को देखते हुए। अन्य लोगों ने यह भी ध्यान दिलाया कि यदि ऐसा हो भी गया तो जब हमारे नए बच्चे 21 साल के होंगे मैं 76 वर्ष और बार्ब 65 वर्ष की हो चुकी होंगी। इसलिए हमने डॉक्टरों, रिश्तेदारों तथा उन अन्य लोगों को एक तरफ़ कर दिया, जिनका इरादा हमें इस लक्ष्य का पीछा करने से रोकने का लग रहा था। इसके बजाय हमने उन नए दोस्तों को तवज्जो दी, जो हमारी मदद करते। सच्चे दोस्त आपको सहारा देंगे, चाहे आपने जो भी करने का फ़ैसला लिया हो। हमने तो यह भी नहीं माना था कि माता-पिता बनने के लिहाज़ से हम काफ़ी बूढ़े थे। हम इन बच्चों को दुनिया में लाने जा रहे थे, भले ही किसी ने क्या सोचा, किया या कहा और हमारी योजना शारीरिक तथा मानसिक रूप से युवा तथा सकारात्मक रहने की थी। इसका मतलब यह है कि हम खेलों में हिस्सा लेंगे, स्लिम बने रहेंगे, अपनी सेहत तथा खान-पान का ध्यान रखेंगे, ताकि हम अपने नए बच्चों के साथ जीवन की गतिविधियों में भागीदारी करने लायक़ रहें। याद रखिए, आपने जिन रास्तों को चुना है, उन पर ना चले व्यक्ति यह सलाह नहीं दे सकते कि आपको क्या करना है। वे सिर्फ़ अपना नज़रिया आप पर थोप सकते हैं तथा अपनी सीमाएं बता सकते हैं।

आंकड़े क्या कहते हैं

35 साल से कम उम्र की किसी महिला के लिए हमारे जैसे लक्ष्य की सफलता की दर केवल 31 फ़ीसदी थी, 42 वर्ष की आयु की महिला के लिए तो इससे भी चार फ़ीसदी कम और आंकड़ों ने यह भी संकेत दिया कि बार्ब से अब सिर्फ़ कम गुणवत्ता वाले अंडाणु ही उत्पन्न होने की उम्मीद थी। इस पर मुझमें शुक्राणुओं की कमी के कारण गर्भधारण की सभावनाएं 2 फ़ीसदी से भी कम रह जाती थीं।

दूसरी बात यह कि आंकड़ों के अनुसार बार्ब द्वारा इस उम्र में पूरी अवधि के लिए बच्चे को कोख में रख पाने की उम्मीद भी बेहद कम थी। फिर इसके बाद मृत प्रसव, बच्चे में विकृति, आनुवंशिक असामान्यताएं तथा डाउन सिंड्रोम की आशंकाएं होंगी। हमारा कोई ऐसा लक्ष्य था, हर चीज़ और हर व्यक्ति जिसके ख़िलाफ़ हो, वो यही था। मगर जो सबसे ख़राब परिस्थिति में हो सकता था, वो यह था कि हम बच्चे गोद लेते, जो कि एक अच्छा प्लान-बी था।

इसके बाद मैं कई टेस्टिकुलर ऑपरेशनों की एक श्रंखला से गुज़रा, ताकि यह साबित हो सके कि मुझमें प्रजनन योग्य शुक्राणु हैं या नहीं। मेरी जांचें निगेटिव आईं- मुझमें प्रजनन वाले शुक्राणु नहीं थे, क्योंकि कैन्सर के इलाज के लिए मुझे जो रेडिएशन दिया गया था, उसने इन्हें नष्ट कर दिया था।

मेरे यूरोलॉज़िस्ट ने कहा 'इसे भूल जाओ - एक कुत्ता ख़रीद लो।' हम उस पर भड़क गए, हमने इससे उबरने के लिए कुछ समय लिया और फिर इंटरनेट खंगालने लगे। हमने तय किया कि इस योजना की कमान हम अब अपने हाथ में लेंगे और अपना रास्ता चुनने के लिए ख़ुद ही विशेषज्ञ बनेंगे। जब 'विशेषज्ञ' या अच्छे इरादे वाले अन्य लोग आपसे कहते हैं कि कोई चीज़ नहीं की जा सकती, तो नए विशेषज्ञ तथा नए दोस्त तलाश लीजिए, जो आप में और आप जो हासिल करना चाहते हैं, उसमें विश्वास रखते हों। आप देखेंगे कि यदि हमने तब विशेषज्ञों की सलाह मान ली होती, जब मुझे कैन्सर होने की जानकारी पहली बार सामने आई थी, तो मैं शायद अब से काफ़ी पहले मर चुका होता।

उन लोगों से कभी सलाह मत लीजिए,
जिन्होंने वो कभी नहीं किया, जो आप करना चाहते हैं।

दूसरा चरण

शुक्राणु व्यक्ति के डीएनए के लिए सिर्फ़ एक कोरियर है, इसलिए हमने फ़ैसला किया कि किसी भी तरह से मेरे गतिहीन शुक्राणु को जुटाएंगे, उसे आईवीएफ़ तकनीक के जरिए

बार्ब के अंडाणु में भेजेंगे और उम्मीद थी कि मुझमें गर्भाधान कराने के लिए कुछ डीएनए मौजूद होगा। तो मैं फिर टेस्टिकुलर ऑपरेशनों से गुज़रने लगा और शुक्राणु हासिल करने की तारीख़ तय कर ली। वहीं बार्ब 26 दिन के हार्मोन इंजेक्शन प्रोग्राम से गुज़रीं, ताकि इतनी संख्या में अंडाणु उत्पन्न कर सकें, जो आंकड़ों के खेल वाला चमत्कार दिखाने के लिए पर्याप्त हों।

मेरा डीएनए बार्ब के अंडाणु में प्रवेश कराने तथा सफल भ्रूण को बार्ब के गर्भ में प्रवेश कराने की तारीख़ें तय कर ली गई – डॉक्टर यह जानकर हैरान थे कि बार्ब ने 27 'अच्छी गुणवत्ता' वाले अंडाणु उत्पन्न किए थे। इन सभी अंडाणुओं ने मुझसे जुटाए गए शुक्राणु के डीएनए को ग्रहण कर लिया और सभी फर्टिलाइज़ हो गए। फ़ुटबॉल टीम! जल्द ही हमारा एक चाइल्ड केयर सेंटर होगा! हमने इन भ्रूणों की अगले पांच दिनों तक निगरानी की, यह देखने के लिए कि इनमें से कितने जीवित बचते हैं और बार्ब के गर्भ में प्रवेश कराने के लिए तैयार रहते हैं।

छठे दिन, डॉक्टर ने उत्साहित ऐलन और बार्ब को अपने ऑफ़िस में तलब किया और घोषणा की कि सभी भ्रूण नाकाम हो चुके हैं। कोई भी सफल नहीं रहा। हमने बहुत कुछ खो दिया था। हम टूट चुके थे। बार्ब तो कुछ दिनों तक बोल ही नहीं पाईं। वे सदमे में थीं और इस बात से निराश भी कि तकनीक पूरी तरह विफल हो गई थी। अगले कुछ सप्ताह में हमने इस पर फिर से बात करना शुरू किया और तय किया कि आने वाले छह महीनों में जब हमारा शरीर फिर से दुरुस्त हो जाएगा, हम फिर से प्रयास करेंगे। इसका अर्थ यह था कि इस लक्ष्य के लिए मुझे फिर से अपने 'बॉल्स' में जो बाक़ी रह गया है, उसे ब्लॉक पर रखना पड़ेगा और बार्ब को दोबारा हार्मोन इंजेक्शन कोर्स करना होगा।

डॉक्टर ने हमें सलाह दी कि हम फिर से ऐसा प्रयास नहीं करें, क्योंकि इस बार तो यह हमारे लिए और भी कठिन होगा तथा हमारी उम्र भी लगभग एक साल और बढ़ चुकी होगी। हमने धीरे से डॉक्टरों से कहा कि यदि वे हमारी मदद नहीं करेंगे तो हम उसे तलाशेंगे, जो करेगा। फिर इंटरनेट खंगालना शुरू।

यदि आपके 'सलाहकारों' को विश्वास नहीं है कि आप अपने लक्ष्य पा सकते हैं तो नए सलाहकार तलाश लीजिए। ये आपके लक्ष्य हैं, उनके नहीं। वे सिर्फ़ सलाहकार हैं, जिनकी अपनी एक राय है।

तीसरा चरण

अभी भी हमारा ध्यान अंतिम लक्ष्य पर केंद्रित था, हमारी अभी की असफलताओं पर नहीं, इसलिए हमें प्रेरणा मिलती रही। हमने बीज़िंग में एक ऐसे डॉक्टर के बारे में सुना

था, जिसने नर सूअरों से सीधे डीएनए कोड निकालकर मादा सूअरों को कृत्रिम रूप से गर्भाधान करवाने की तकनीक में महारत हासिल की थी। सिडनी आईवीएफ़ संस्थान हाल ही में उन्हें ऑस्ट्रेलिया लेकर आया था, ताकि वे मनुष्यों पर इस तकनीक का परीक्षण कर सकें। इस नई तकनीक में डीएनए के स्रोत को तलाशा जाता था, ना कि शुक्राणु को। फिर डीएनए हासिल कर सीधे मादा के अंडाणु में प्रवेश करा दिया जाता था, जैसा कि डॉक्टर तथा उनकी टीम ने सूअरों पर सफलतापूर्वक किया था।

सिडनी आईवीएफ़ ने हमें उनके कार्यक्रम में शामिल होने की स्वीकृति दे दी, लेकिन साथ में यह चेतावनी दी कि हमारे सफल होने की उम्मीद बेहद कम है, बार्ब की उम्र और मेरे रेडिएशन वाले उपचार की वजह से। अब मेरे डीएनए का पता लगाने तथा उसे निकालने के लिए मुझे एक और ऑपरेशन से गुज़रना था। इस तरह के ऑपरेशन के बारे में गहराई से सुनकर अधिकांश लोग डर जाते हैं या बीमार महसूस करने लगते हैं। उन्होंने मेरे दाहिने अंडकोष को निकाला और एक प्लेट में रख दिया, हालांकि वह अब भी मेरे शरीर से जुड़ा था। फिर उन्होंने उसे किसी संतरे की तरह खोल दिया, एक हथौड़ेनुमा औज़ार से उसे पिज़्ज़ा की तरह सपाट कर दिया और एक विशेष माइक्रोस्कोप -जिसे डॉक्टर ने अपने सिर पर पहन रखा था- उससे डीएनए स्रोत को तलाशा।

मैं ऑपरेशन टेबल पर बेहोश पड़ा होता। सर्जन के एक हाथ में मेरा अंडकोष और दूसरे में हथौड़ा होता - किसी भी पुरुष के लिए दुस्वप्न!

इस प्रक्रिया के अंत में उन्होंने मेरे अंडकोष में जो बाक़ी रहा, उसे गेंद की आकृति में गोल कर दिया -जिस तरह आप अपनी हथेलियों के बीच मिट्टी का गोला बनाते हैं- उसके आसपास मेडिकल टेप लपेटा, इसे मेरे शरीर में फिर से डाला और सबकुछ फिर से सी दिया। इस ऑपरेशन का नकारात्मक पक्ष यह था कि मुझे रक्तस्राव हो सकता था (जो हुआ!) और अगले छह महीने तक मैं जॉन वेन की तरह चला। अच्छी बात यह थी कि मेरी आवाज़ ऊंची हो गई, अब मैं बीच बॉयज़ हारमनीज़ गा सकता था।

आख़िर अब मैं वियना बॉयज़ भजन मंडली के लिए ऑडिशन दे सकता था।

अंडाणुओं का उत्पादन बढ़ाने तथा सही समय आने पर मेरे डीएनए ट्रांसफ़र को तैयार रहने के लिए बार्ब को छह महीने तक रोज़ाना हार्मोन के इंजेक्शन लगवाने पड़े। अपने कैन्सर के उपचार के दौरान मैं इंजेक्शन लगा पाने में सक्षम हो गया था, इसलिए बार्ब को

रोज़ाना इंजेक्शन लगवाने में ख़ुद मदद करने लगा। यह पूरा अनुभव हम दोनों के लिए शारीरिक रूप से बेहद कठिन था, लेकिन प्रत्येक फ़ायदेमंद लक्ष्य जो आप पाना चाहते हैं, उसके लिए क़ीमत तो चुकानी होती है।

यहां तक कि बार्ब तो इसे करने के अपने संकल्प में और दृढ़ हो गईं। वे अपने अंडाणुओं से बातें करने और उन्हें निर्देश देने लगीं। उन्होंने अंडाणुओं को समझाया था कि उन्हें क्या करना है और उन्हें यह भी बताती थीं कि वे क्या कर रही हैं - खाना बना रही हैं, जॉगिंग कर रही हैं या फिर काम कर रही हैं। विज़ुअलाइज़ करना भले ही लक्ष्य हासिल करने का अहम हिस्सा हो, लेकिन मैं बार्ब की मानसिक सेहत को लेकर चिंतित होने लगा था और मुझे यह डर भी सता रहा था कि यदि यह प्रक्रिया फिर से विफल रही तो वे टूट जाएंगी। मगर बार्ब इस बात को लेकर आश्वस्त थीं कि उनकी यह तरकीब काम करेगी, इसलिए वे ख़ुशी-ख़ुशी रोज़ाना अपने अंडाशय से गहराई से बातें करती थीं। अपने मेडिकल अपॉइंटमेंट्स के दौरान और घर में उन्होंने बेबी बिब्स भी पहनना शुरू कर दिया था। वे इस सिद्धांत पर ईमानदारी से अमल कर रही थीं कि आपको ख़ुद पर पूरी तरह भरोसा होना चाहिए और जो परिणाम आप चाहते हैं, उसे छोड़ कोई अन्य विचार मन में नहीं लाना चाहिए। आपके मस्तिष्क में तीन अरब कोशिकाएं हैं, जो आपके शरीर को निर्देश देती हैं कि उसे क्या करना है। मैंने भी इसी सिद्धांत का सफल इस्तेमाल कैन्सर को हराने में किया था तो फिर बार्ब अपने शरीर को वह क्यों नहीं कह सकतीं, जो वे करना चाहती हैं?

मैं अपने तीसरे टेस्टिकुलर ऑपरेशन के लिए आगे बढ़ा - इस बार बायां अंडकोष प्लेट में था और डॉक्टर के हाथ में हथौड़ा। एक बार फिर मेरा डीएनए जुटाया गया और मेरी आवाज़ और ऊंची हो गई। आप पाएंगे कि पुरुष में टेस्टोस्टेरोन का स्तर जितना अधिक होता है, उसकी आवाज़ उतनी भारी हो जाती है। यही वजह है कि बैरिटोन में सोप्रानोस से दोगुना कामोन्माद होता है। सर्जरी का सकारात्मक पक्ष यह था कि मैं अब फ़्रैंकी वल्ली के गाने गा सकता था, लेकिन मैंने 'ड्यूक ऑफ़ अर्ल' फिर कभी नहीं गाया।

हवा में लटके होने का अनुभव

अगले 26 दिनों तक मैं बार्ब की जांघ में हार्मोन के अगले कोर्स के इंजेक्शन ठोकने लगा। अंतिम इंजेक्शन आईवीएफ़ के साथ था, जिसे 'ट्रिगर इंजेक्शन' कहा जाता है और वह अंडाशय को अंडाणुओं के स्राव के लिए निर्देशित करता है। यह निर्धारित समय पर दिया जाना चाहिए, 10 मिनट के अंदर-अंदर। इस ट्रिगर इंजेक्शन वाले दिन हम विमान से

सिडनी जा रहे थे -एक घंटे की उड़ान- और मुझे सिडनी एयरपोर्ट पहुंचने के 30 मिनट के भीतर इंजेक्शन लगाना था।

बदक़िस्मती से एयर ट्रैफ़िक की व्यस्तता के कारण, विमान 20 मिनट देरी से रवाना हुआ। हम सड़क पर बैठ गए और मेरे पैरों के पास रखे चिलर में तैयार ट्रिगर इंजेक्शन को लिए हम समय गिनने लगे। अंततः हम सिडनी एयरपोर्ट पहुंच रहे थे और कैप्टन ने ऐलान किया कि रूट व्यस्त होने के कारण हम और 30 मिनट के लिए अशांत मौसम में होल्डिंग पोज़ीशन में रहेंगे। मुझे बार्ब को लेटाकर इंजेक्शन देना था, वरना पूरी आईवीएफ़ साइकिल बर्बाद हो जाती!

मैंने तुरंत कैबिन स्टाफ़ को स्थिति की जानकारी दी, जिन्होंने कहा कि हमें हमारे सीट बेल्ट खोलने या इंजेक्शन लगाने के लिए बाथरूम जाने की अनुमति नहीं है, जो कि हम सोच रहे थे। मैंने कहा कि यदि हम बाथरूम इस्तेमाल नहीं कर सकते तो मैं बार्ब को यहीं सीट पर इंजेक्शन लगाऊंगा, जिससे अन्य यात्री विचलित हो सकते हैं, जो कि पहले से ही नर्वस हैं। कैबिन स्टाफ़ ने दबाव बनाया कि इंजेक्शन नहीं लगेगा, मगर मैंने उन्हें कह दिया कि यह लगेगा, भले ही उन्हें यह पसंद आए या नहीं- मैंने सुई निकालकर उन्हें दिखाई।

मैंने यह भी सोच लिया था कि *मेरे साथ बुरे से बुरा क्या हो सकता है?* सिडनी उतरते ही मुझे फ़्लाइट क्रू की बात नहीं मानने के आरोप में गिरफ़्तार कर लिया जाएगा। तो क्या? मैं जेल में नए और रोचक लोगों से मिलूंगा।

फिर मैं कैप्टन से मिला, वे इस बात पर राज़ी हो गए कि इंजेक्शन के लिए हम परदे से ढंका किचन एरिया इस्तेमाल कर सकते हैं। लेकिन जैसे ही हमने सीट बेल्ट खोले और आगे बढ़े, विमान तेज़ हवाओं में हिचकोले खाने लगा। किचन में बार्ब ने अपने कपड़े उतारे और मैंने गुब्बारे की तरह हिचकोले खाते विमान में संतुलन बनाने का प्रयास करते हुए सुई तैयार की। मैंने ताक़त से इंजेक्शन चुभोया और पूरी सुई अंदर उतार दी। वह मुझ पर चीख़ी और फूट-फूट कर रो पड़ी - लेकिन मैं ख़ुश था! काम हो चुका था!

अपनी कार्ययोजना के अनुसार चलें; भले ही दूसरे कुछ भी कहें, सोचें या करें।

व्यक्तिगत तौर पर मुझे लगा था कि मैं इस आईवीएफ़ प्रक्रिया को एक तर्कसंगत विज्ञान परियोजना की तरह संभालने में सक्षम हूं, लेकिन यह उस तरह से नहीं हुआ। यह एक भावुक अनुभव था, जिसके लिए कोई भी उस समय तैयार नहीं हो सकता, जब वह इस प्रक्रिया की शुरुआत कर रहा होता है। अगर आप अपने लक्ष्य को लेकर गंभीर हैं -चाहे वह जो भी हो- आपको उसके लिए ज़रूरी क़दम उठाने का संकल्प लेना चाहिए, ख़ासतौर पर जब परिस्थितियां मुश्किल हों।

दो दिन बाद बार्ब ने और 25 अंडाणु उत्पन्न किए और ताज़ा डीएनए के लिए मुझे एक और टेस्टिकुलर सर्ज़री के दौर से गुज़रना पड़ा, इस डीएनए को बार्ब के अंडाणु में प्रवेश कराया गया। इस बार हमें तीन स्वस्थ भ्रूण इनाम में मिले -दो नर और एक मादा। दो नर भ्रूण बार्ब के गर्भ में प्रत्यारोपित कर दिए गए और मादा भ्रूण को भविष्य में इस्तेमाल के लिए क्रायो सस्पेंशन में रख दिया गया। किसी जीवित भ्रूण को गर्भ के भीतर प्रवेश कराते देखने का अनुभव अभिभूत कर देने वाला था। मैंने मॉनीटर पर इस प्रक्रिया को देखा। यह एक दिव्य वस्तु थी। एक घंटे बाद जब हम क्लिनिक से बाहर निकले तो बार्ब ने मेरी ओर धीरे से देखा और कहा, 'मैं गर्भवती हूं।' मैंने उसे सांत्वना दी और सहारा दिया, लेकिन इस दौरान मैं स्थिति को बढ़ा-चढ़ाकर पेश नहीं करना चाहता था, क्योंकि सफलता की संभावनाएं आंकड़ों के लिहाज़ से अभी दूर थीं। इस मुकाम तक आकर भी यह हमारे लिए लगभग असंभव था। मैं नहीं चाहता था कि यदि यह सब विफल हुआ तो बार्ब को किसी तरह का सदमा पहुंचे, आंकड़ों के अनुसार यही संभवतः होगा।

डॉक्टरों ने समझाया हार्मोन के इंजेक्शन, मेरी टेस्टिकुलर सर्ज़री तथा हमारे पुराने मेडिकल फ़ेलियर असल में इस प्रक्रिया का एक सरल हिस्सा थे। बार्ब को अब इस भ्रूण को कम से कम 12 सप्ताह गर्भ में रखना पड़ेगा, तब माना जा सकता है कि गर्भावस्था सफल होगी। उन्होंने फिर दोहराया कि 43 वर्ष की आयु में इसकी संभावनाएं कम हैं। तब उस रात मैंने इंटरनेट पर बच्चा गोद देने वाली संस्थाओं की जानकारी तलाशी और ऐसे किसी डॉग की भी जो हम ख़रीद सकते थे। ऐसा नहीं था कि मुझे विश्वास नहीं था; किसी भी जोखिम भरे काम में मैंने हमेशा आंकड़ों के लिहाज़ से संभावनाओं को ध्यान रखा और एक बैक-अप प्लान भी। मैं जानता हूं कि आपको बाधाओं के बावजूद अपनी क्षमता पर वह पा लेने का भरोसा होना चाहिए, जो आप चाहते हैं। बार्ब तो गर्भावस्था के अपने मार्ग के बारे में सोचने लगी थीं और अपनी शरीर की कोशिकाओं को यह निर्देश देने लगी थीं कि क्या करना है। मैंने कभी किसी को ऐसा करते नहीं सुना था। यह एक बिलकुल नए तरह का विचार था और वह प्रक्रिया भी थी, जिसका इस्तेमाल मैंने कैन्सर को हराने में किया था। मुझे पूरा यक़ीन था कि मैं कैन्सर से जीत जाऊंगा और अब मैं नया जीवन देने के लिए बार्ब को इस प्रक्रिया का इस्तेमाल करते देख रहा था।

हालांकि बार्ब को ऐसा करते देखना मुझमें डर की भावना भी पैदा करता था। यह रॉजर बेनिस्टर को 4 मिनट में एक मील दौड़ते देखने के समान था। मैंने उसे नहीं बताया कि उस समय मैं कैसा महसूस कर रहा था, क्योंकि मैं चाहता था कि बार्ब सफल हों और मैंने उन महिलाओं के बारे में पढ़ा था, जो सफलतापूर्वक इस रास्ते पर चलीं। अब मैं उनमें से एक के साथ रह रहा था।

पति के रूप में मैं रास्तेभर अंदर ही अंदर नर्वस था, जबकि वो मज़बूत और दृढ़, शांत और आत्मविश्वास से भरीं कि हम कम से कम एक बच्चे के माता-पिता बनेंगे-

Allan and Barbara Pease relax at home before the birth of their son with older children Jasmine and Adam.

Authors ride rollercoaster of IVF

AS I sat listening to famous authors/counsellors/body language experts Barbara and Allan Pease's experience with IVF, I felt torn between a number of emotions.

I was swept up in their excitement at finally conceiving after 13 years together. I shared their anticipation about the upcoming birth of their baby boy (Barb was eight-and-a-half months pregnant when we talked). Still, I was horrified by the incredibly emotional experience they had been through.

"Despite counselling so many couples over the years, and really being in touch with how the human brain works and how couples relate to each other, we had no idea going through the IVF process would be such a rollercoaster ride," Allan said. The couple already had four children over 21 from previous marriages.

"We really wanted a child together but because we had other children, and because I'm such a research junkie and found out all about the scientific side of the process before we actually went ahead with it, I honestly went into it thinking the result wouldn't really bother me either way," Allan said. "I thought we would both deal with whatever happened brilliantly. We knew all about human behaviour and assumed it would be a simple process but once we were in the middle of it all, there was no controlling the situation and we just had to let the emotions roll."

to page 6

हो सकता है दो के। बार्ब लगातार अपने भ्रूणों से बातें कर रही थीं, उन्होंने भ्रूणों के लिए गाना भी गाया, हर वो चीज़ विस्तार में बताई जो वे कर रही थीं, बच्चे के कपड़े अपनी गर्दन के आसपास लपेटे, उन्हें कहानी पढ़कर सुनाई और बच्चे के कमरे को सजाना जारी रखा।

दर्द की दवाओं के बिना, प्रसव की 12 घंटे की प्रक्रिया के बाद, 8 मार्च 2005 को ब्रैंडन जन्मा।

ब्रैंडन पीज़ – छह दिन का।

यथार्थ अनुभव से रूबरू हुए दंपति

बारबरा इस बात से सहमत हैं कि यह प्रक्रिया उनके लिए जीवन का सबसे भावुक अनुभव थी और ऐसा अनुभव शायद फिर कभी नहीं होगा : "यह पूरी चीज़ एक यथार्थ अनुभव थी। जब आप प्राकृतिक रूप से गर्भवती होती हैं तो यह सामान्य बात है, लेकिन आईवीएफ़ से हुई हैं तो आपको अपने फ़ॉलिकल्स (थैली जिसमें अंडाणु होता है) को विकसित होते देखने का मौक़ा मिलता है और आप उन्हें मापते भी हैं, आप कोशिकाओं को विभाजित होते देखते हैं और वास्तव में यह जीवन की उत्पत्ति होते देखने के समान है।

"हम आईवीएफ़ के दो चक्रों से गुज़रे और इनमें से पहला वाला तो हमारे लिए पूरी तरह सदमा पहुंचाने वाला था, क्योंकि हमारे सभी फ़ॉलिकल्स नष्ट हो गए थे – मेरे लिए यह बच्चों को खो देने जैसा था और लगा जैसे मैं मौत पर विलाप कर रही हूं। आपको याद आता है कि इससे पहले कुछ हफ़्तों के लिए आपको हार्मोन्स के इंजेक्शन लगाए जा रहे थे, इससे आपके शरीर में गर्भाधान के लिए ज़रूरी बदलाव हो रहे थे, तभी आपको पता चलता है आपके सभी फ़ॉलिकल्स मर चुके हैं और यह पूरी जुनूनी प्रक्रिया नाकाम हो गई है, यह दिल तोड़ देने वाला था।

"मैं कई दिनों तक रोती रही और कोई चीज़ मुझे सांत्वना नहीं दे पा रही थी। यह ऐलन के लिए भी बहुत मुश्किल भरा था, क्योंकि उन्होंने कभी मुझे इस अवस्था में नहीं देखा था और उनके पास इस स्थिति को सुधार पाने का कोई तरीक़ा भी नहीं था। यह हम दोनों के लिए मुश्किल भरा दौर था।"

बारबरा बताती हैं कि जब दूसरा मौक़ा आया, तब उनका मन पहले से थोड़ा ज़्यादा शांत था : "दूसरी बार मैं जानती थी कि मैं स्वयं को किस अवस्था में ले जा रही हूं। मुझे चिंता हो रही थी कि दूसरा चक्र भी नाकाम हो जाएगा, लेकिन पता नहीं क्यों मुझे अचानक लगने लगा कि यह कारगर होने जा रहा हैं। जब मुझे पता चला कि मैं गर्भवती हूं, मैंने बहुत राहत महसूस की, मैं बहुत ख़ुश थी, लेकिन इसमें अब भी बहुत-सी बाधाएं लांघना बाक़ी थीं, क्योंकि मैं गर्भावस्था के लिहाज़ से उम्रदराज थी और बड़ी आशंका थी कि मैं इसे गंवा दूं। मगर मैंने नहीं गंवाया। इस तरह रोज़ाना के वो इंजेक्शन्स, वो भावनाएं तथा दर्द, सबकी क़ीमत वसूल हो गई।"

"मुझे लगा कि मैं इन सभी से गुज़रने के लिए ही बनी थी, ताकि मैं ऐसे हालात वाली अन्य महिलाओं को समझ सकूं। वास्तव में इसका अनुभव किए बगैर मुझे कभी इस बात का पता नहीं चलता कि यह सब कितना कठोर हो सकता है। दरअसल यह सब आश्चर्यजनक तरीक़े से काम कर गया, क्योंकि ऐलन की 23 वर्ष की बेटी जैस्मीन मुझसे महज़ आठ सप्ताह बाद अपने पहले बच्चे को जन्म देने वाली थीं – वे प्राकृतिक रूप से गर्भवती हुई थीं और लगभग एक ही समय हमारे पहले बच्चे तथा पहले पोते का दुनिया में स्वागत बेहद अद्भुत वाक़या होने जा रहा था।"

बारबरा तथा ऐलन की इस कहानी का अंत श्रेष्ठ तरह का है। जब आप इस लेख को पढ़ रहे हैं, उस समय इस दंपति की पहली संयुक्त संतान दुनिया में आने वाली होगी, साथ ही दूसरे चक्र से हासिल उनके अन्य अंडाणुओं में से भी एक सफलतापूर्वक फ़र्टिलाइज़ हो चुका था और अब उसे एक साल के भीतर इम्प्लांट के इंतज़ार में नैम्बोर सेलांगर हॉस्पिटल के आईवीएफ़ क्लिनिक में संरक्षित कर दिया गया है। ऐलन ने कहा, "यह एक नन्हीं लड़की है और उस लड़के की फ़्रटर्नल ट्विन (एक ही साथ उत्पन्न अंडाणुओं से पैदा बच्चे) है, जिसे हम पाने जा रहे हैं। जब फ़ैसले की घड़ी आई, हमें तय करना था कि फ़र्टिलाइज़्ड अंडाणु का क्या करना है, हम उसे पाए बगैर नहीं रह सकते थे।"

बार्ब का व्यक्तिगत नज़रिया

ब्रेंडन का जन्म तब हुआ जब मैं तक़रीबन 43 वर्ष की थी। भले ही मेरी गर्भावस्था और उसके जन्म का रास्ता कठिन और कमज़ोर आंकड़ों से भरा था, मैंने उन नकारात्मक बातों को स्वीकार ना करने का फ़ैसला लिया, जो मुझे कई डॉक्टरों, रिश्तेदारों तथा अन्य ने कही थीं। मैंने उस परिणाम के प्रति सकारात्मक रहने का फ़ैसला किया, जो मैं चाहती थी - गर्भवती होने और दर्द की दवाओं के बिना प्रसव का। मैंने कभी नहीं सोचा कि मैं यह नहीं कर सकती और मैंने हमेशा उन परिणामों को विज़ुअलाइज़ किया, जो मैं चाहती थी।

हमारे अधिकांश दोस्त इस बात पर विश्वास नहीं कर पा रहे थे कि हम अपने जीवन की प्रसिद्धि, उत्साह तथा विश्व भ्रमण सबकुछ फिर से नैपी बदलने तथा बच्चे को दूध पिलाने के लिए छोड़ देंगे। मगर मैं इस बात से आश्वस्त थी कि स्कूल के उत्सवों में जाना तथा बच्चे का लन्च बनाना ही वास्तव में वह काम था, जो मैं अभी करना चाहती थी। मैं इसके सच ना होने की कल्पना भी नहीं कर सकती थी। ब्रेंडन को थामने के बाद वह तसवीर सच हो गई, जैसी मैंने मन में बनाई थी। जो 57 अंडाणु आईवीएफ़ उपचार के दौरान मैंने उत्पन्न किए थे, उनकी मदद से मैंने अब अपने बच्चे को हाथों में थाम रखा था। यह ऐसा अहसास था, जिसे मैं कभी नहीं भूलूंगी।

ब्रेंडन के जन्म के दो अद्भुत तथा खुशियों भरे वर्षों के बाद, मैंने ऐलन से कहा मैं वास्तव में एक बेटी भी चाहती हूं। मेरी बेटी आनुवंशिक रूप से सही और क्रायो-सस्पेंशन में थी और मैं उसे अपने दिमाग़ से निकाल नहीं पा रही थी, क्योंकि मैं हमेशा से एक बेटी चाहती थी। यह सुनकर पहले तो ऐलन नर्वस थे, क्योंकि अब हमारे पांच बच्चे थे और अब गर्भाधान की संभावनाएं पहली बार से भी कम थी। मैं अब 46 वर्ष की थी; डॉक्टरों का कहना था कि मैं बच्चे की सेहत और ख़ुद की जान को जोखिम में डाल सकती थी। किंतु मैं सकारात्मकता के साथ, बिलकुल स्पष्ट तौर पर और निर्विवाद रूप से एक बेटी चाहती थी। कम संभावनाओं के बावजूद मैं नहीं मानती थी कि मैं यह सब फिर से नहीं कर सकती।

हर रात जब मैं बिस्तर पर लेटती तो मन में यही तसवीर बनाती कि यह कैसे होगा, जल्द ही मुझे स्पष्ट दिखने लगा कि मैं यह फिर से कर सकती हूं।

मेरा शरीर कह रहा था कि 'हां, तुम कर सकती हो।' डॉक्टर अपनी राय पर अटल थे कि यह एक मुश्किल रास्ता है, पिछली बार से भी ज़्यादा बड़े जोखिम से भरा, भले ही भ्रूण को अनफ़्रीज़ करने की प्रक्रिया सफल रही हो। परिवार तथा दोस्त भी हैरान थे और मुझे कहने लगे कि मैं थोड़ा सोच-समझकर काम लूं। मैंने फिर से दृढ़ निश्चय किया कि ख़राब आंकड़ों तथा विफलता की आशंकाओं के बावजूद मैं इसे फिर करूंगी और कर सकती हूं। यदि केवल कुछ ही फ़ीसदी महिलाएं इसमें सफल होती हैं तो मैं उनमें से एक रहूंगी। मैंने सिर्फ़ उन्हीं लोगों के बीच रहने का फ़ैसला किया, जिन्हें यह संभव लगता था और जो मुझे समर्थन देते।

मेरी नन्ही बच्ची का भ्रूण -मैंने उसका नाम बेला रखा था- सफलतापूर्वक अनफ्रोज़ेन हो गया था और मेरे अंदर प्रत्यारोपित किया जा चुका था। मैंने बिना थमे उससे बातें कीं और बताया कि उसे क्या करना है - ख़ुद को मेरी कोख से जोड़ना है, सकारात्मक रहना है और यह भी कहा कि मैं जल्द उससे मिलूंगी। मैंने अपने शरीर के अंदर हर कोशिका को विज़ुअलाइज़ किया और उन्हें स्पष्ट निर्देश दिए। सबको अचंभित करते हुए बेला ने ख़ुद को मेरी कोख से जोड़ लिया और मैंने किसी उम्रदराज़ महिला के गर्भावस्था की शुरुआत में होने वाले सभी महत्त्वपूर्ण टेस्ट पास कर लिए। बेला नौ माह बाद ब्रैंडन की फ़्रटर्नल ट्विन सिस्टर बन गई - जिसका जन्म ब्रैंडन से तीन साल बाद हुआ। मैंने फिर से प्राकृतिक रूप से जन्म देना चुना... जो उम्रदराज़ महिलाओं के लिए बुरा नहीं है!

मुझसे अक्सर पूछा जाता है कि उम्रदराज़ महिला के तौर पर दूसरी बार परिवार बढ़ाना आपको कैसा लगता है। यह सर्वश्रेष्ठ है! मैंने दोनों ही गर्भावस्था से जुड़ी हर एक बात मेरी सौतेली बेटियों मेलिसा और जैस्मीन से साझा की, जो ख़ुद भी उसी समय गर्भवती थीं, जिस समय मैं। मेरे 26 साल के बेटे एडम के लिए मेरी बांहों में अपने छोटे भाई-बहन को देखना और इन बच्चों के पैदा होते ही उन्हें गोद में लेना ग़ज़ब अनुभव था। यह अद्‌भुत था। अब मैं 54 वर्ष की हूं तथा ऐलन 65 के, लेकिन हमारे नए बच्चे हमें युवा बनाए रखते हैं। हमारी उम्र के अधिकांश लोग जीवन के इम्प्टी नेस्ट चरण में होते हैं, यानी वे घर में अकेला महसूस करते हैं। ये लोग ज़्यादातर समय खाने, पीने, गोल्फ़ खेलने और यात्राएं करने में बिताते हैं। जबकि ऐलन और मैं घर में दो बच्चों के पीछे भागते रहते हैं, रोज़ाना स्कूल जाते हैं, खेल गतिविधियों में जाते हैं, टेनिस खेलते हैं, मार्शल आर्ट्स की प्रैक्टिस करते हैं और ब्रैंडन तथा बेला के साथ कसरत करते हैं। अब हमारे सोशल सर्कल में 20-30 साल के लोग शामिल हैं।

ऐलन तथा मैं बड़ी संख्या में बच्चों से घिरे रहते हैं - और हमें यह पसंद है। वैसे ब्रैंडन तथा बेला अपनी ही उम्र के उन आठ बच्चों के अंकल-आंटी हैं, जो हमारे परिवार का हिस्सा हैं। मैंने कभी इसके किसी भाग को बदलकर नहीं बताया कि यह सब कैसे हुआ। जब कोई आपसे कहता है कि आपके कुछ पाने की संभावना बेहद कम है, तो याद रखिए कि यह सिर्फ़ उनकी राय है, जो उनके अनुभवों पर आधारित है। या फिर वे अपनी ख़ामियों को आप पर थोप रहे हैं। इसका मतलब यह नहीं है कि आप वह चीज़ हासिल नहीं कर सकते। आमतौर पर इसका अर्थ यह है कि आपको सकारात्मक दृष्टिकोण की, कड़ी मेहनत की और जिन मुट्ठीभर लोगों ने इसे हासिल किया है, उनमें शामिल होने के संकल्प की आवश्यकता है। जैसा मैंने किया। मैंने तय किया था कि किसी ना किसी को तो उस छोटे-से सफल समूह में शामिल होना ही है, तो फिर वह मैं क्यों नहीं हो सकती।

और मैं वास्तव में एक और डॉग नहीं चाहती थी।

बाएं बेला की वह छवि जैसी बार्ब ने कल्पना की थी और दूसरी तसवीर में ख़ुद बेला।

सकारात्मक अभिपुष्टि

बेला के गर्भ में आने के सालभर पहले बारबरा ने इंग्लैंड के एक बाज़ार में 19वीं सदी की एक पेंटिंग देखी थी। यह उस बेटी से मेल खाती थी, जिसकी बार्ब ने अपने मन में कल्पना की थी। मेरे पिता रे ने इस पेंटिंग को तोहफ़े के तौर पर बार्ब के लिए ख़रीद लिया। बार्ब ने गर्भधारण के प्रयास से छह माह पहले इसे दीवार पर टांग लिया था। कुछ लोगों को लगा कि बार्ब पागल हो गई हैं, लेकिन उन्होंने इसे उस चीज़ की मानसिक तसवीर के तौर पर इस्तेमाल किया, जिसका वे सृजन करना चाहती थीं। आप रे द्वारा बाज़ार से ख़रीदी गई पेंटिंग की तुलना बेला की तसवीर से कर सकते हैं।

मीडिया में

मीडिया, ख़ासकर महिला आधारित मैगज़ीन्स हमारी कहानी को लेकर पागल थीं। यह कहानी हर जगह नज़र आने लगी, इनमें ऑस्ट्रेलियाई चैनल '60 मिनट्स' पर प्रसारित दो कार्यक्रम भी शामिल थे। हमारे पास ऐसे दंपतियों के फ़ोन तथा ई-मेल्स की बाढ़ आ गई, जिन्होंने या तो बच्चे को जन्म दे पाने की आस छोड़ दी थी या जिनसे इसे भूल जाने के लिए कह दिया गया था। यहां एक ऐसा पत्र है, जो बार्ब को एक अनजान दंपति हेलन तथा जेमी ने लिखा था :

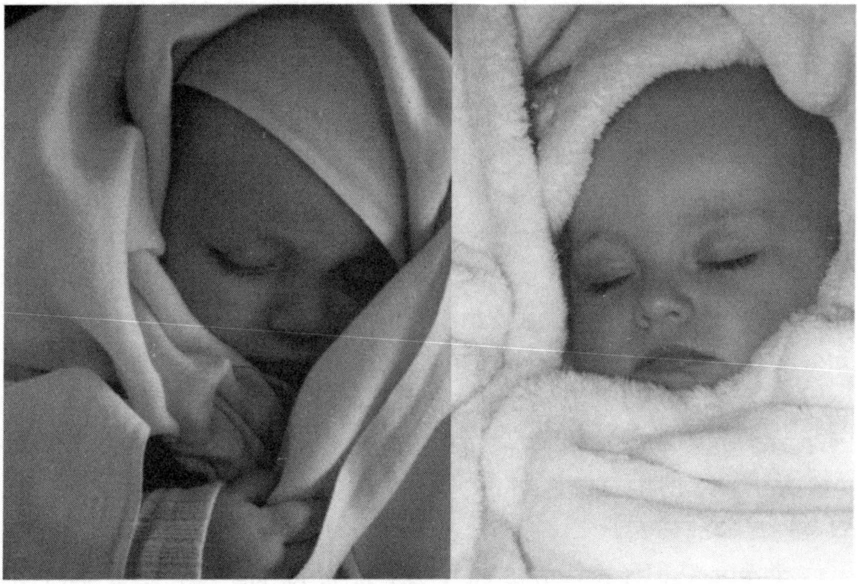

ब्रेंडन तथा बेला दोनों जब 7 माह के थे। यदि दोनों एक ही समय पर जन्मे होते तो कुछ इस तरह नज़र आते।

कई बार, बिना सोचे-समझे लिया गया फ़ैसला आपके जीवन पर सर्वाधिक नाटकीय प्रभाव डाल सकता है। मेरे लिए यह एक अनजान शख़्स कोई - मेल भेजने का फ़ैसला था, जिसके बारे में मैंने मैगज़ीन में पढ़ा था। ऐसे शख़्स से, जिसके साधारण से वाक्य ने मेरी आशाओं को लुप्त होने से बचा लिया और मुझे आगे बढ़ते रहने की मज़बूती दी। परिवार बढ़ाने का हमारा सपना हमारे जीवन के सबसे चुनौतीपूर्ण अनुभवों में से एक साबित हुआ है।

हमारी कहानी ऐसी है, जिसे दुनियाभर के जोड़े अनुभव कर रहे हैं। हां, हम एक और उम्रदराज़ दंपति हैं, जो बच्चों को जन्म देने का प्रयास कर रहे थे। दिल तोड़ देने वाले तीन गर्भपात और तक़रीबन सालभर शोक मनाने के बाद अंततः हमने समस्या से सीधे निपटने और आईवीएफ़ प्रोग्राम अपनाने का फ़ैसला लिया।

दोस्त, जिन्होंने ख़ुद भी बच्चों के लिए संघर्ष किया और जिन्होंने हमें हमारे अच्छे-बुरे दौर से गुज़रते देखा, वे लगातार हमें आईवीएफ़ का सहारा लेने के लिए कह रहे थे, लेकिन मेरे लिए पति को राज़ी करना आसान नहीं था, क्योंकि उनका मानना था कि आईवीएफ़ उन जोड़ों के लिए है, जो गर्भधारण नहीं कर सकते। मुझे उन्हें सलाह लेने के लिए मनाने में एक साल लग गया और इसके बाद डॉक्टर की प्रतिक्रिया विरोधभरी तथा ज़बरदस्त दोनों थी। उसने कहा था कि अब इंतज़ार के लिए समय बाक़ी नहीं है और यह भी कि हमें मदद लेने में थोड़ी जल्दी दिखानी थी!

अरे... मैं 33 साल की उम्र तक तो अपने पति से मिली ही नहीं थी!

इतनी बार गर्भपात की वजह से मैं गर्भधारण को लेकर बहुत चिंतित भी थी। क्योंकि यह किसी चिकित्सकीय अनुभव का चरम होता है, गर्भनिरोधक गोलियों से दूर, रोज़ाना खुद को इंजेक्शन लगाना, अस्पताल जाना, ताकि वे अंडाणु हासिल कर सकें तथा जेमी से शुक्राणु जुटाना। पहले दौर के बाद मेरे अंडाणुओं की संख्या कम थी और मैं डॉक्टरों की चिंता देख सकती थी। डॉक्टर ने पूछा कि क्या मैं किसी डोनर से अंडाणु लेना चाहूंगी, क्या मेरी कोई बहन है। मैं टूट चुकी थी। उन्होंने ये चीज़ें मुझसे तब पूछीं, जब वह उस अच्छे अंडाणु को इम्प्लांट कर रहा था, जो हमने पहले चक्र से हासिल किया था, तो इस बारे में सकारात्मक तथा उत्साहित महसूस करने के कि मेरी कोख में भ्रूण इम्प्लांट हो चुका है, मैं आंसू बहाते हुए बाहर निकली और छोटी बहन को फ़ोन किया। डॉक्टर ने जो कहा उससे मैं सदमे में थी। वहीं एक अंडाणु पर निर्भर रहकर इंतज़ार करना भी पीड़ादायक था। और बदक़िस्मती से वह नहीं ठहर सका।

मैं मानती हूं कि इम्प्लांट के समय यह कहना कि मुझे डोनर के अंडाणु लेने पर विचार करना पड़ सकता है, इसका पहले अंडाणु के काम नहीं कर पाने से काफ़ी कुछ लेना-देना है, क्योंकि मेरी उम्मीद का स्तर कम हो गया था।

मैंने आईवीएफ़ के बारे में वह सब अध्ययन करना शुरू कर दिया, जो मैं कर सकती थी और एक कहानी पर अचानक अटक गई, जो ऐसे जोड़े के बारे में थी, जिसने बाधाओं को तोड़ा और तीन साल के अंतराल में 'जुड़वां बच्चों' को जन्म दिया। यह दंपति बार्ब तथा ऐलन पीज़ थे। तो बिना सोचे-समझे मैंने इन्हें इंटरनेट पर सर्च किया, उनकी वेबसाइट तलाशी और अपने सवाल ई-मेल के जरिए उन्हें भेज दिए, हालांकि मुझे जवाब की उम्मीद नहीं थी। मगर उसी दिन जवाब में हमें बारबरा की ओर से यह ई-मेल आ गया :

हमसे संपर्क करने के लिए धन्यवाद। मैं आपको शुभकामनाएं देती हूं... लेकिन यह भी याद रखना... ऐसे किसी व्यक्ति पर विश्वास मत करना, जो कहता है कि यह असंभव है – सिर्फ़ खुद पर भरोसा रखना और जान लो कि यह होगा।

जो मैं जान पाई हूं उस आधार पर... मेरा मानना है कि मेरे जुड़वां बच्चे मेरे खुद पर विश्वास की वजह से हैं... मेरे डॉक्टर का नम्बर..... ...... है। मुझे पक्के तौर पर नहीं पता कि तुम कहां हो, लेकिन एक बार तुम गर्भवती हुईं तो तुम्हारा जनरल प्रैक्टिसनर ही इसे कर सकता है।

आपको धन्यवाद
बार्ब पीज़

इस पत्र के ये दो वाक्य मेरे दिमाग़ में घर कर गए :

'किसी पर विश्वास मत करो... सिर्फ़ ख़ुद पर भरोसा रखो और जान लो कि यह होगा...'

'जो मैं जान पाई हूं उस आधार पर... मेरा मानना है कि मेरे जुड़वां बच्चे मेरे ख़ुद पर विश्वास की वजह से हैं...'

मैंने बार्ब तथा ऐलन की कहानी का एक प्रिंट निकाला और उसे हमारे फ्रिज़ पर चिपका दिया। मैंने इसे 100 बार पढ़ा होगा! हमने इसी राह पर चलने का फ़ैसला किया, चाहे फिर जो भी अंजाम हो। दो और लंबे तथा उलझन भरे नाकाम प्रयासों के बाद हम फिर से एकजुट हुए। जेमी तथा मैंने संकल्प लिया कि इस बार हम लंबे समय तक कोशिश करने, जीवन में आगे बढ़ने, छुट्टियों की योजना बनाने और एक-दूसरे के साथ मज़े करने जा रहे हैं। हमारे तीसरे प्रयास में उन्होंने दो अंडाणु इम्प्लांट किए।

उस दौरान सकारात्मकता को बनाए रखने के लिए जेमी तथा मैंने सबसे ज़्यादा तर्कहीन चीज़ें कीं। जिसे बार्ब तथा ऐलन 'विज़ुअलाइज़ेशन' कहते हैं। हमने मुर्गी के दो अंडों को पेंट किया – एक को बेटे और दूसरे को नन्ही-सी बेटी की तरह। हम उन्हें 'हैप्पी एग्स' कहते और अपने किचन की बेंच पर रखते। हर सुबह और शाम जब हम नाश्ता और रात का खाना बना रहे होते अपने 'हैप्पी एग्स' को देखते, मुस्कराते और उनसे बातें करते। हम दोनों उनसे काफ़ी जुड़ाव महसूस करने लगे थे और वे हमें रोज़ हंसाते थे। बार्ब ने भी मुझसे हर चीज़ के मज़ाक़िया पहलू को देखने के लिए कहा था, क्योंकि यह मेरी सफलता की संभावनाओं को बढ़ा देगा।

मैंने बार्ब को हमारे 'हैप्पी एग्स' के बारे में ई-मेल भेजा, यह मुझे थोड़ा मूर्खतापूर्ण लग रहा था, लेकिन मुझे लगा कि उन्हें हमारी मूर्खता पसंद आएगी। बार्ब ने एक कहानी के साथ जवाबी ई-मेल भेजा, इस बारे में कि हर बार जब वे डॉक्टर के पास जाती थीं तो क्या करती थीं। वे बिब यानी बच्चों को सीने पर पहनाने वाला कपड़ा ख़ुद पहनती थीं- एक बार गुलाबी और एक बार नीले रंग का। डॉक्टर को लगा कि वे पागल हैं, लेकिन यह उन्हें हंसाता था। बार्ब ने लिखा कि आपके मामले में भी कुछ ऐसा है, जो इस पूरी प्रक्रिया के दौरान मन को हल्का रखता है और ख़ुशी देता है, यह सचमुच अच्छा लगा।

ख़ैर, हमारे इंतज़ार की ये घड़ियां अंततः समाप्त होने को आ गईं। मैंने ब्लड टेस्ट करवाया और इसने पुष्टि की कि मैं गर्भवती थी। वाह! हम बहुत उत्साहित थे। लेकिन मेरे गर्भपात के इतिहास के कारण मैं अब भी काफ़ी नर्वस थी और जानती थी कि मैं गर्भवती होकर सहज महसूस करूं, इससे पहले मुझे एक लंबा रास्ता तय करना होगा। हमने स्कैन करवाया तो पता चला कि सिर्फ़ एक अंडाणु विकसित हो रहा था। हालांकि हम अब भी यह जानकर बहुत उत्साहित थे कि मेरे अंदर एक 'हैप्पी एग' पल-बढ़ रहा था।

इसके बाद गर्भावस्था आसान नहीं थी और मेरे पास जूझने के लिए कई चीज़ें थीं। मगर जो बदल गया था, वह था मेरा दृष्टिकोण। मुझमें एक आंतरिक विश्वास था कि सब अच्छा होगा और प्रत्येक बार जब मेरा किसी दूसरी चिकित्सा समस्या से सामना हुआ, मैं मेरे अंडाणु से बात करती और कहती कि तुम वहां टिके रहना और उसे बताती कि हम उसे कितना प्यार करते हैं।

हमारा वह 'एग' अब हमारा नया बेटा है। जेमी तथा मैं खुद को दुनिया के सबसे भाग्यशाली लोगों की तरह मानते हैं!

इन सबसे कठिन वर्षों में हमारी दृढ़ता ने एक-दूसरे से हमारे रिश्तों को इस कदर मज़बूत कर दिया है, जैसे पहले शायद ही कभी रहे होंगे। मेरे दृष्टिकोण में आया बदलाव सबसे बड़ा अंतर था। हमारा परिवार तथा दोस्त हमारी ताक़त का अद्‌भुत स्रोत थे और बार्ब पीज़ ने हमारे जीवन के एक नाजुक समय में मुझे खुद पर भरोसा जगाने में मदद की। हम सदैव आभारी रहेंगे।

हम ग़लत होते तो क्या होता?

क्या होता अगर हम इन सभी प्रक्रियाओं से गुज़रते और सफल नहीं होते? क्या होता यदि सब कुछ नाकाम हो जाता? आंकड़े कहते हैं कि हमारी संभावनाएं कम ही थीं। लेकिन दूसरे लोगों ने इसे हासिल किया था और भविष्य में और भी इसमें सफल होंगे, इसलिए हम दृढ़ निश्चय के साथ आगे बढ़े।

सबकुछ होने के बावजूद हम बच्चों को जन्म देने जा रहे थे और बार्ब की गर्भावस्था इसके लिए अंतिम रास्ता थी। बुरी से बुरी परिस्थिति में यह होता कि हम बच्चा गोद लेते और यह तब भी अद्‌भुत होता। हमने तय किया था कि परिणाम जो भी होगा, हम उससे खुश रहेंगे। यहां तक कि हमारी पहली योजना सफल नहीं रही तो भी हम किसी तरह अपने लक्ष्य को हासिल करेंगे, चाहे जो भी हो।

बहुत से लोग सकारात्मक मार्ग अपनाने से हिचकते हैं, क्योंकि कभी-कभी बाधाएं बड़ी नज़र आती हैं। आंकड़े आपके ख़िलाफ़ हों, तब भी इसका यह अर्थ नहीं है कि आप जो चाहते हैं, उसे कर नहीं सकते। जब आप उस लक्ष्य की ओर बढ़ने का फ़ैसला करते हैं, जो आप वास्तव में चाहते हैं तो नए दरवाज़े खुलने लगते हैं। आपको ऐसे अन्य विकल्प तथा संभावनाएं दिखाई देने लगेंगी, जो आप तब नहीं देख पाते या विचार में नहीं लाते, यदि उस रास्ते से नहीं गुज़रते।

जब आप अपने आरएएस में सुस्पष्ट लक्ष्य की प्रोग्रामिंग कर लेते हैं तो यह आपको वो चीज़ें देने के लिए रास्ते तलाशने लगेगा, जो आप चाहते हैं।

16

एक बार फिर दोहराएँ

चलिए, इस पुस्तक के महत्त्वपूर्ण बिंदुओं को संक्षेप में देखते हैं।

जीवन में सफलता तथा वो हासिल करना, जो आप चाहते हैं या वह बनना, जो आप बनना चाहते हैं, ये सभी प्रतिभा से ज़्यादा, योजना बनाने तथा चीज़ों को संगठित करने के मामले हैं। हम ऐसे कई प्रतिभाशाली लोगों को जानते हैं, जो किसी मुकाम पर नहीं पहुंच पाए, लेकिन जिनमें अधिक प्रतिभा नज़र नहीं आई, वे सफलता की ओर बढ़ रहे हैं और नए रास्ते खोज रहे हैं। अधिकांश लोग जीवन में वो सब हासिल नहीं कर पाते, जो वे कर सकते थे, क्योंकि वे इस बारे में सोचते हैं कि कोई चीज़ कैसे हासिल करेंगे, बजाय यह फ़ैसला करने के कि वे वास्तव में क्या चाहते हैं। जैसा कि आप अब जानते हैं 'क्या' तय करना सफलता के लिए सबसे अहम क़दम है। और, जैसा कि आप अब तक जान चुके होंगे कि जब आप 'क्या' तय कर लेते हैं तो 'कैसे' आपको आपके आसपास ही नज़र आने लगते हैं। इसे अपनी कार्ययोजना का हिस्सा बना लीजिए और हासिल कर सकने वाली डेडलाइन्स निर्धारित कीजिए।

इस पुस्तक ने यह समझाया है कि क्यों बहुत सारी चीज़ें, जिनसे आप पहले से ही भलीभांति परिचित हैं, कारगर हैं, जैसे - विज़ुअलाइज़ करना, अभिपुष्टि, लक्ष्य निर्धारण, डेडलाइन्स, प्रार्थना, 'सृष्टि,' आकर्षण का नियम इत्यादि। अब आपके पास इसे साबित करने के लिए विज्ञान है कि यह सब कैसे तथा क्यों काम करता है। मुद्दा यह है कि आप अपनी आत्म-चर्चा तथा उम्मीदों से अपने आरएएस को किस तरह प्रोग्राग करते हैं।

इस पुस्तक में एक रोमांचक खुलासा यह है कि आप अपने आरएएस को सोच-समझकर प्रोग्राम कर सकते हैं - अपने चेतन दिमाग़ से उन संदेशों को चुनकर, जो आप अपने आरएएस को भेज रहे हैं। अगर आपकी उम्मीदें सकारात्मक हैं तो आप अपने आरएएस को सकारात्मक व्यवहार से जुड़ी जानकारियां तलाशने तथा नकारात्मक व्यवहार से जुड़ी जानकारियां छांटने के लिए स्वतः ही प्रोग्राम कर लेंगे।

इसका अर्थ यह है कि आप अपनी परिस्थितियां ख़ुद तैयार कर सकते हैं। इस किताब में कुछ भी इच्छाशक्ति से जुड़ा नहीं है - यह सबकुछ आपके ब्रेन स्टेम से होकर

गुज़रने वाले तंत्रिका तंतुओं के एक छोटे से गुच्छे में होता है - यानी आपके रेटिकुलर एक्टिवेटिंग सिस्टम में - आपके आरएएस में।

लिख लीजिए

अधिकांश सफल लोग अपने विचारों को लिख लेते हैं और अपनी योजनाओं को प्राथमिकता के क्रम में जमा लेते हैं। जैसे ही उनके विचार काग़ज़ पर आते हैं, आरएएस उन चीज़ों को हासिल करने के जवाब पाना शुरू कर देता है, जो वे चाहते हैं। हर उस चीज़ को अपनी सूची में लिखते रहिए, जो आपको दिलचस्प या रोमांचक लगती है। उनका आकलन मत कीजिए - सिर्फ़ उन्हें लिख लीजिए। यह आपका ध्यान उन चीज़ों पर केंद्रित करेगा, जो आपके लिए वास्तव में मायने रखती हैं। यह आपके आरएएस को जगाएगा और आपके पक्ष में काम करवाएगा। आपका आरएएस हमेशा उन उपायों को तलाश लेगा, जो लक्ष्य तक पहुंचने के लिए ज़रूरी हैं।

अपनी सूची में आइटम्स को बढ़ाते रहिए और यह सुनिश्चित कर लीजिए कि जिन्हें आपने लक्ष्य के तौर पर निर्धारित किया है, उन्हें आप वास्तव में पाना चाहते हैं और ये वो चीज़ें नहीं हैं, जिनकी दूसरों को आपसे उम्मीद है। अपनी सूचियां बनाइए, फिर इन्हें दोबारा से लिखिए। खोजिए कि आपको किन चीज़ों के प्रति जुनून है और पैसों को इस समीकरण से बाहर कर दीजिए, ताकि आप आर्थिक लाभ-हानि की चिंता किए बगैर स्पष्ट रूप से सोच सकें। और 80/20 जीवनशैली से जुड़ी गतिविधियों की ओर बढ़ने की योजना बनाइए।

छोटे लक्ष्य बनाइए और डेडलाइन निर्धारित कीजिए

अपने लक्ष्यों को निवालों के आकार के हिस्सों में बांट लीजिए और एक बार में एक को खाइए। अगर आपको नहीं लगता कि आप किसी काम को निर्धारित डेडलाइन तक पूरा कर पाएंगे तो उसमें संशोधन कर लीजिए। सफल तथा असफल लोगों के बीच अंतर यही है कि सफल लोग कर्म में विश्वास रखते हैं। जब वे शुरुआत करते हैं तब बहुत ज़्यादा प्रभावशाली नहीं दिखते, लेकिन वे आगे बढ़ रहे होते हैं। दूसरों के रास्ते से भटकाने के प्रयासों के बावजूद वे अपने रास्ते पर बने रहते हैं। आप किसी भी चीज़ की डेडलाइन तय कर सकते हैं, नकारात्मक सोच की भी।

ज़िम्मेदारी लीजिए

जीवन में आप जो भी हासिल करेंगे, वह उन चयनों पर निर्भर होगा, जो आप करेंगे। इसके लिए आपके माता-पिता, आपके पुराने रिश्ते, जॉब, अर्थव्यवस्था, मौसम, आपकी नस्ल या उम्र को ज़िम्मेदार नहीं ठहराया जा सकता। आप और सिर्फ़ आप ही हर उस

फ़ैसले तथा चयन के लिए ज़िम्मेदार हैं, जो आप करते हैं। अच्छी ख़बर यह है कि अब से आपके चयनों पर आपका 100 फ़ीसदी नियंत्रण होगा। इस पुस्तक में आपने सीखा कि 'जैसा चाहते हैं' वह जीवन किस तरह जिएं, ना कि 'जीना पड़ रहा है' वह। आज से अपने जीवन की हर चीज़ की ज़िम्मेदारी, 100 फ़ीसदी ज़िम्मेदारी लेने का फ़ैसला कीजिए। अगर आप ख़ुद को किसी चीज़ के बारे में शिकायत करते पाते हैं तो तुरंत रुक जाइए। जीवन में होने वाली घटनाओं के प्रति अपनी प्रतिक्रिया में बदलाव लाने का फ़ैसला इसी वक़्त कीजिए। आप जो कर सकते हैं और जो करेंगे, उस बारे में सकारात्मक बातें करना शुरू कर दीजिए।

अभिपुष्टि तथा विज़ुअलाइज़ेशन का इस्तेमाल कीजिए

ऐसे लोगों की कहानियां अनगिनत हैं, जिन्होंने चाहे गए परिणाम पर दिमाग़ को केंद्रित करने के लिए अभिपुष्टि का इस्तेमाल किया तथा लक्ष्य पाया और जिन्होंने अपनी सफलता को पहले ही विज़ुअलाइज़ कर लिया। लक्ष्यों के भौतिक रूप से पूर्ण हो पाने से पहले *दिमाग़ी तौर पर पूर्ण होना ज़रूरी* है। इसलिए भी कि कोई भी व्यक्ति ख़ुद के द्वारा थोपी गई सीमाओं से आगे नहीं बढ़ सकता। आगे से यदि आप कुछ भी नकारात्मक कहते हैं तो उसे सकारात्मक तरीक़े से दोबारा कहिए। विज़ुअलाइज़ेशन कारगर है, क्योंकि यह आपके मस्तिष्क के तंत्रिका मार्ग को किसी भी विशेष हुनर के लिए मज़बूत कर देता है और यह लगभग हर उस लक्ष्य के लिए कारगर है, जो आप तय कर सकते हैं। आज से सिर्फ़ उन चीज़ों को विज़ुअलाइज़ करिए, जो आप चाहते हैं; उन्हें नहीं, जो नहीं चाहते। विज़ुअलाइज़ करना तथा अभिपुष्टियां आपकी सफलता में आने वाली बाधाओं को दूर कर सकते हैं। यह आपको उस रचनात्मकता तथा इस्तेमाल ना की गई उस क्षमता तक पहुंचने के लिए आज़ाद करते हैं, जिसे आपने सपने में भी संभव नहीं माना होगा। अपने उत्साह के स्तर को ऊंचा बनाए रखने और जिन नई आदतों की आपको ज़रूरत है, उन्हें विकसित करने का ज़रूरी समय लेने के लिए विज़ुअलाइज़ करने की तकनीक तथा अभिपुष्टियों का इस्तेमाल कीजिए।

सभी सफल एथलीट अपने खेल का शारीरिक तथा मानसिक, दोनों तरह से अभ्यास करते हैं। ख़ुद को हमेशा जीतते हुए देखिए। आप जो स्वयं से कहेंगे, वही होगा। सकारात्मक कर्मों का लगातार अभ्यास कीजिए, जब तक कि वे 'कर सकते हैं' वाली आदतों में नहीं बदल जाए।

आपका जीवन आपकी पिछली अभिपुष्टियों का कुल जमा है। जब आप अभिपुष्टियों का अभ्यास करते हैं तो सुदृढ़ीकरण का नियम आपके लिए काम करना शुरू कर देता है। सबसे पहले हम उन गुणों तथा बदलावों की तलाश करते हैं, जिनकी हमने घोषणा की थी और उन चीज़ों को असल जीवन में देखना शुरू कर देते हैं, जो हम देखना चाहते हैं। ठीक वैसे ही, जैसे डेरेन ने स्पिनिंग बैक-किक के मामले में किया था, स्कॉट

ने डिलबर्ट के साथ तथा सैम ने अपने छोटे-से जीवन में किया था। हम उस शख़्स की तरह व्यवहार करने लगते हैं, जिसकी तरह होने का हमने संकल्प लिया था। उस चीज़ के बारे में कभी मत सोचिए, जो आप नहीं होने देना चाहते। परिणाम की परवाह किए बगैर सिर्फ़ उसके बारे में सोचिए, जो आप चाहते हैं। आप जिस बारे में सोचते हैं और जो अभिपुष्टि करते हैं, वही आमतौर पर आप पाते हैं।

नई आदतें डालिए

सफल लोगों की आदतें जानबूझकर अपनाना आपको उस सफलता तक ले जा सकता है, जो आप चाहते हैं। गैर-उत्पादक आदतों को बनाए रखना गर्दन में फंसे चक्की के पत्थर जैसा है, जो आपको आगे नहीं बढ़ने देता। किसी व्यवसाय में आपका सफल होना या नहीं होना अंततः आपके द्वारा सीखे गए, स्वाभाविक विचारों तथा दृष्टिकोण से नियंत्रित होता है। अपने व्यावसायिक जीवन को डायरी की मदद से संचालित कीजिए और इसे हर समय अपने साथ रखिए। लोगों के नाम कैसे याद रखें, इससे जुड़ी किताब ख़रीद लें। अगर आप धूम्रपान करते हैं, शराब पीते हैं या ड्रग्स लेते हैं तो इन्हें त्यागने के लिए तत्काल ज़रूरी क़दम उठाइए।

लक्ष्य के पीछे चलते रहिए, चाहे कोई कुछ भी कहे, सोचे या करे

नेक इरादों वाले दोस्त, रिश्तेदार या अन्य आपको आपके लक्ष्य की ओर बढ़ने से रोकने का प्रयास करेंगे, क्योंकि या तो वे आपसे प्यार करते हैं, नफ़रत करते हैं या फिर ख़ुद को कम नहीं दिखाना चाहते। जब आप अपना लक्ष्य तय कर लेते हैं और डेडलाइन के साथ योजना बना लेते हैं तो क़दम बढ़ा दीजिए, चाहे दूसरे जो भी सोचें, कहें या करें। आलोचनाओं से बचने का सिर्फ़ एक ही रास्ता है - कुछ नहीं करना, कुछ नहीं कहना और कुछ नहीं होना।

हर वो चीज़, जो आपको ग़लत लगती है, ख़ुद को उससे दूर चले जाने की अनुमति दीजिए। इस पर आपको किसी को सफ़ाई देने की ज़रूरत नहीं है, सिर्फ़ अपनी अंतरात्मा की आवाज़ पर विश्वास कीजिए। आज ही यह स्वीकार कीजिए कि वर्तमान में आप जिन चीज़ें तथा लोगों से घिरे हैं, उन्हें आकर्षित करने के ज़िम्मेदार आप ही रहे हैं। यदि आप अपने पांच सबसे क़रीबी दोस्तों की जीवनशैली तथा उपलब्धियों से उत्साहित नहीं हैं तो नए दोस्त तलाशिए। यदि आप अपने वर्तमान दोस्तों के साथ ही बने रहते हैं तो आप लगातार सिर्फ़ उस समूह का औसत हासिल करने की ही उम्मीद कर सकते हैं। यदि आप अपने वर्तमान दोस्तों का औसत नहीं बनना चाहते हैं तो नए दोस्त तलाशिए। दूसरों को स्वीकार करने वाला व्यवहार विकसित कीजिए और उन्हें सही होने का अहसास दिलाइए,

भले ही उनकी राय जो भी हो। स्वीकार कीजिए कि उनका ऐसा सोचना वाज़िब था, साथ-साथ इसी दौरान उन्हें एक बार फिर बता दीजिए कि आपको क्या सही लगता है।

भय तथा चिंता को सामान्य मानकर स्वीकार कीजिए

ज़िंदगी की किसी भी चीज़ को लेकर यदि आप तनाव, चिंता या निराशा में डूबे हैं और नकारात्मक विचार आपकी आदत बन गए हैं तो आप इनसे बाहर कब निकलेंगे, इसकी समय सीमा तय कर लीजिए। तय कीजिए कि फलां दिन फलां समय के बाद आप उन चीज़ों के बारे में नकारात्मक नहीं सोचेंगे, जो आपके साथ अतीत में हुई हैं। विपत्तियां हम सभी पर आती हैं, ये जीवन का हिस्सा हैं। आप सिर्फ़ धराशायी हुए हैं तो इसका यह मतलब यह कतई नहीं कि मुक़ाबले से बाहर हो गए हैं। आप तभी हारते हैं, यदि आप उठ खड़े नहीं होते। पहले से ही तय कर लीजिए कि जब भी त्रासदी होगी, आप ख़ुद को उससे बाहर निकाल लेंगे। यह मानकर चलिए कि नए या अप्रत्याशित अवसर आ जाने पर आप भयभीत महसूस कर सकते हैं, लेकिन इसे लक्ष्य पाने के आपके प्रयासों को रोकने मत दीजिए।

आंकड़ों का खेल खेलिए

ख़ुद को याद दिलाइए कि हर वो चीज़ जिसे आप लक्ष्य की तरह तय करते हैं, वह संख्या क्रमों तथा सूत्रों पर आधारित होती है। जीवन के प्रत्येक जोखिम भरे व्यवसाय से संख्याओं का एक सेट -एक अनुपात- जुड़ा होता है। आपका भी संख्याओं का एक व्यक्तिगत सेट है, जो आपकी सफलता की संभावनाओं को तय करेगा। अपनी रोज़मर्रा की सभी गतिविधियों को ब्योरा रखें, जैसे कि आपने किसी चीज़ के लिए कितनी बार प्रयास किया, आपको कितनी बार कामयाबी मिली या कितनी बार नाकामी, परिणाम किस चीज़ से निकला और किससे नहीं, इस तरह जल्द ही आपका अनुपात आपके सामने होगा।

जीवन को फिर से दिशा दीजिए

ऐसे किसी रास्ते पर मत चलिए, जिस पर कोई और आपको भेज रहा है, भले ही उस शख़्स की नीयत कितनी भी अच्छी क्यों नहीं हो। अपने जीवन का नियंत्रण ख़ुद के हाथों में लीजिए, जीवन को फिर से नई दिशा दीजिए और वह शख़्स बनने का फ़ैसला कीजिए, जो आप बनना चाहते हैं। यदि आप रोज़ाना ऐसी चीज़ पर काम नहीं कर रहे, जो आपको उत्साहित करती है तो उसे छोड़ देने की योजना बनाइए। अधिकांश लोग उस काम को पसंद नहीं करते, जो वे जीने के लिए कर रहे होते हैं। बहुत सारे लोग दावा करते हैं कि वे जीने के लिए कमाने में इतने व्यस्त हैं कि जो वास्तव में करना चाहते हैं, वह नहीं कर पाते। आप उनमें से एक मत बनिए।

हार मत मानिए

किसी भी चीज़ की शुरुआत हमेशा उसका सबसे मुश्किल हिस्सा होती है। यदि आपके मन में पीछे हटने का ख़याल आए तो एक बार फिर से अपने लक्ष्यों की सूची को पढ़िए और सिर्फ़ उसके बारे में सोचिए, जो आप परिणाम के रूप में चाहते हैं। जितना दूर तक देख सकते हैं, देखिए और जब आप वहां पहुंचेंगे तो आपको और भी आगे का रास्ता नज़र आने लगेगा, वह रास्ता जिसे आप शुरुआत में नहीं देख पा रहे थे। अपने लक्ष्यों पर अटल रहिए; चाहे कोई कुछ भी कहे, सोचे या करे। आज जीवन में वो सबकुछ पाना संभव है, जो आप चाहते हैं; बशर्ते आप पहले उसके बारे में सोचें, फिर उसे प्राथमिकता के क्रम में लिखें और फिर उन नियमों तथा सिद्धांतों का पालन करें, जो हमने इस किताब में दिए हैं।

और अंत में...

आरएएस एक ऐसा शक्तिशाली माध्यम है, जिससे आप उस किसी भी स्थान पर जा सकते हैं, जहां जाना चाहते हैं। यह आपका निजी जीपीएस है। आपको पहले सिर्फ़ यह तय करना है कि आप कौन-से लक्ष्य हासिल करना चाहते हैं, उन्हें लिख लीजिए और जिन्हें आपने 'ए' सूची में डाला है, उन्हें पूरा करने की समय सीमा तय कर लीजिए। जब 'कैसे' आपको अपने आसपास नज़र आने शुरू हो जाएं, उन्हें एक योजना का स्वरूप दे दीजिए। इसके बाद आगे बढ़िए, भले ही दूसरे कुछ भी सोचें, कहें या करें। वे नई आदतें डालिए, जिनकी ज़रूरत आपको अपना सफ़र आसान बनाने के लिए है। सकारात्मक अभिपुष्टियां करना सीखिए तथा विज़ुअलाइज़ेशन का इस्तेमाल कीजिए। इसके बाद लक्ष्य पाने के मार्ग में जो कुछ भी घटित हो, आप सिर्फ़ चीज़ों के हंसाने वाले पहलू को देखिए। वही जो बार्ब तथा मैंने हमेशा किया है, क्योंकि हम जानते हैं कि यह कारगर है। यह आपके लिए भी कारगर होगा, जब आप इसे इस्तेमाल करने का फ़ैसला लेंगे।

जीवन में आप जो कुछ करते हैं, उसे गंभीरता से लीजिए, लेकिन ख़ुद को कभी गंभीरता से नहीं लें। ख़ुद से करार कीजिए कि आप रास्ते में घटने वाली हर चीज़ के हास्य पहलू को तलाशेंगे। आपके जीवन का सबसे अच्छा दिन वह होता है, जिस दिन आप तय करते हैं कि आपका जीवन आपका अपना है - ना कोई बहाना या माफ़ी, ना किसी पर निर्भरता, ना भरोसा, ना किसी पर दोष। इसी दिन आपका जीवन वास्तव में शुरू होगा।

और यहां वह कथन जिससे हमने इस किताब की शुरुआत की थी :

'दिमाग़ जो कुछ भी सोच और मान सकता है,
शरीर उसे हासिल कर सकता है।'

—नेपोलियन हिल, 1937